KUNST, KÄMPFE, LEIDENSCHAFT.

GO

AUSGEWÄHLTE PROFI PARTIEN ZUM NACHLEGEN

2018

BRETT UND STEIN VERLAG

Bibliografische Information der Deutschen Nationalbibliothek
Die Deutsche Nationalbibliothek verzeichnet diese Publikation in der Deutschen Nationalbibliografie; detaillierte bibliografische Daten sind im Internet über http://dnb.d-nb.de abrufbar.

Den asiatischen Gepflogenheiten und der in Ostasien üblichen Reihenfolge entsprechend, wird bei Personennamen stets der Familienname dem persönlichen Namen vorangestellt.

ISBN 978-3-940563-39-2

Umschlag: HAMMERGEIGEROT
Foto: Danai
Druck: Books on Demand GmbH, Norderstedt

Die Diagramme in diesem Buch wurden erstellt mit SmartGo™: http://www.smartgo.com/de

Printed in Germany

„...man muss Partien studieren, die zwischen Spitzenprofis ausgetragen wurden. [...] So können Spieler lernen, wie die Meister denken, die Logik hinter jedem Zug verstehen; sie erwerben Kenntnisse von Eröffnungsstrategien, von Formen und im Krisenmanagement. Anfänger erfahren allein schon durch die Analyse von Partieaufzeichnungen in kurzer Zeit eine deutliche Verbesserung ihrer Fähigkeiten."

Cho Hunhyun

Profi-Partien nachzulegen und zu analysieren ist bekanntermaßen ein Weg, seine eigenen Fähigkeiten im Go-Spiel zu verbessern. Zwar sind Profi-Partien sind häufig sehr schwierig und nicht selten ohne ausführlichen Kommentar gar nicht erst zu verstehen. All die Berechnungen, Kalkulationen und Planungen bleiben dem Betrachter verborgen, sie können selbst mit umfangreicher Analyse in ihren Ausmaßen nur erahnt werden.

Doch das Nachlegen der Steine visualisiert das Ergebnis der Überlegungen der Profis. Die Essenz dieser umfangreichen Analyse breitet sich Zug für Zug auf dem Brett aus und offenbart dabei all die Dramatik und Spannung.

Vom Nachlegen von Partien lässt sich einiges lernen: welche Formen werden gewählt, in welche Richtung lenken die Spieler den Lauf der Steine, wann ist ein guter Zeitpunkt für einen Angriff oder einen Sicherungszug gekommen, auf welche scheinbar offensichtlichen Züge wird verzichtet, wie lang bleibt Aji stehen und was lässt sich für größere Ziele opfern. Sich auf die oft überraschenden Züge und Sequenzen einzulassen, Ihre Bedeutung zu hinterfragen – auch ohne das tiefe Auslesen eines jeden einzelnen Zuges für sich zu beanspruchen – fördern das Wachsen eines besseren Verständnisses für das Spiel und die Betrachtung des gesamten Brettes.

Dieses Buch stellt nur eine kleine Auswahl von Profi-Partien vor, die 2018 gespielt wurden. Es erhebt nicht den Anspruch, dass es die „besten" Partien des Jahres sind, denn Jahr für Jahr werden mehrere tausend Profi-Partien gespielt. Selbst für einen Profi ist es daher unmöglich, sie alle zu kennen, geschweige denn sie alle im Detail zu analysieren.

Die Auswahl ist dennoch nicht willkürlich. Jede Partie dieser Sammlung enthält bemerkenswerte Züge, Formen oder Kämpfe, sei es welche um Leben und Tod oder ein Ko-Kampf um den letzten entscheidenen Punkt. Sie alle regen nicht nur zum Nachdenken an, sie sind auch Inspiration, nicht immer den gleichen bekannten Mustern zu folgen. Sie spornen an, die Entwicklungen nachzuvollziehen, mitzufiebern und nicht zuletzt auch lokale Kämpfe in einem globalen Licht zu betrachten. Wer dem Verlauf dieser Partien aufmerksam folgt, kommt nicht umhin, Neues aufzunehmen. Dies ist der erste Schritt, sich auf neue, kreative Spielideen und Strategien einzulassen und sie selbst auszuprobieren.

Darauf bedacht von Anfang bis Ende spannende Partien zusammenzustellen, sind in diese Sammlung nicht nur Partien aus dem Finale von Wettkämpfen eingegangen, sondern auch Spiele aus den verschiedenen Liga-Systemen, aus Vorrunden und Vorentscheidungen. So bietet diese Sammlung kunstvoll gestaltete Meisterwerke, dramatische Kämpfe um kleine und große Drachen, und nicht zuletzt die energischen Endspurts im Wettrennen um den letzten ganzen oder halben Punkt. Alle diese Partien spiegeln die Leidenschaft der Spieler für diese einmalige Brettspiel wider. Es geht um: Kunst, Kämpfe und Leidenschaft.

In den Partien des Jahres 2018 zeigt sich der starke Einfluss, den AlphaGo bzw. AlphaZero auf die Go-Welt ausgeübt hat. Wurde in 2016 und 2017 mit den neuen Zügen und Joseki noch vorsichtig experimentiert, so sind sie heute nicht mehr wegzudenken.

Dieses Buch richtet sich nicht nur an Spieler, die sich die Zeit nehmen möchten, um mit Freude und Geduld Partien auf einem Goban nachlegen. Es ist auch ein Angebot für Go-Clubs und Gruppen von Spielern, zusammen eine Partie nachzulegen und die Geschehnisse gemeinsam zu diskutieren. Es soll insgesamt anregen, (mehr) Partien auf Brettern aus Holz nachzulegen.

Gunnar Dickfeld

○ Ueno Asami 1p vs. ● Xie Yimin 6p

21. Frauen-Kisei, 1. Finalpartie

Züge 1 – 41

Das Go-Jahr in Japan wird mit dem Finale des Frauen-Kisei „eröffnet". Schwarz 15 und 19 beginnen früh einen Kampf, der von den laufenden Gruppen auf der linken Bretthälfte bestimmt wird.

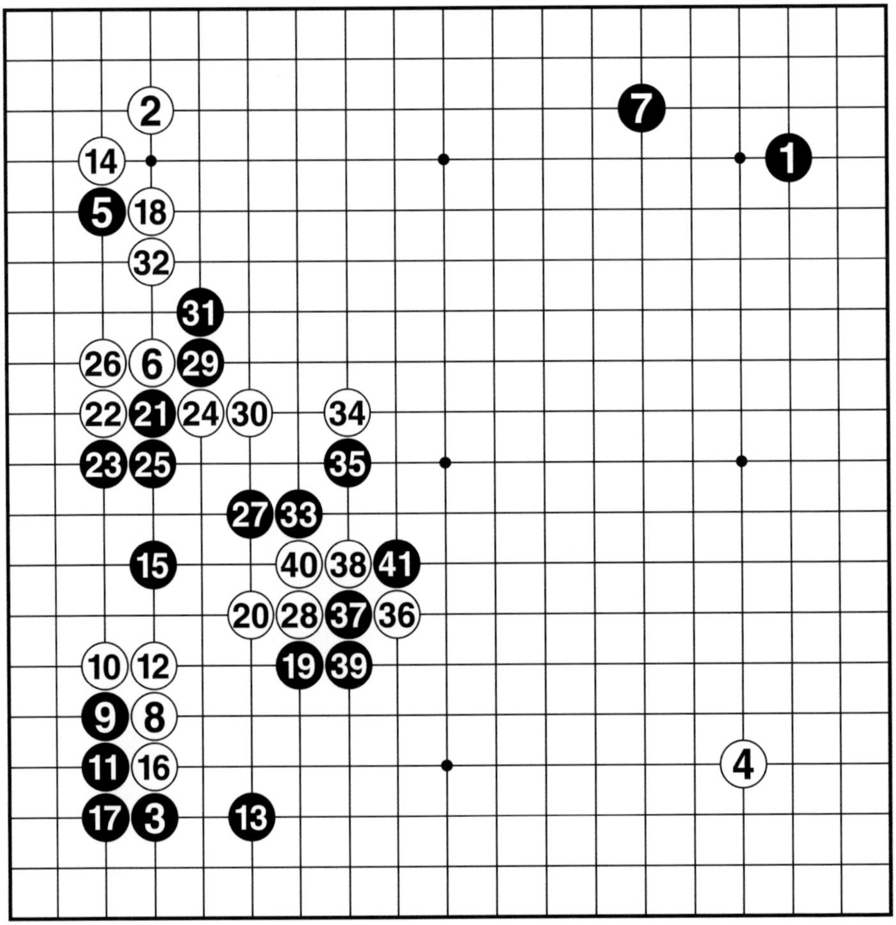

Komi: 6,5	**Datum:** 19. Januar 2018
Zeit: Hayago	**Ort:** Tokio, Japan

Züge 42 – 76

Schwarz opfert mit 55 bis 69 sieben Steine am oberen Rand. Nach 75 hat sind die Gruppen gefestigt und die freie Bretthälfte rechts tritt in den Vordergrund. Wer wird hier zuerst spielen?

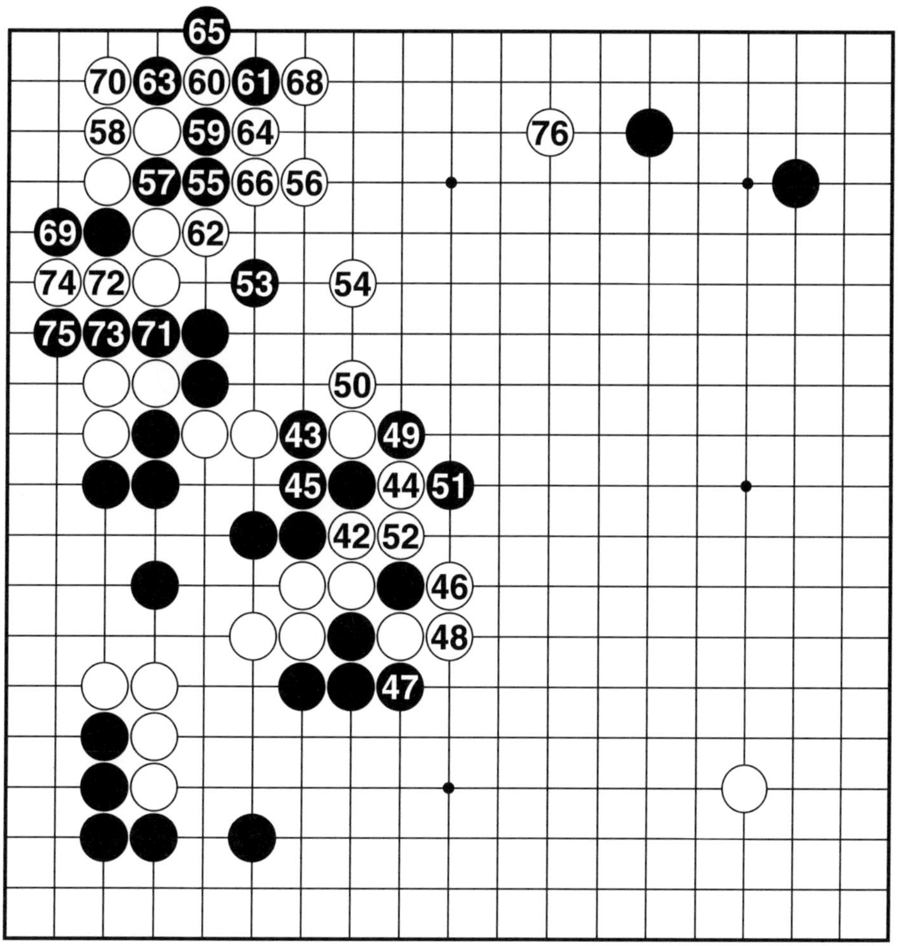

67 auf 60

Züge 77 – **132**

Schwarz nutzt zuerst noch die Schwächen der weißen Stellung aus und überlässt Weiß den Vortritt am rechten Rand, denn er lässt sich nicht mit einem Zug sichern. Dennoch gelingt es Weiß, ein Moyo zu etablieren. Ist Schwarz 113 eine Invasion oder eine Reduktion?

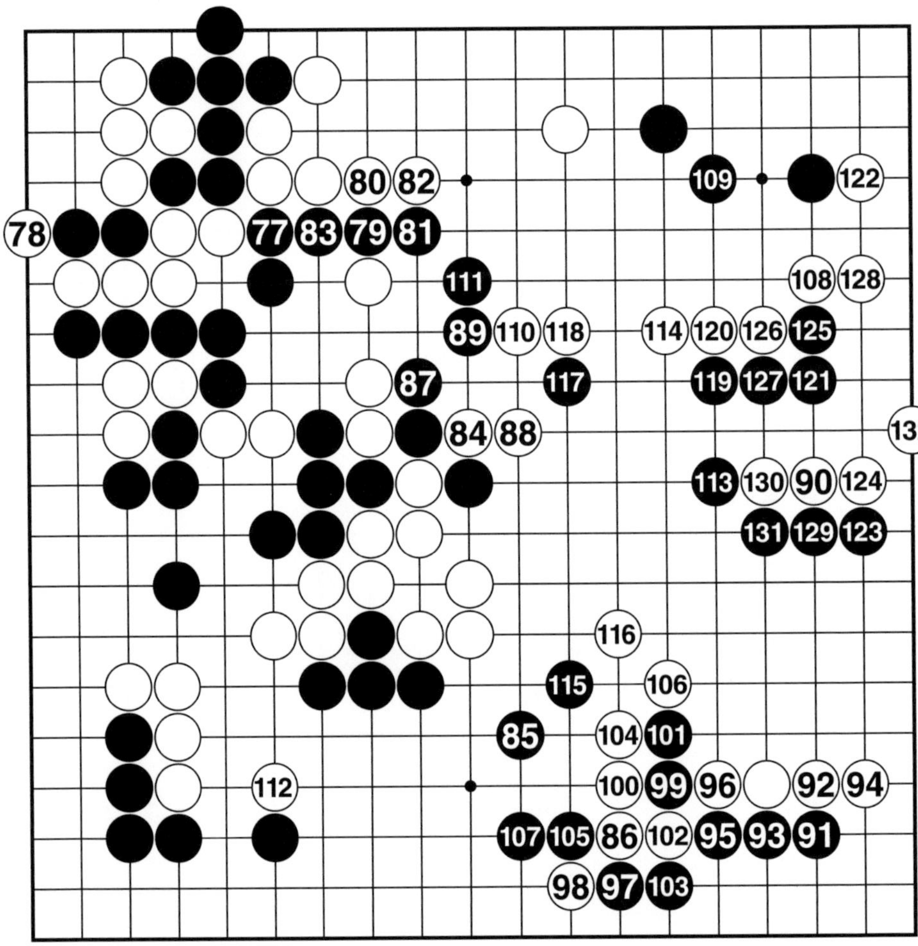

Züge 133 – 186

Weiß 186 rettet die zehn weißen Steine.

186 Züge. Schwarz gewinnt durch Aufgabe.

Ueno Asami gewinnt auch die zweite Finalpartie. Sie ist mit 16 Jahren und 3 Monaten die jüngste Titelträgerin und wird belohnt mit der Hochstufung zum 2p.

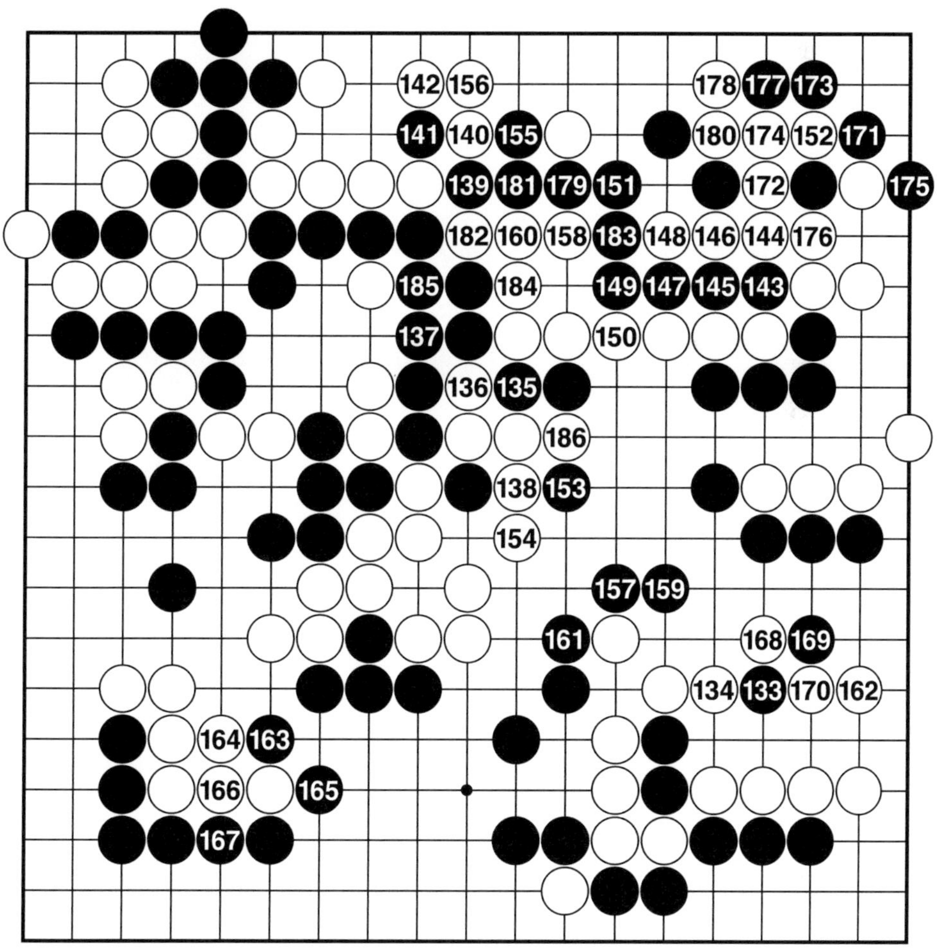

○ Kang Dongyun 9p vs. ● Baek Chanhee 3p

23. GS Caltex Cup, Runde 1

Züge 1 – 34

Der GS Caltex Cup hat das höchste Preisgeld in Korea. Entsprechend kämpferisch zeigen sich beide Spieler in dieser Partie, in der in zwei Ecken mit AlphaGo-Zügen und daraus resultierenden Fortsetzungen experimentiert wird.

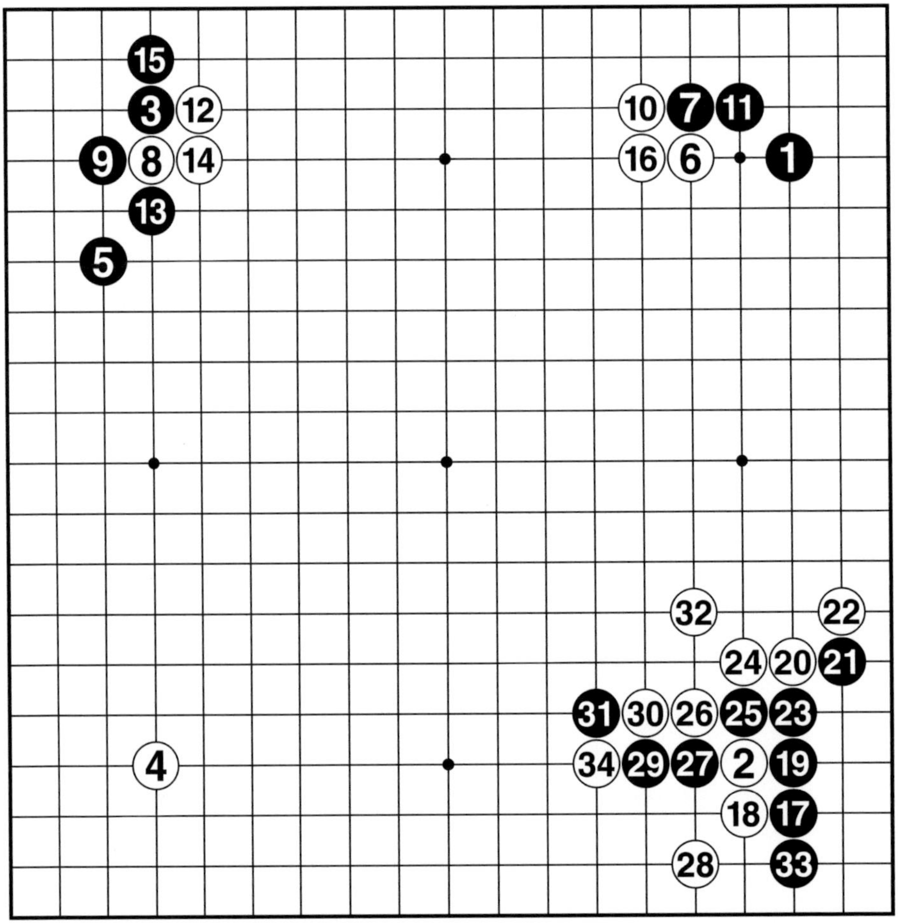

Komi:	**6,5**	**Datum:**	**15. Februar 2018**
Zeit:	**2 Stunden**	**Ort:**	**Korea**

Züge 35 – 68

Nachdem die Ecke rechts unten geklärt ist entwickelt sich ein Kampf in der oberen rechten Ecke.

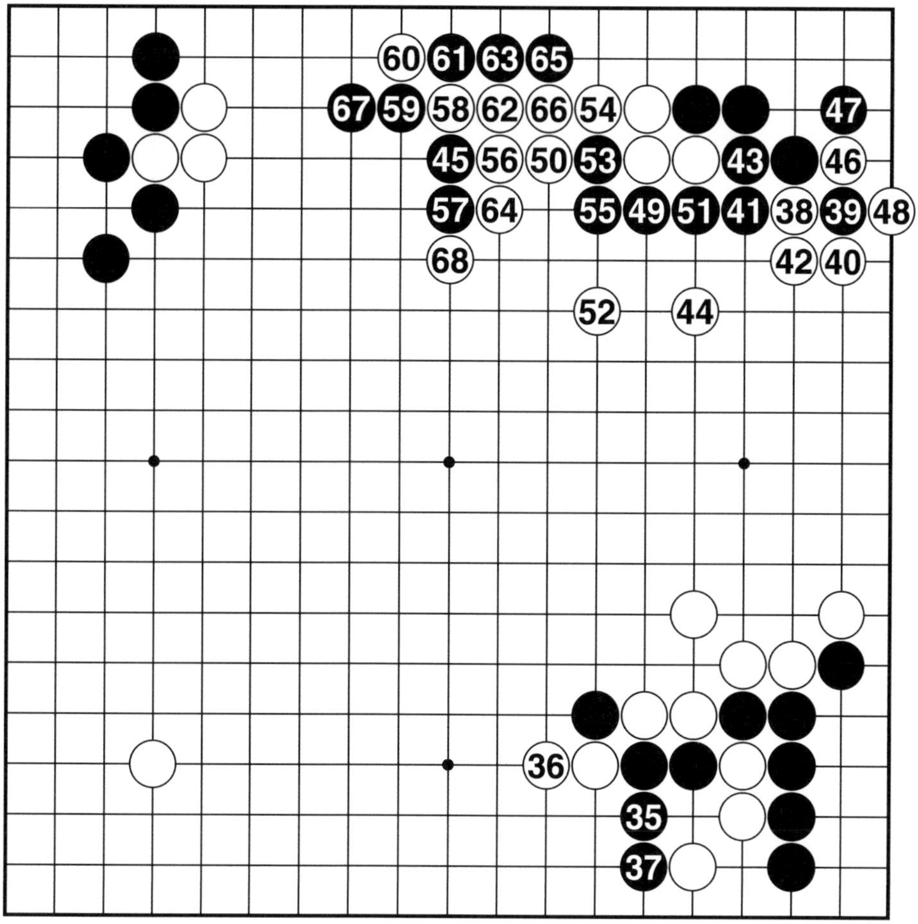

Züge 69 – 119

Zwei große Gruppen sind in den sich ausweitenden Kampf verwickelt. Nach Schwarz 119 können beide Gruppen leben.

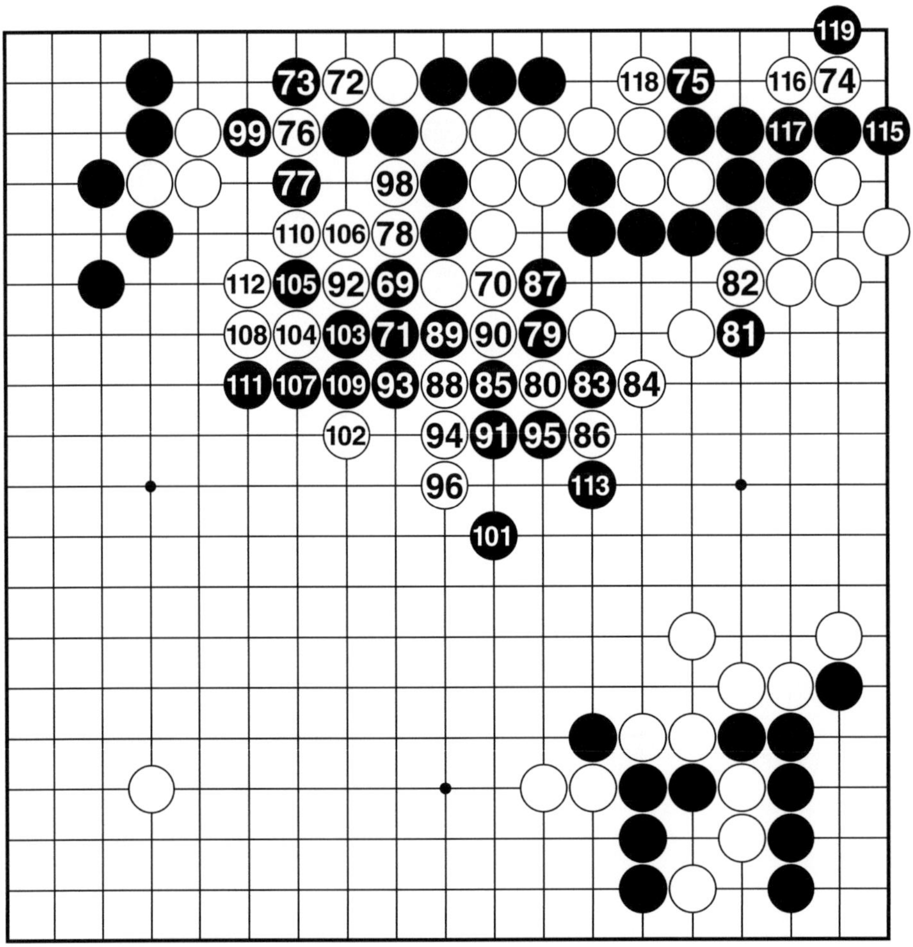

97 auf 83, 100 auf 80, 114 auf 83

Züge 120 – 169

Weiß 124 erzeugt weitere Schnitte und ein riesiges Semeai mit mehreren Gruppen entsteht. Schwarz verzichtet nach Weiß 164 auf das Leben in der Ecke und fängt die weiße Gruppe.

169 Züge. Schwarz gewinnt durch Aufgabe.

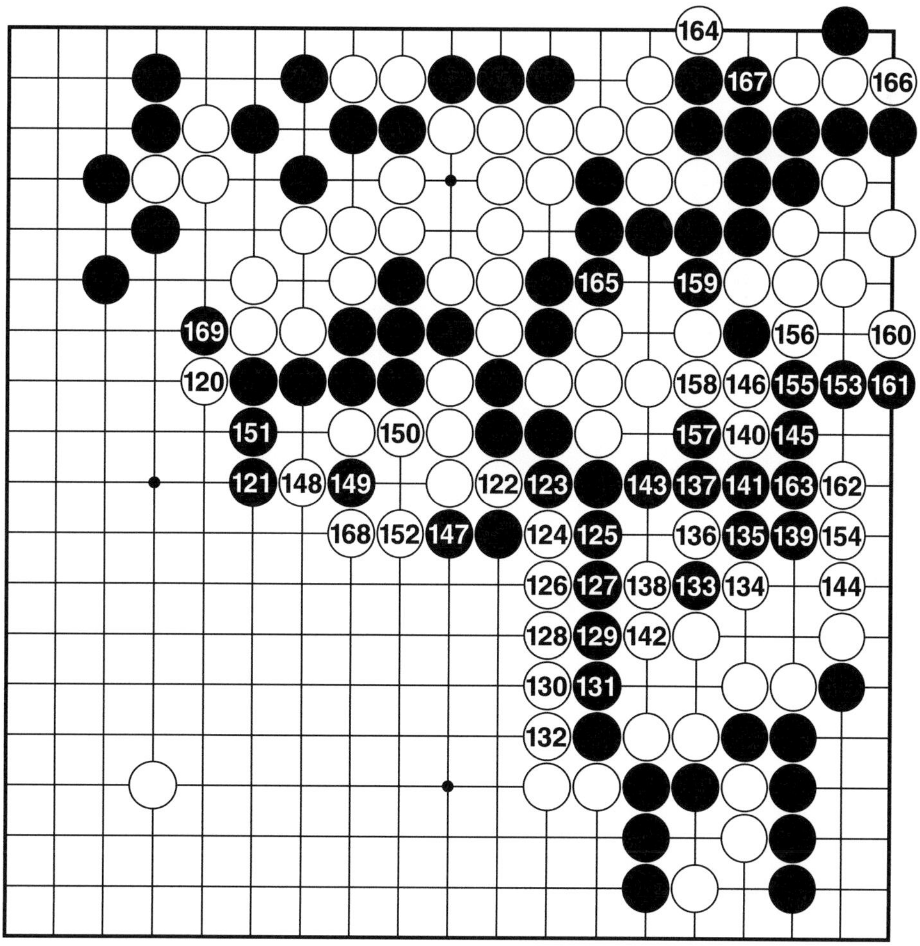

○ Kaneko Maki 1p vs. ● Takemiya Masaki 9p

74. Honinbo, Vorrunde

Züge 1 – 33

Takemiya nutzt die sich hier bietende Gelegenheit sein „*Cosmic Go*“ zu spielen. Er gibt seinem Gegner sehr früh Gebiet auf der fünften Reihe, um selbst mit 31 und 33 ein gewaltiges Moyo am unteren Rand zu errichten.

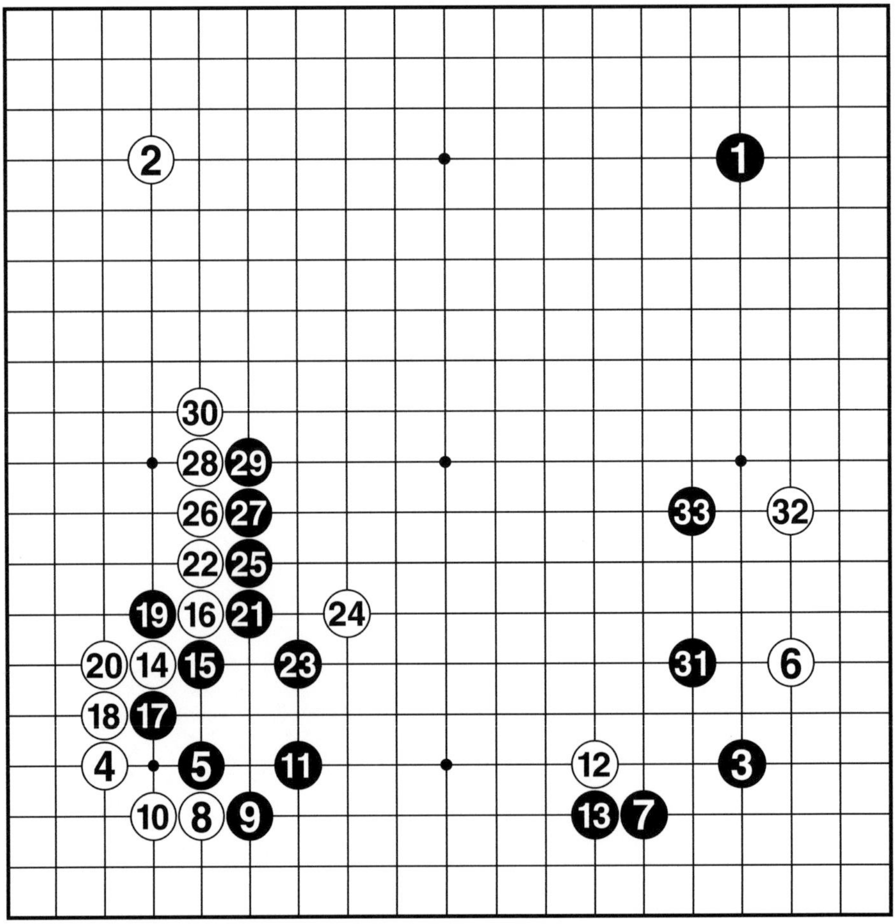

Komi:	**6,5**	**Datum:**	**15. Februar 2018**
Zeit:	**5 Stunden**	**Ort:**	**Tokio, Japan**

Züge 41 – 61

Kaneko reduziert erst mit 34 und wagt sich dann in das „Schwarze Loch" hinein. Takemiya festigt die Moyo-Grenzen, um den Eindringling zu assimilieren.

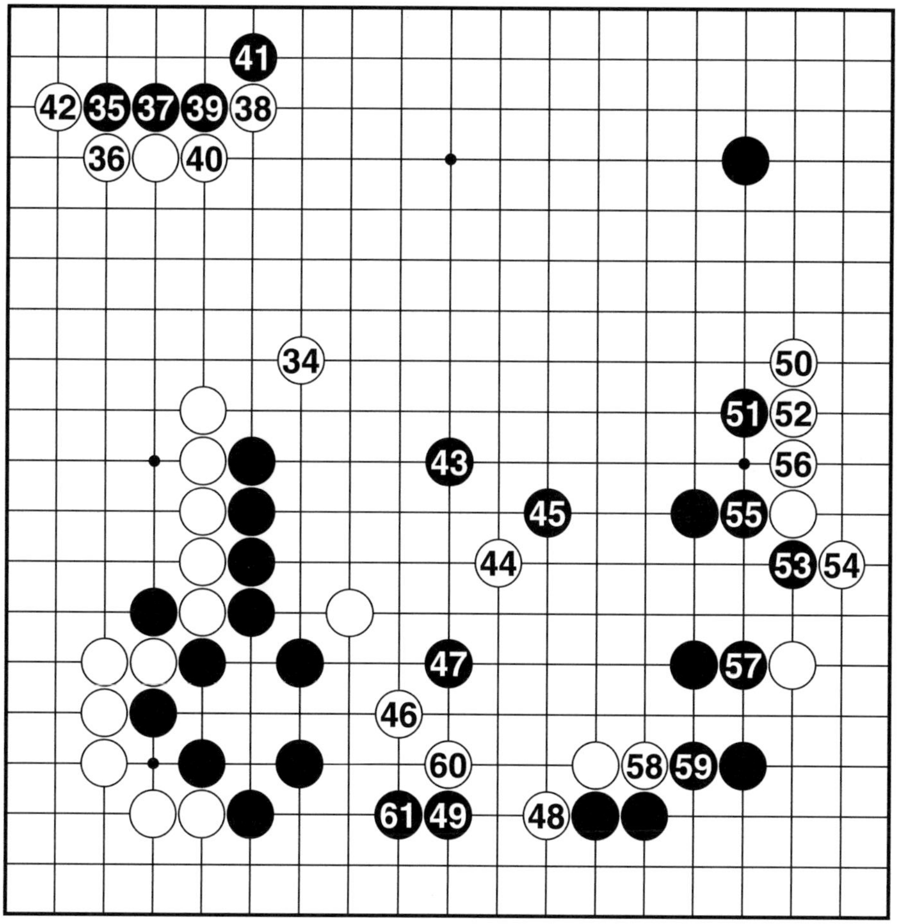

Züge 62 – 93

Kaneko gelingt es nur ein Auge zu machen, aber ein Ko zeichnet sich ab. Wie lässt es sich nutzen?

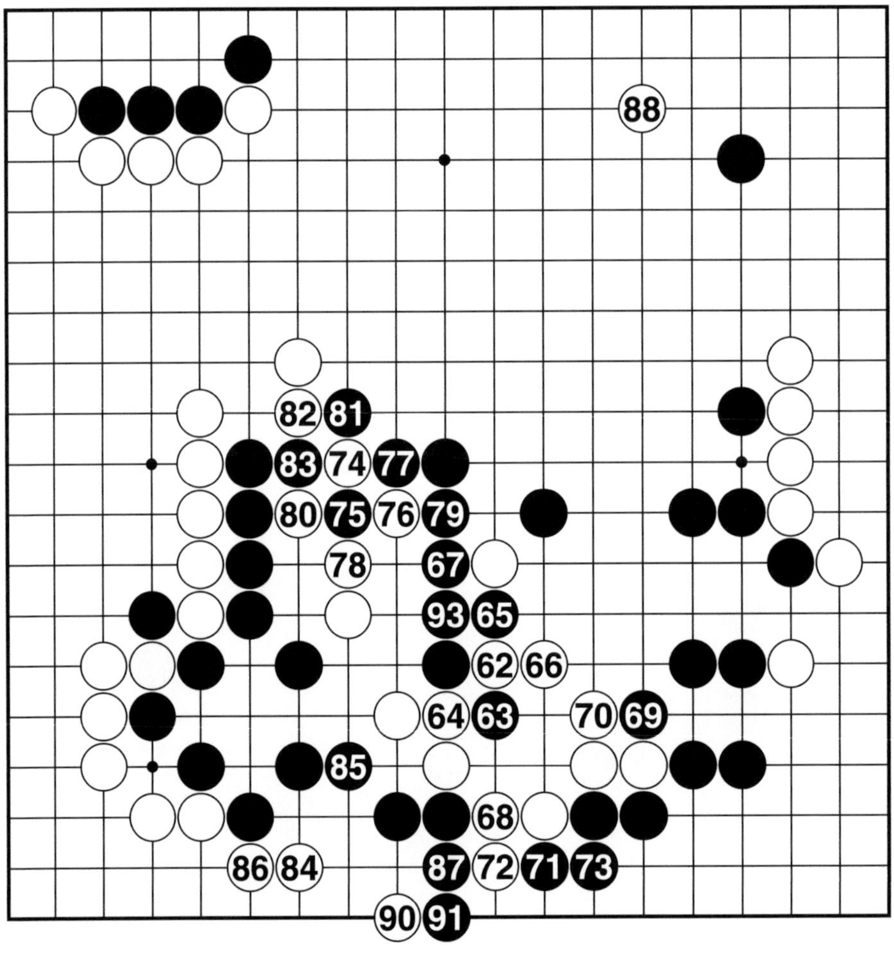

89 auf 75, 92 auf 74

Züge 94 – 126

Weiß greift die Gruppe am oberen Rand an und startet mit 113 das Ko. Schwarz 118 ist ein schönes Tesuji.

126 Züge. Weiß gewinnt durch Aufgabe.

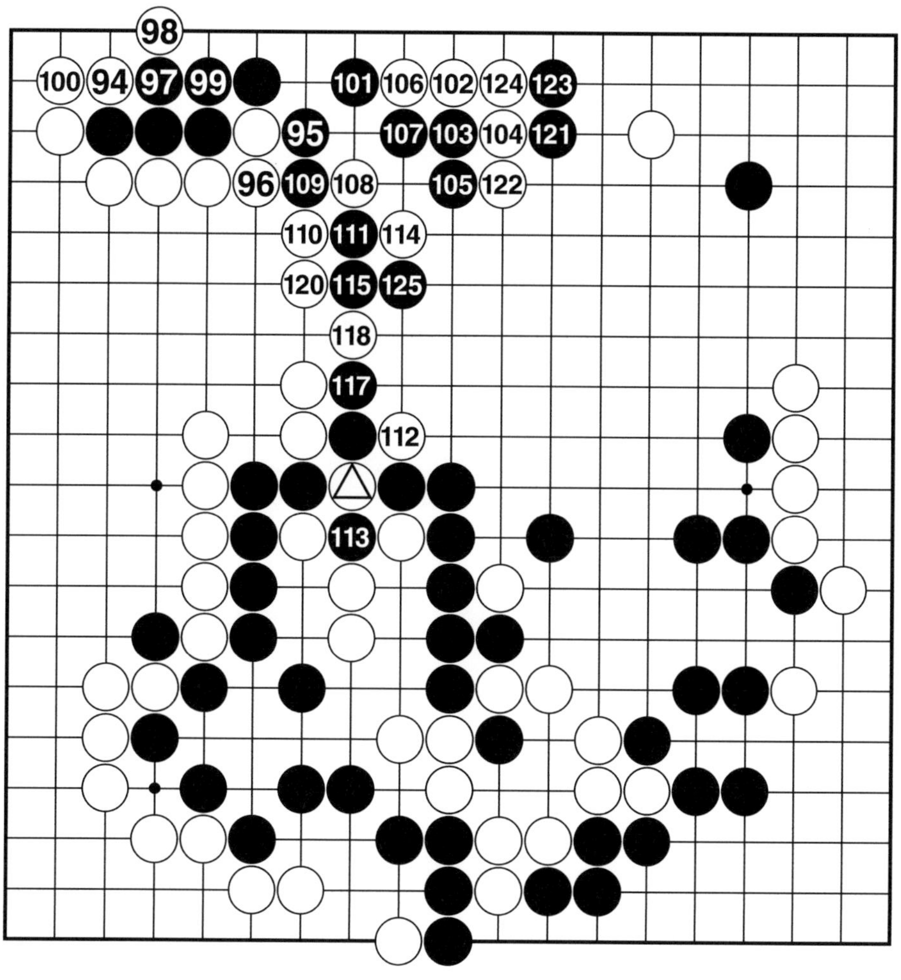

116 auf △, 119 auf 113, 126 auf △

○ Komatsu Hideki 9p vs. ● Yoda Norimoto 9p

57. Judan, Vorrunde

Züge 1 – 40

Komatsu wählt eine Eröffnung mit zwei 3-3-Punkten, vermutlich um der frühen 3-3-Invasion vorzubeugen, die AlphaGo im Go eingeführt hat. Yoda verweigert den typischen Zug auf 4-4 und so kommt es zu einer ungewöhnlichen Eröffnung.

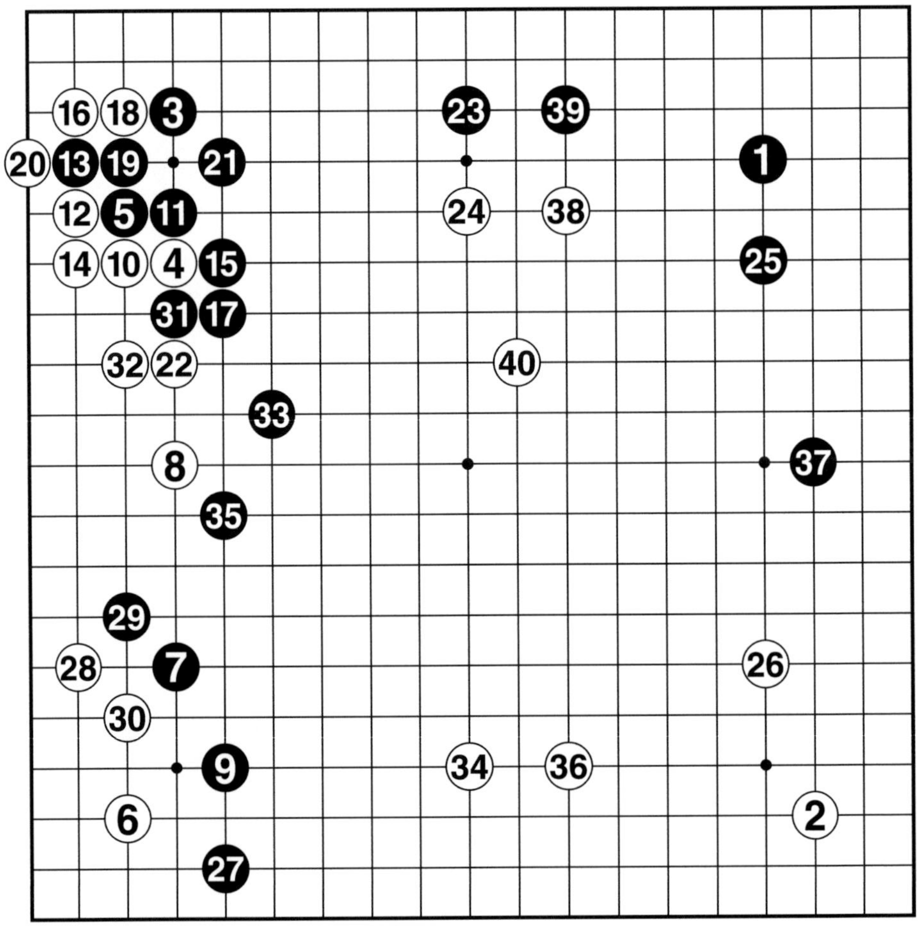

Komi:	**6,5**	**Datum:**	**15. Februar 2018**
Zeit:	**3 Stunden**	**Ort:**	**Tokio, Japan**

Züge 41 – 80

Yoda invadiert mit 41 das weiße Moyo und ein Kampf am unteren Rand ist unvermeidlich.

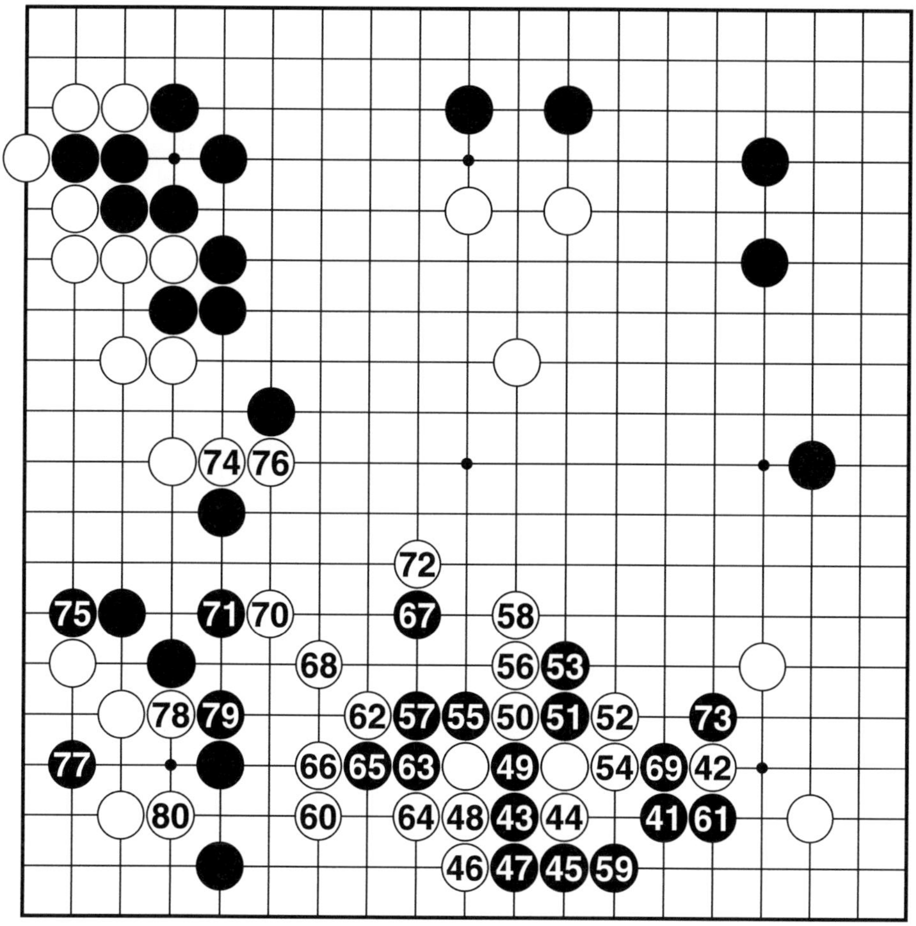

Züge 81 – 120

Der Kampf setzt sich in der linken unteren Ecke fort. In der unteren Mitte hängt nach Weiß 118 eine Gruppe von zehn schwarzen Steine hängt in der Luft.

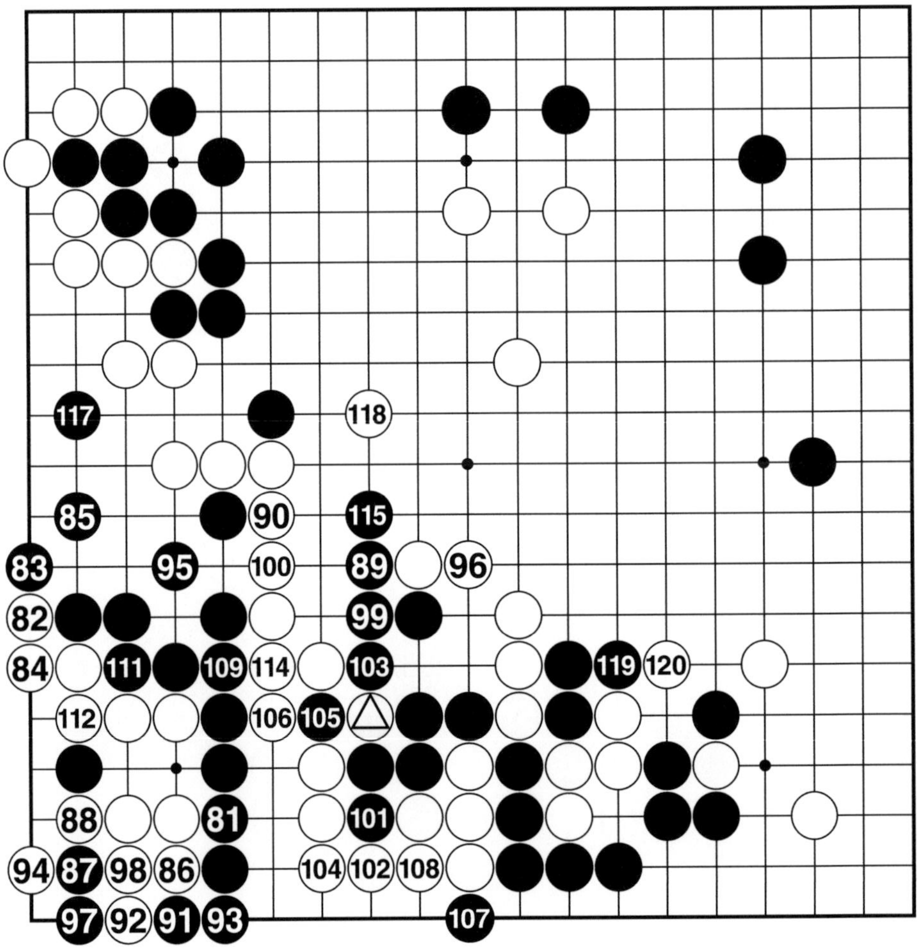

110 auf △, *113 auf 105, 116 auf* △

Züge 121 – 180

Schwarz lebt am unteren Rand, indem er vier Steine fängt. Danach setzt er mit einer Opfersequenz fort, um den oberen Rand großräumig abzuschließen. Weiß invadiert im Gegenzug mit 142 und kann Schwarz die Ecke abnehmen.

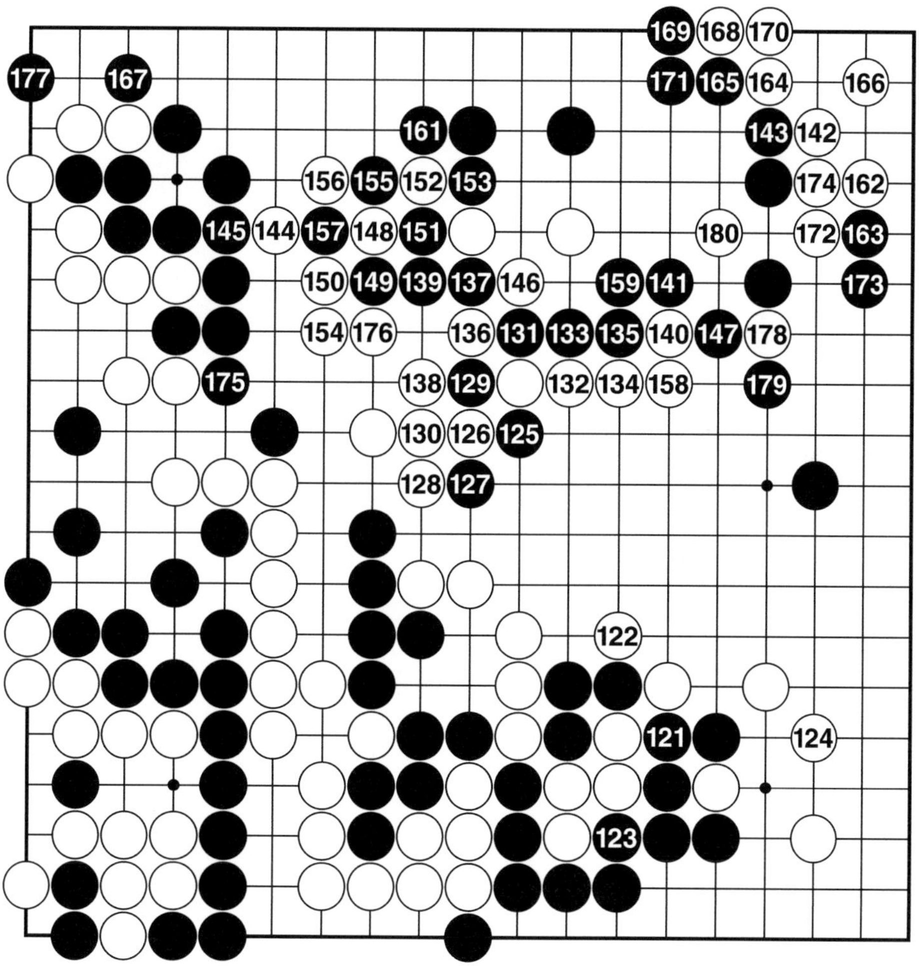

160 auf 148

Züge 181 – 220

Das Endspiel beginnt. Am oberen Rand beginnt ein Ko-Kampf, der mehrere Punkte wert ist.

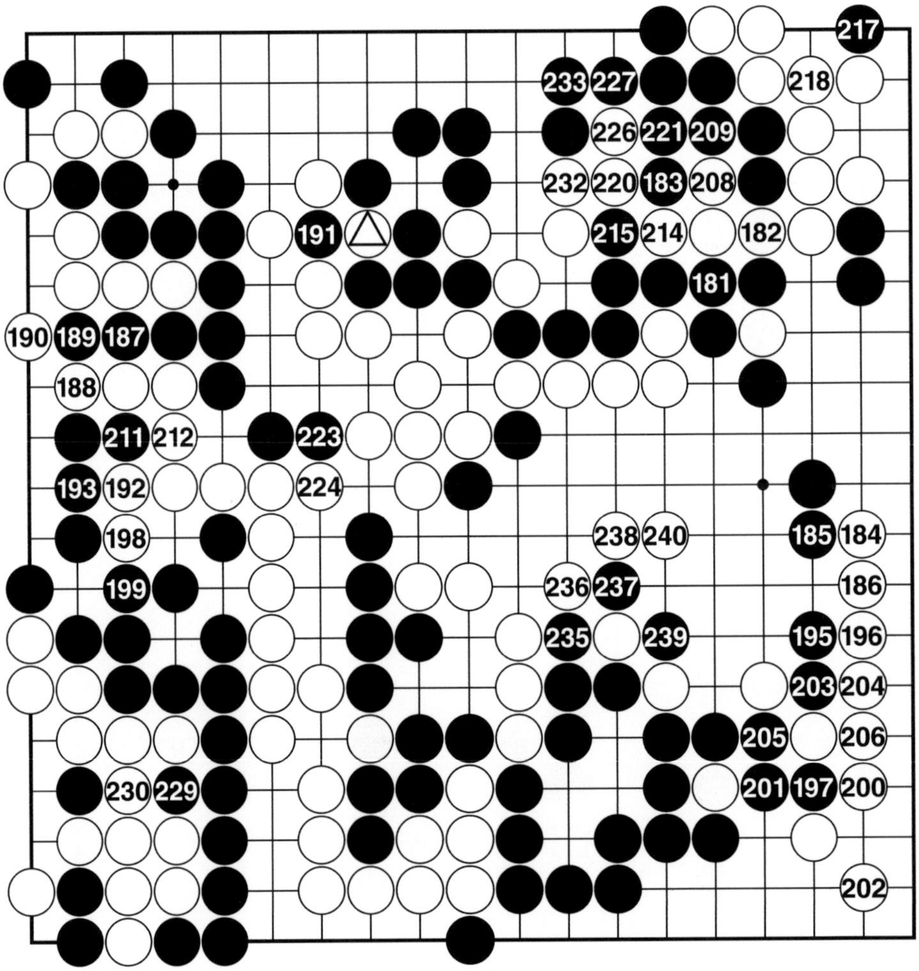

194 auf △*, 207 auf 191, 210 auf* △*, 213 auf 191, 216 auf* △*, 219 auf 191*

Züge 221 – 299

Es geht jetzt um jeden Punkt.

299 Züge. Schwarz gewinnt mit 2,5 Punkten.

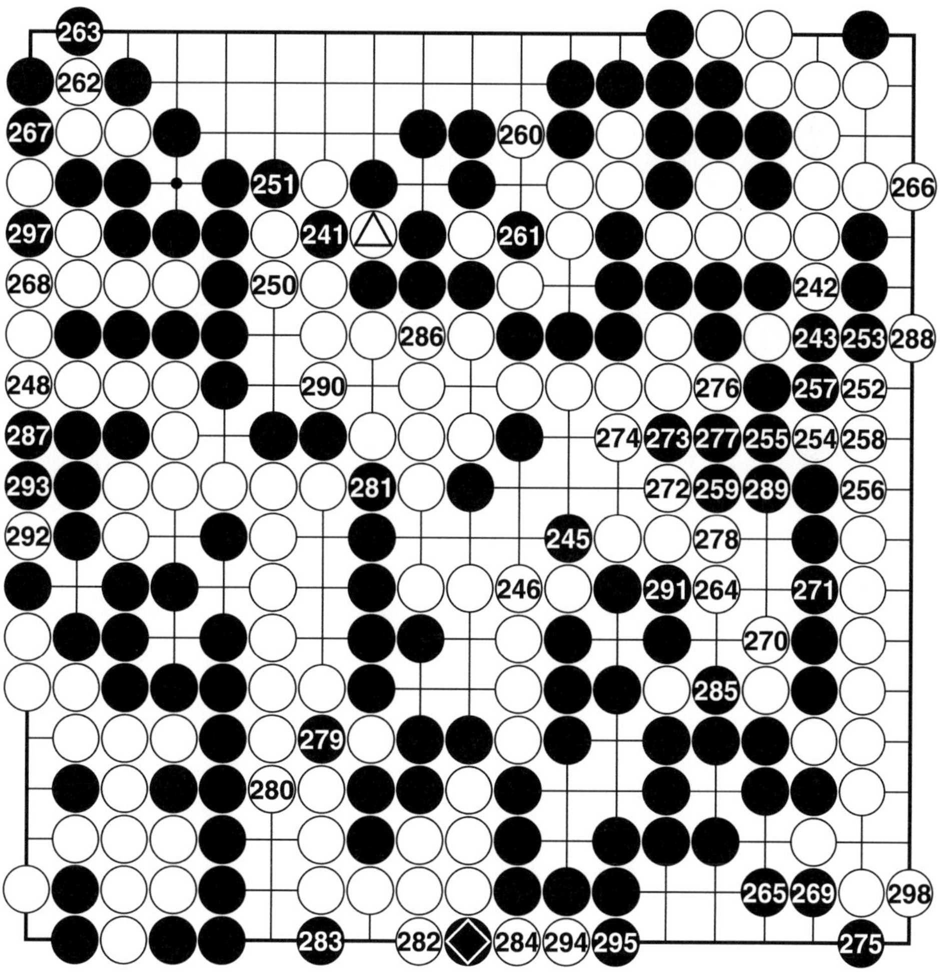

244 auf △, 247 auf 241, 249 auf △, 296 auf ◆, 299 über 297

○ Lee Sedol 9p vs. ● Byun Sangil 6p

12. Chunlan Cup, Koreanische Vorrunde

Züge 1 – 50

In der Vorrunde qualifizieren sich die Spieler eines Landes für eine festgelegte Anzahl von Plätzen im prestigeträchtige Chunlan Cup.
Byun legt einen guten Start hin, der Lee Sedol zwingt, Aji zu kreieren, das in einem Annäherungs-Ko mündet.

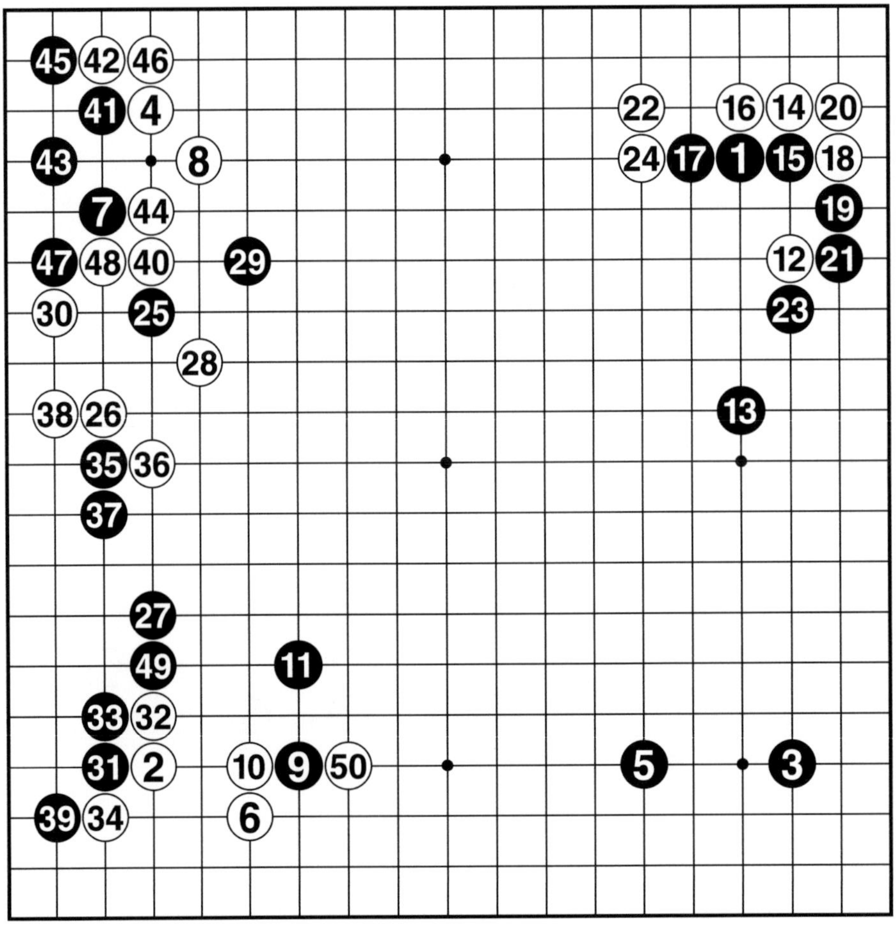

Komi:	**7,5**	**Datum:**	**20. Februar 2018**
Zeit:	**3 Stunden**	**Ort:**	**Seoul, Korea**

Züge 51 – 101

Die erste Phase des Mittelspiels wird vom Ko am unteren Rand dominiert. Schwarz lässt Weiß am rechten Rand ein Ponnuki bauen, um so das Ko zu gewinnen.

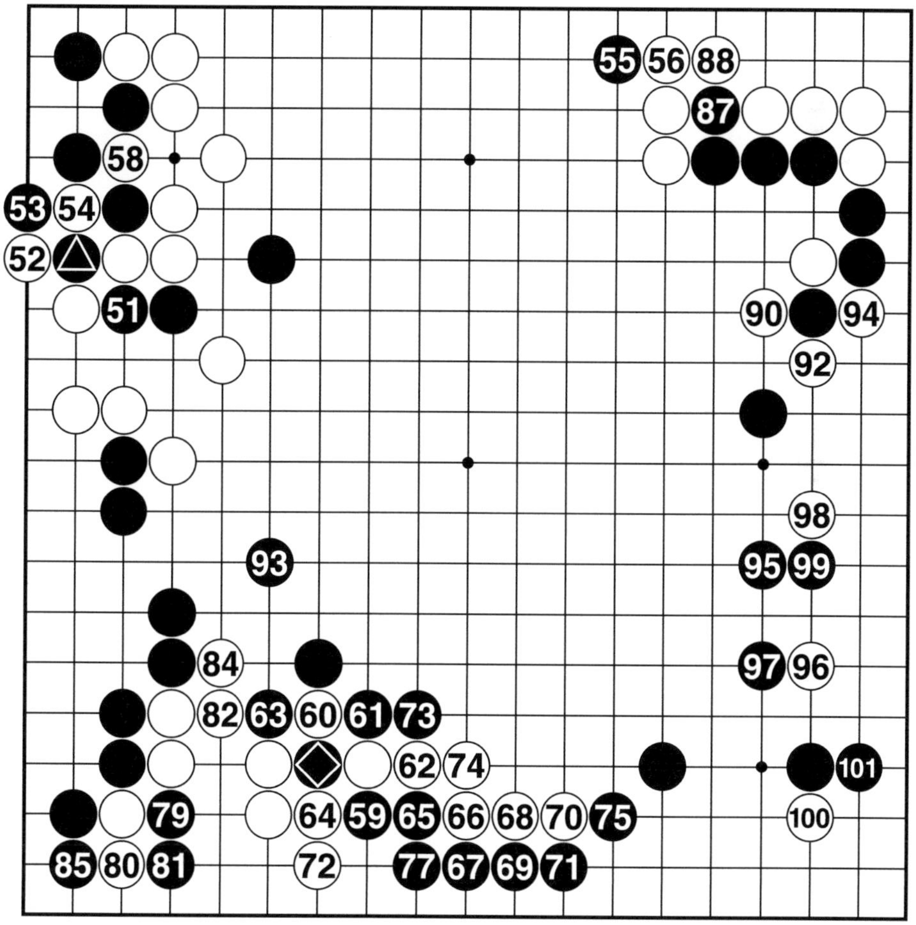

57 auf ▲, 76 auf 54, 78 auf 60, 83 auf ◆, 86 auf 60, 89 auf ◆, 91 auf 60

Züge 102 – 151

Weiß lässt die Testzüge am rechten Rand vorerst stehen, um mit seiner Gruppe unten zu leben. Lee ist bekannt dafür, die Lage noch verworrener zu machen, wenn er zurückliegt, und so das Urteilsvermögen seines Gegners herauszufordern. Er gewinnt häufig Partien auf diese Weise. Weiß 124 ist so ein Zug.

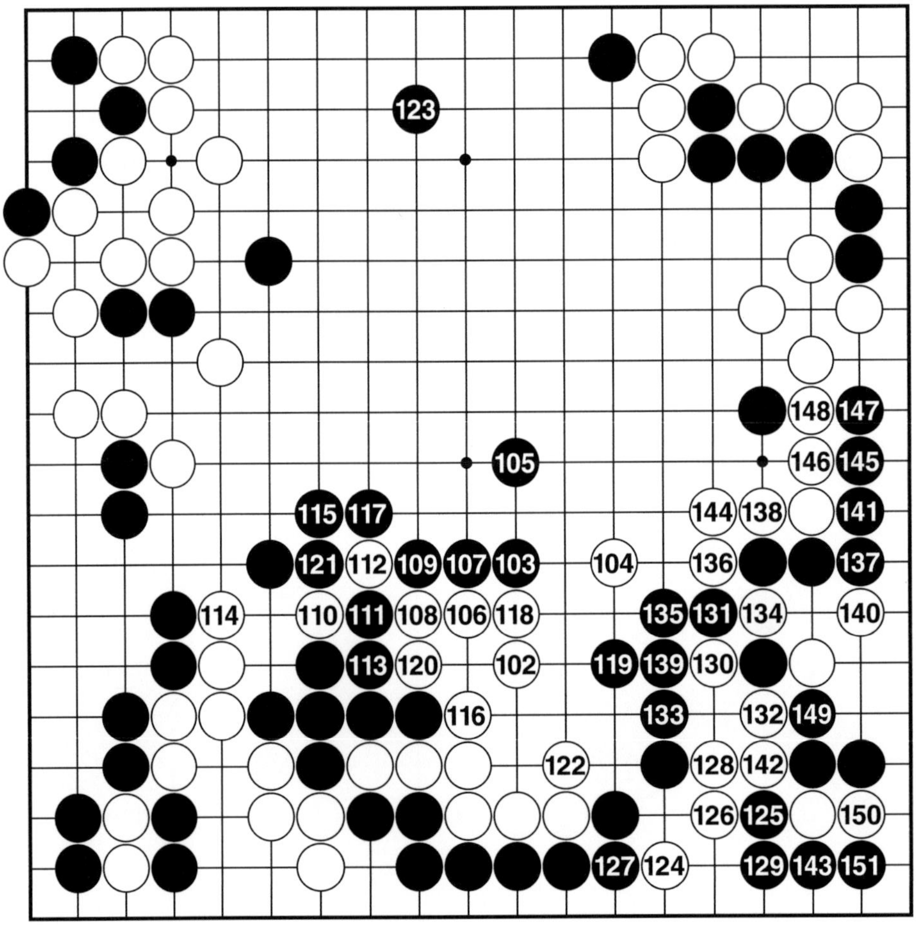

Züge 152 – 179

Lee hat sein Ziel erreicht. Wieder gibt es ein Ko. Schwarz hat hier viel zu verlieren, aber auch für Weiß hängt die Partie an diesem Ko.

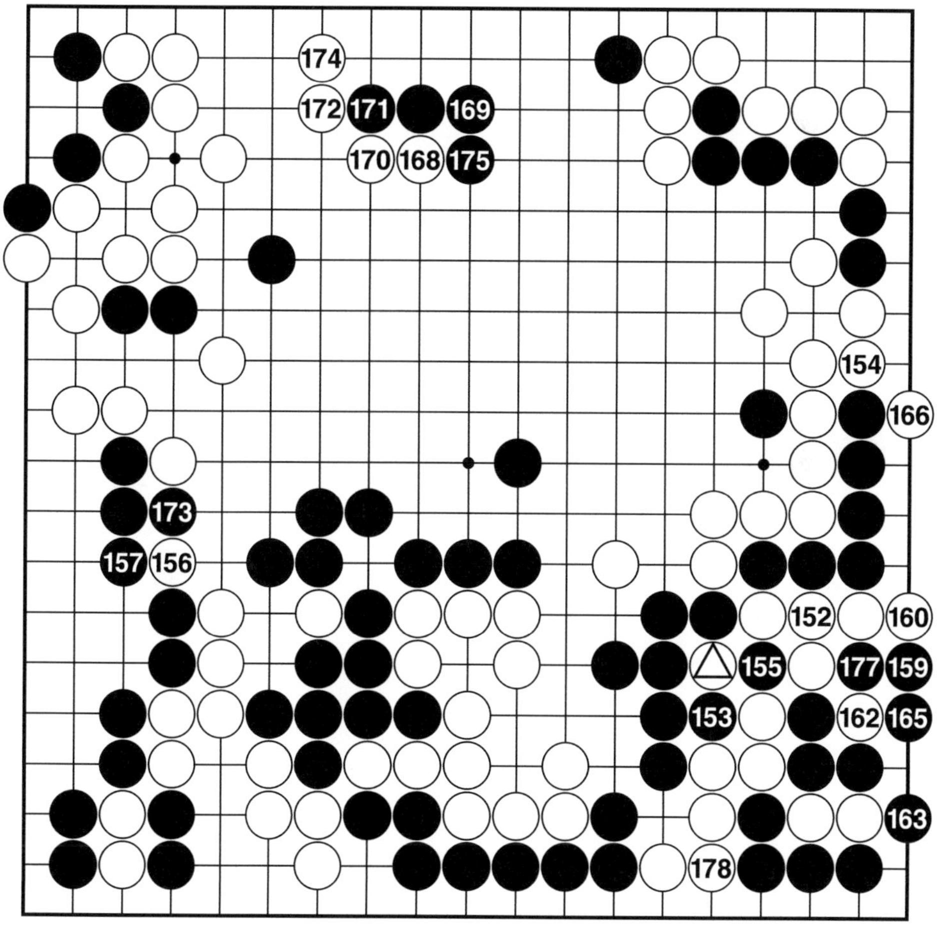

158 auf △, 161 auf 155, 164 auf △, 167 auf 155, 176 auf △, 179 auf 155

Züge 180 – 210

Kann Weiß das Annäherungs-Ko gewinnen?

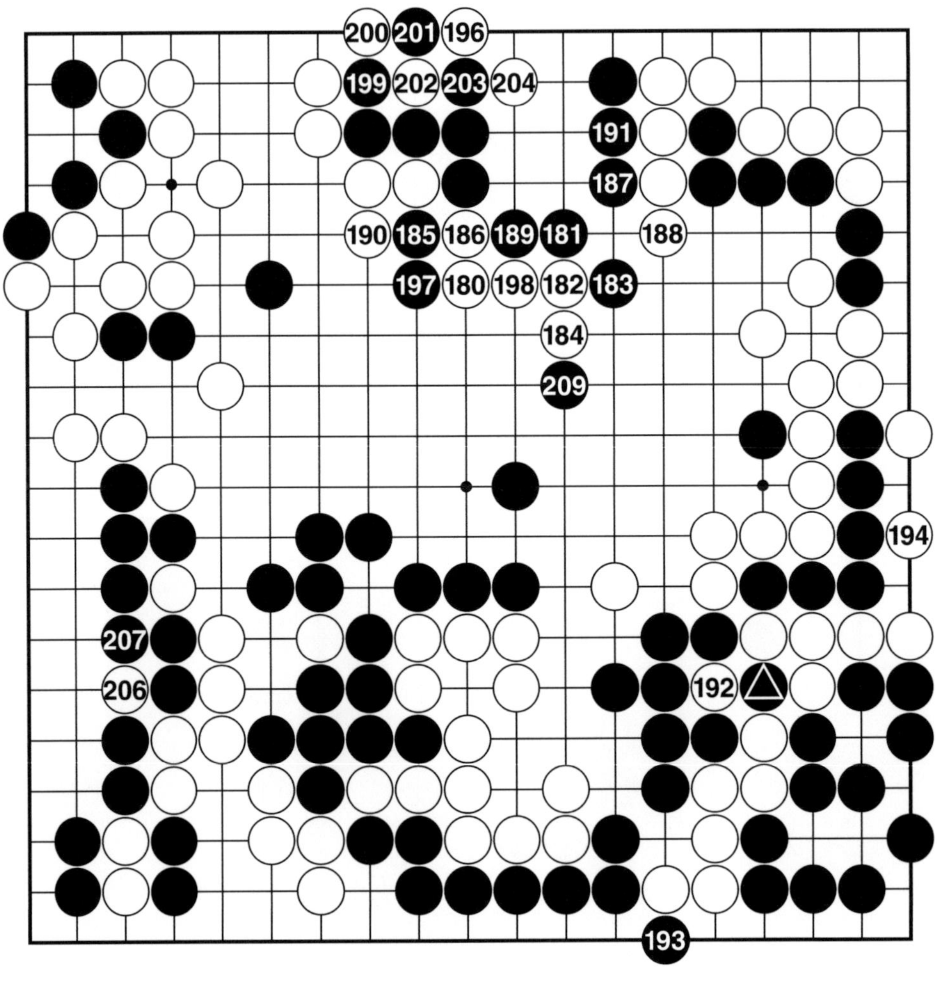

195 auf ▲*, 205 auf 201, 208 auf 202, 210 auf 201*

Züge 211 – 239

Das Zentrum ist zu klein für Schwarz, um auch ohne das Ko zu gewinnen.

234 Züge. Weiß gewinnt durch Aufgabe.

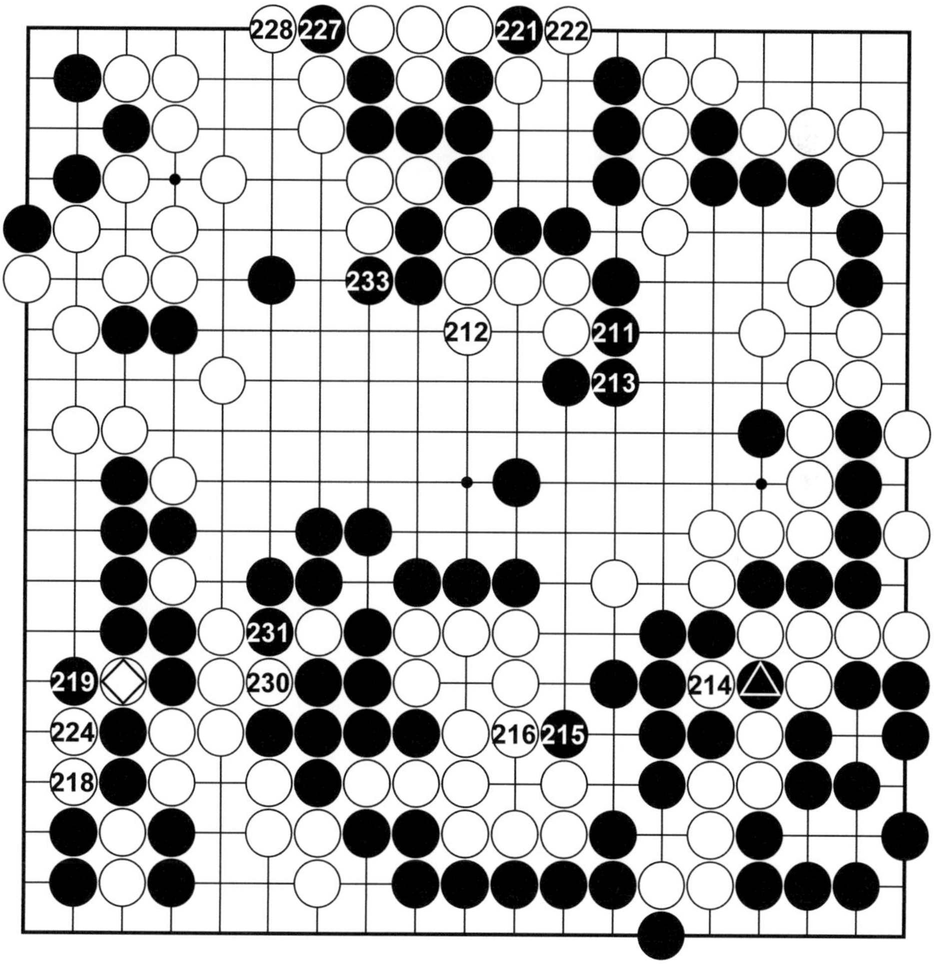

217 auf ▲, 220 auf 214, 223 auf ▲, 225 auf ◇, 226 auf ▲, 229 auf 214, 232 auf ▲, 234 auf ▲

◯ Rui Nawei 9p vs. ● Kim Miri 3p

4. Koreanische Frauen-Liga

Züge 1 – 32

Rui Nawei ist eine der bekanntesten und stärksten Go-Spielerinnen der Welt. In dieser Eröffnung gibt es rechts oben ein selteneres Joseki zu sehen. Nach Weiß 32 muss Schwarz zeigen, wie sie mit den drei Steinen unten umgehen möchte.

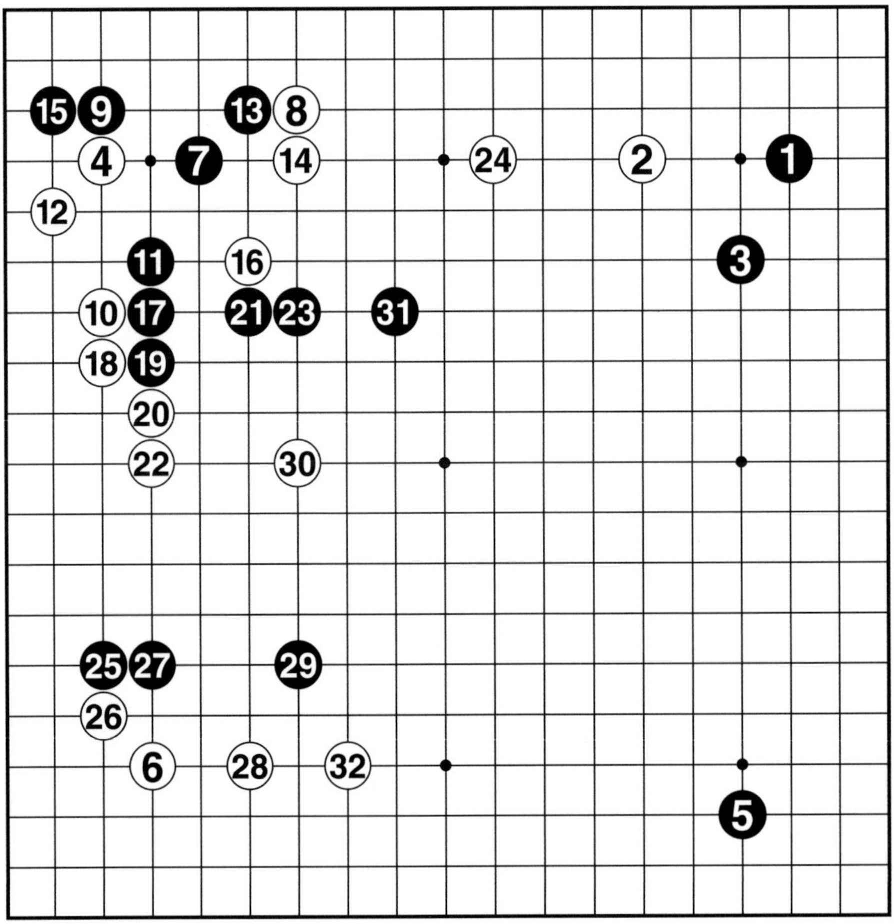

Komi: 6,5	Datum: 22. Februar 2018
Zeit: 1 Stunde	Ort: Seoul, Korea

Züge 33 – 74

Schwarz stärkt zuerst die Gruppe, um dann mit dem scharfen Zug 63 die weißen Steine zu attackieren. Weiß 64 lässt einen Schnitt zu, der die weißen Steine plötzlich unter Druck kommen lässt.

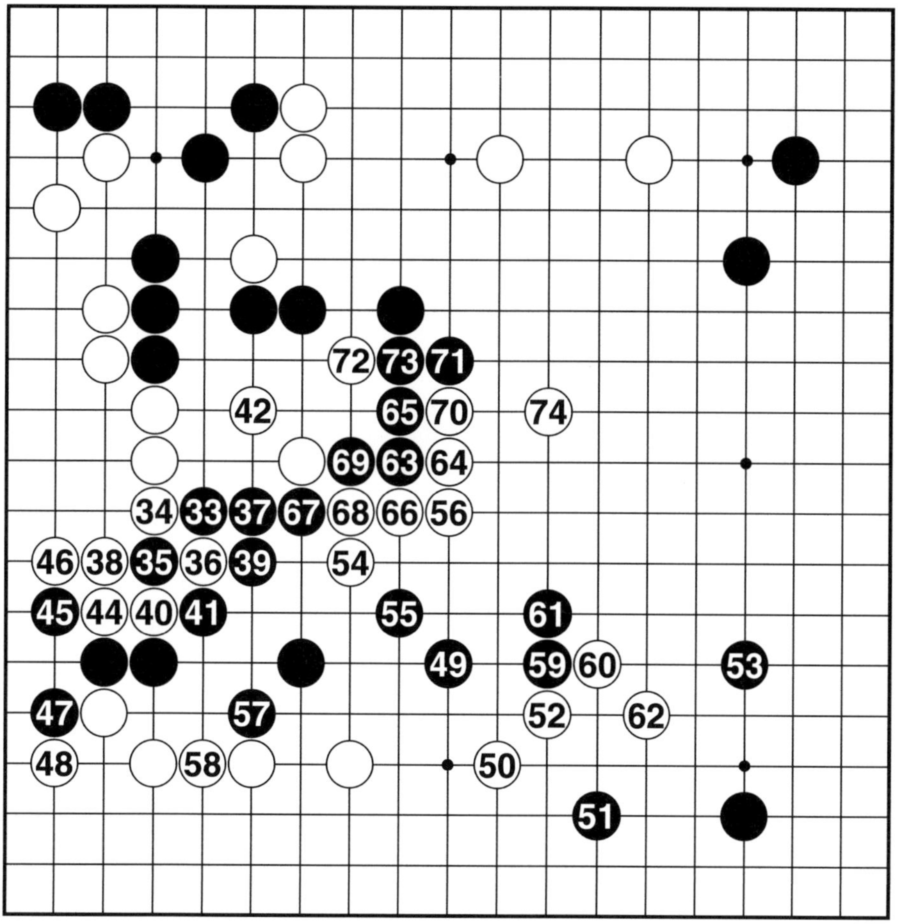

43 auf 35

Züge 75 – 112

Schwarz attackiert mit 75 den oberen Rand, um den weißen Steinen den Fluchtweg zu versperren. Weiß 112 geht zum Gegenangriff über.

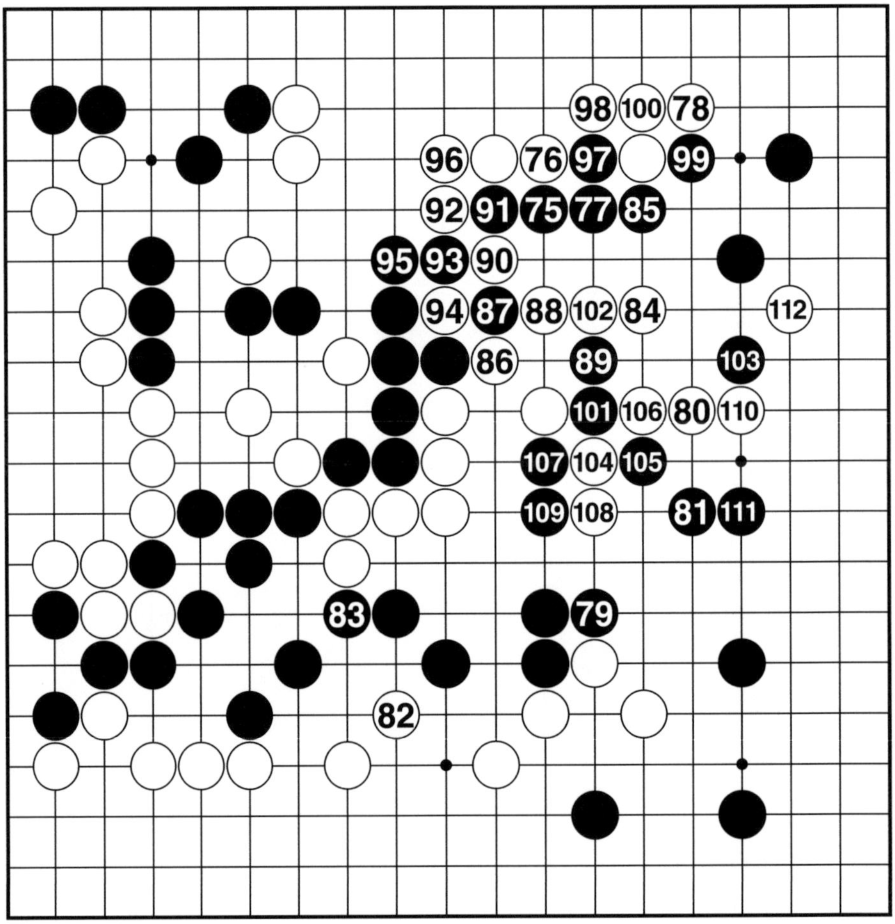

Züge 113 – 139

Schwarz lässt sich nicht beirren, sichert seine Gruppen und hält Weiß konsequent einäugig.

139 Züge. Schwarz gewinnt durch Aufgabe.

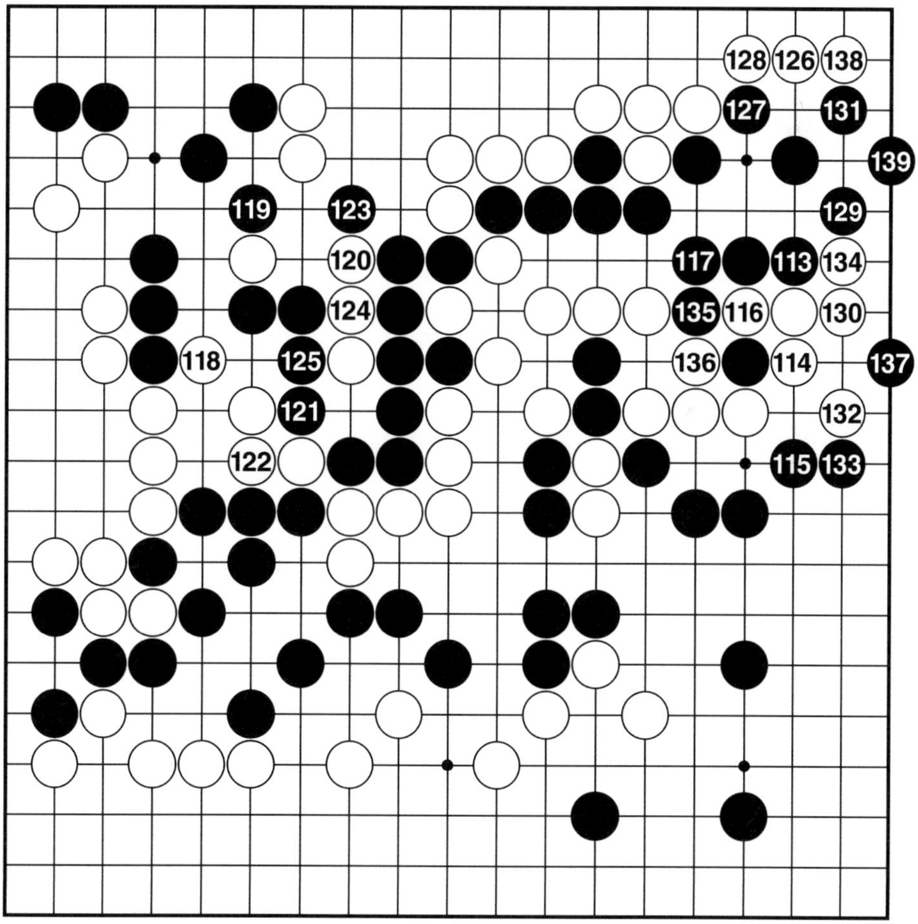

○ Dang Yifei 9p vs. ● Shin Jinseo 8p

19. Nongshim Cup, 11. Partie

Züge 1 – 49

Shin Jinseo, geboren im Jahr 2000, ist ein aufstrebendes Talent. Die Partie beginnt mit zwei symmetrischen AlphaGo-Joseki am oberen Rand.

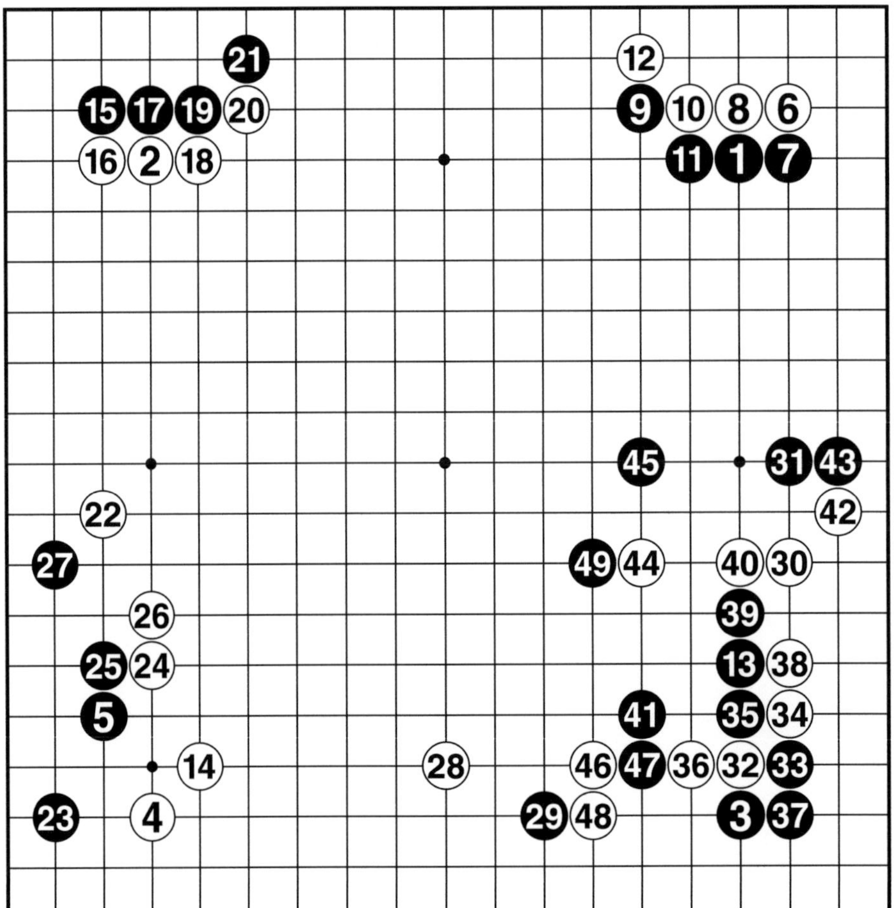

Komi: 6,5	Datum: 27. Februar 2018
Zeit: 1 Stunde, 1 Min./Zug	Ort: n.b.

Züge 50 – 100

Am unteren Rand führt der Kampf zu einem Semeai mit Ko, für das sich Dang am oberen Rand mit 92 bis 95 erstmal eine Ko-Drohung verschafft.

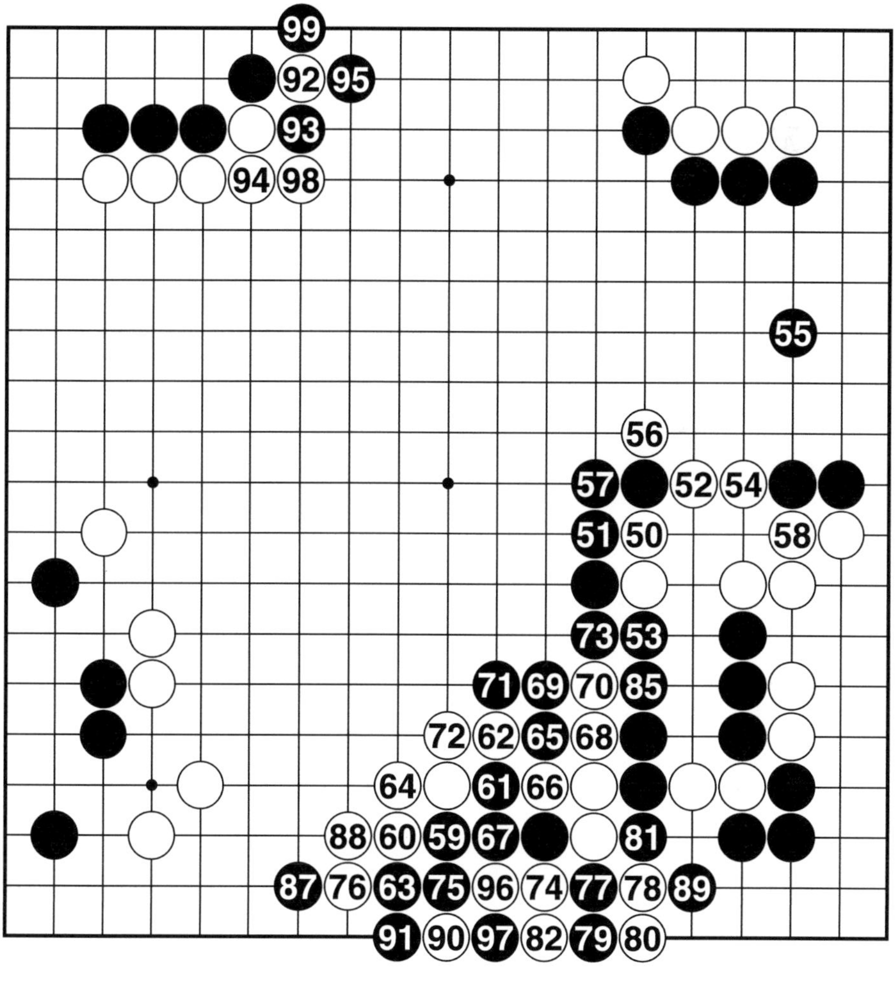

83 auf 77, 84 auf 79, 86 auf 77, 100 auf 90

Züge 101 – 154

Weiß ignoriert 101 und beendet das Ko am unteren Rand.

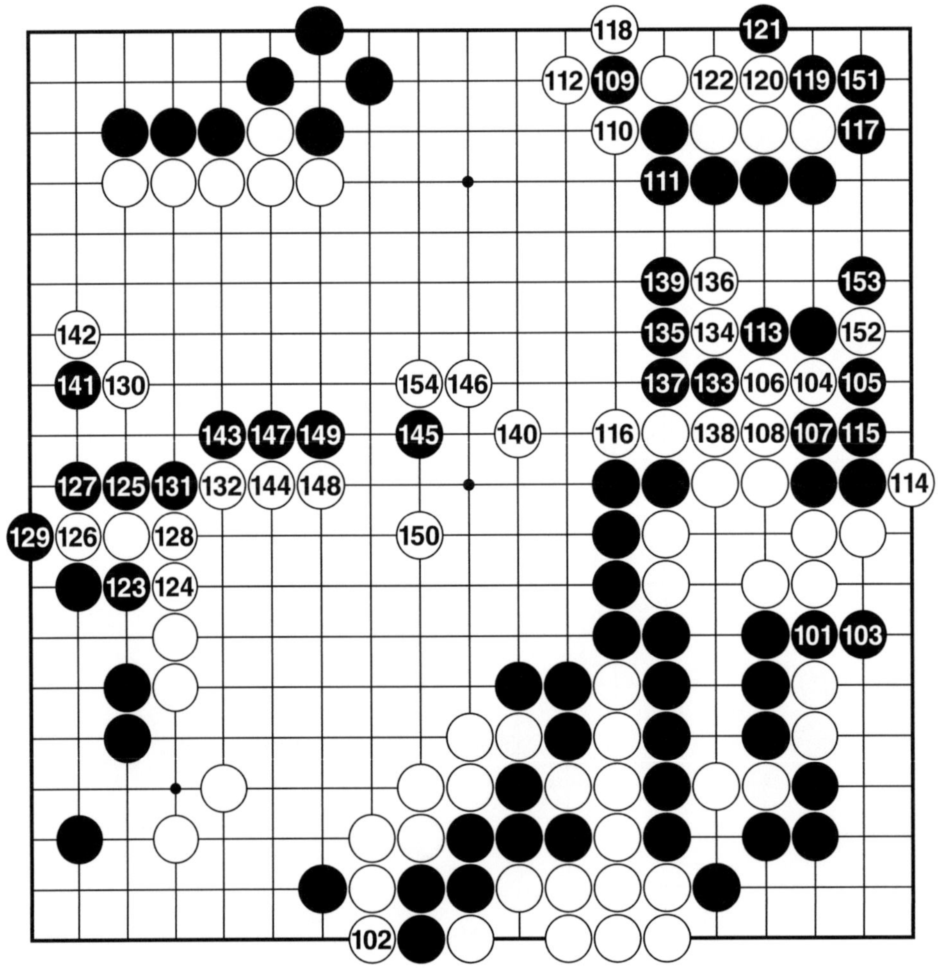

Züge 155 – 212

Nach Weiß 212 kann Weiß entweder zwei Steine fangen und seine Gruppe links oben retten, oder die schwarze Gruppe rechts oben töten.

212 Züge. Weiß gewinnt durch Aufgabe.

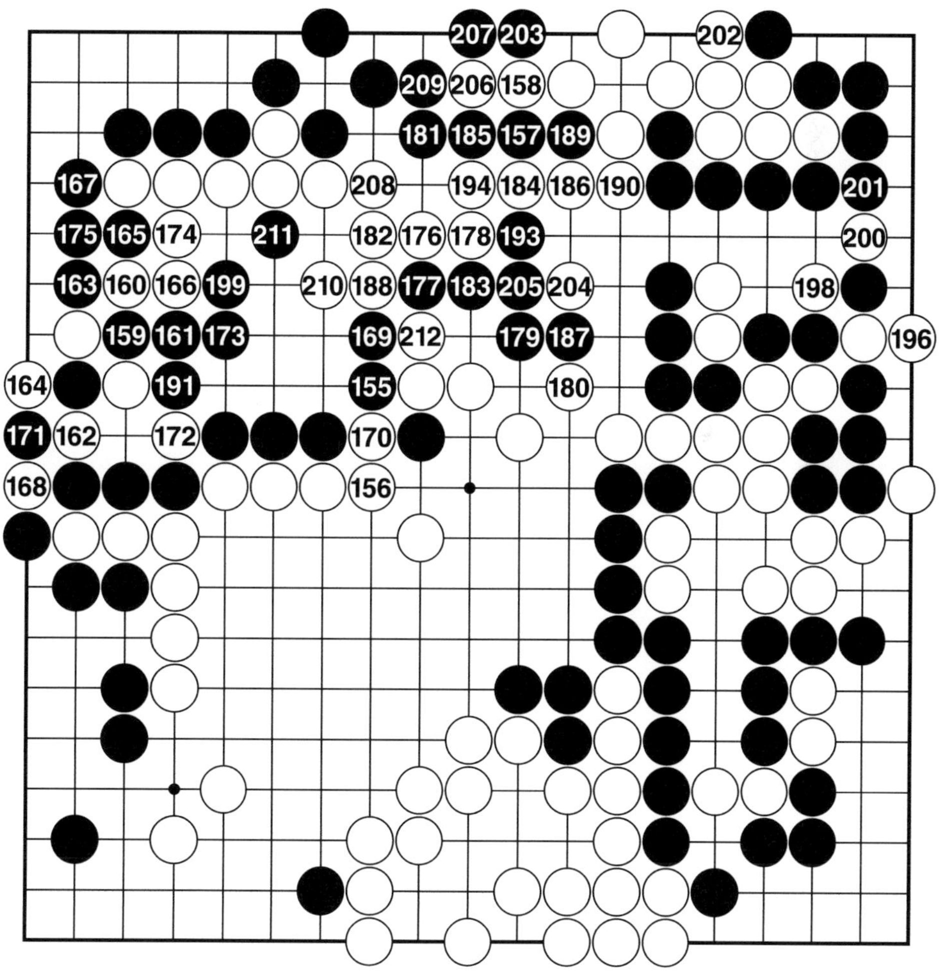

192 auf 168, 195 auf 171, 197 auf 168

○ Lee Wonyoung 7p vs. ● Na Hyun 9p

JTBC Cup, Korea

Züge 1 – 42

Noch eine Partie zweier koreanischer Spieler. Früh beginnen die Kämpfe. Auch hier wird am Ende nicht ausgezählt.

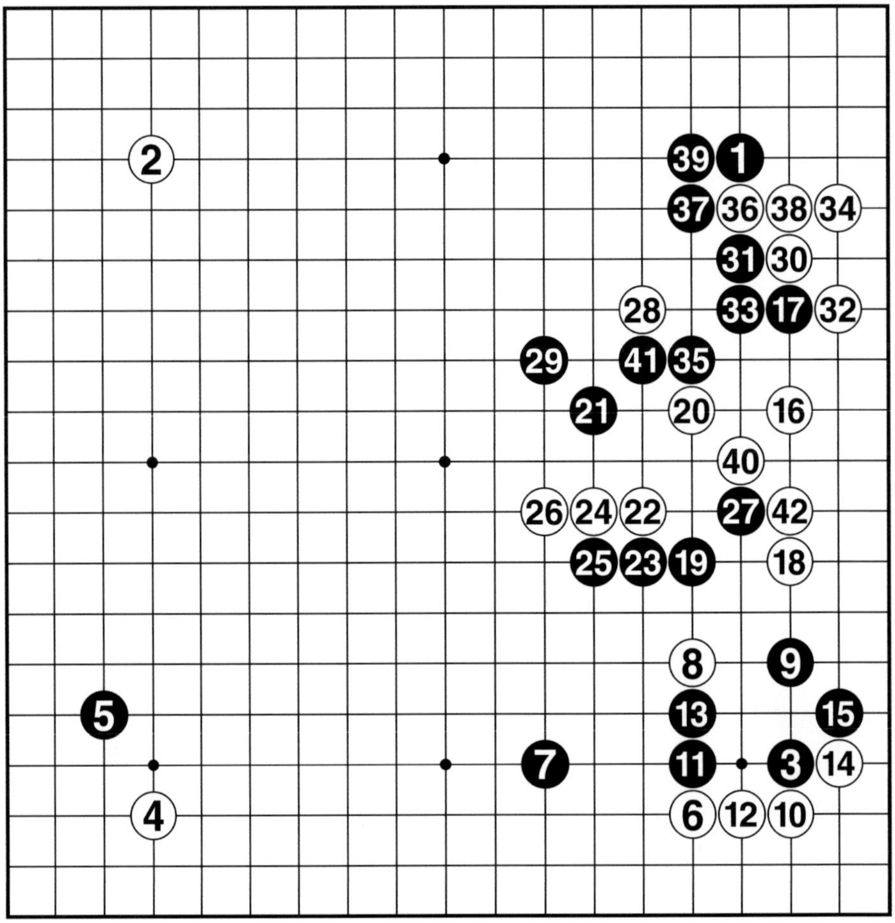

Komi: 6,5	Datum: 28. Februar 2018

Züge 43 – 91

Vor dem Umblättern: Welchen Status hat die Gruppe in der Ecke links oben? Sie wird uns noch ein wenig beschäftigen.

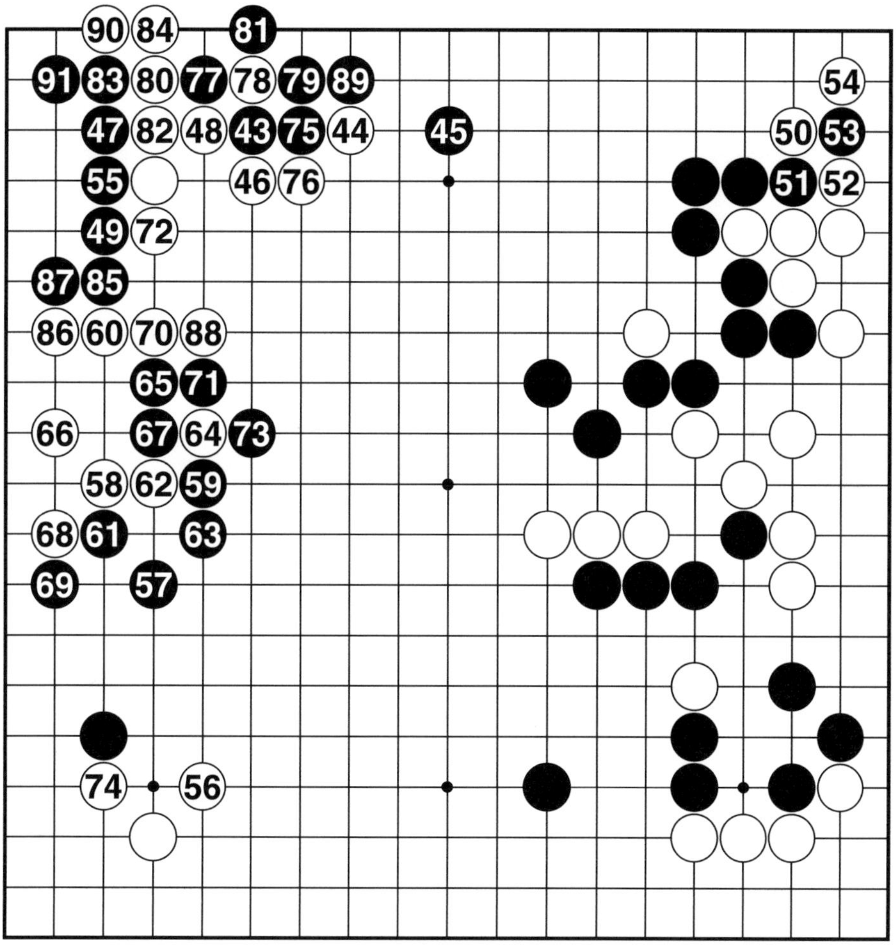

Züge 92 – 125

Weiß lässt die Gruppe links oben stehen, denn hier kann er erstmal nur ein Nachhand-Seki erreichen. Aber als Ko-Drohung sicher ein gute Waffe. Ein Ko muss jetzt her.

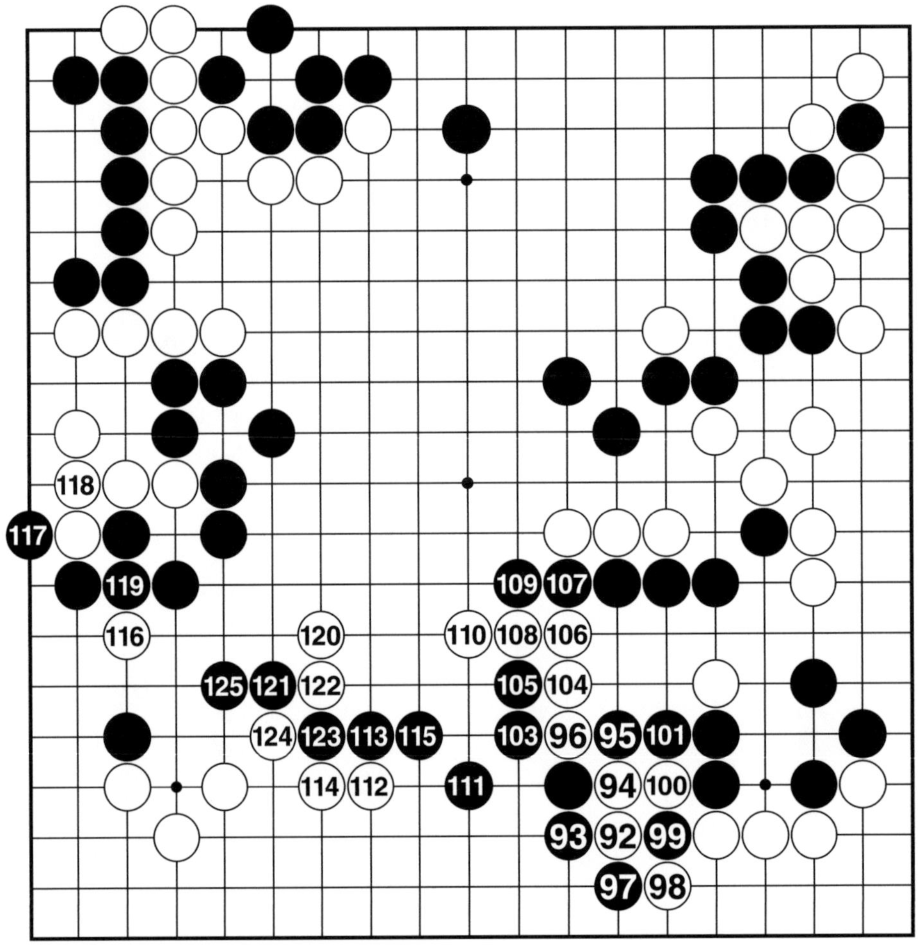

Züge 126 – 155

Der Kampf wird unübersichtlich, zwei weiße Gruppen stehen recht dünn da.

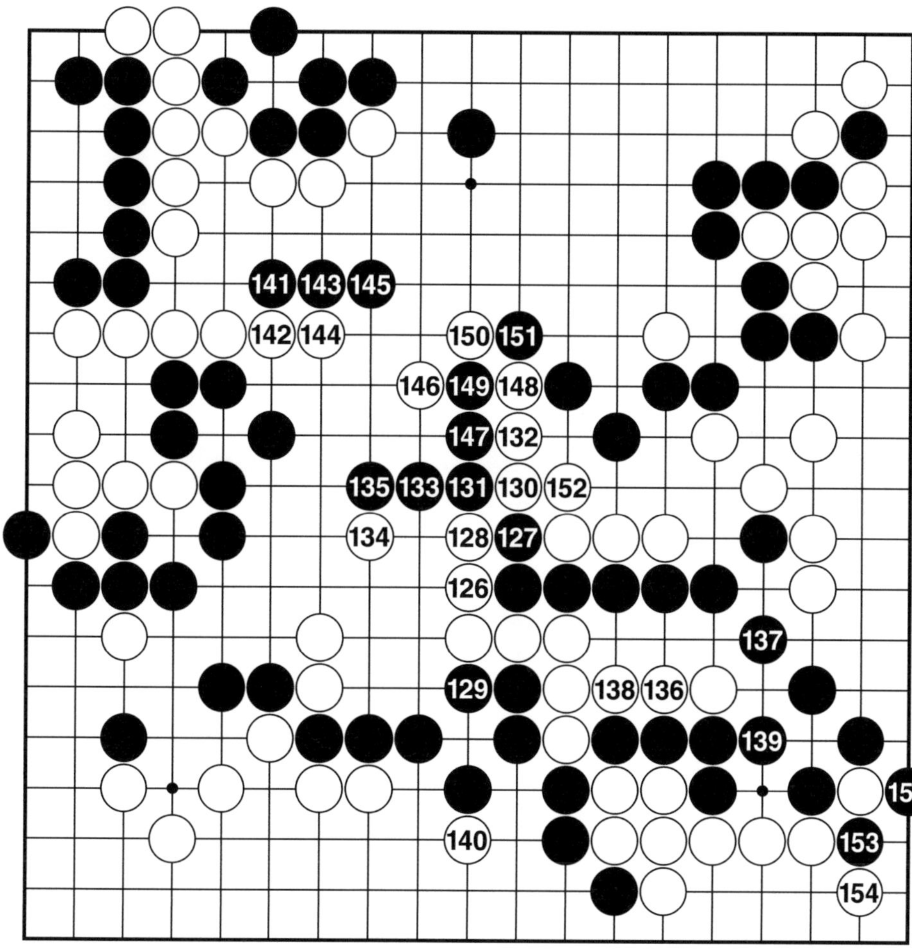

Züge 156 – 185

Schwarz fängt zehn weiße Steine in der Mitte, doch dies geht zu Lasten der Gruppen am linken Rand, deren Form grad ein halbes Auge aufweist. Oder fängt Schwarz einfach nochmal zwölf weiße Steine? Und was ist mit der weißen Kette, die von oben herabrankt?

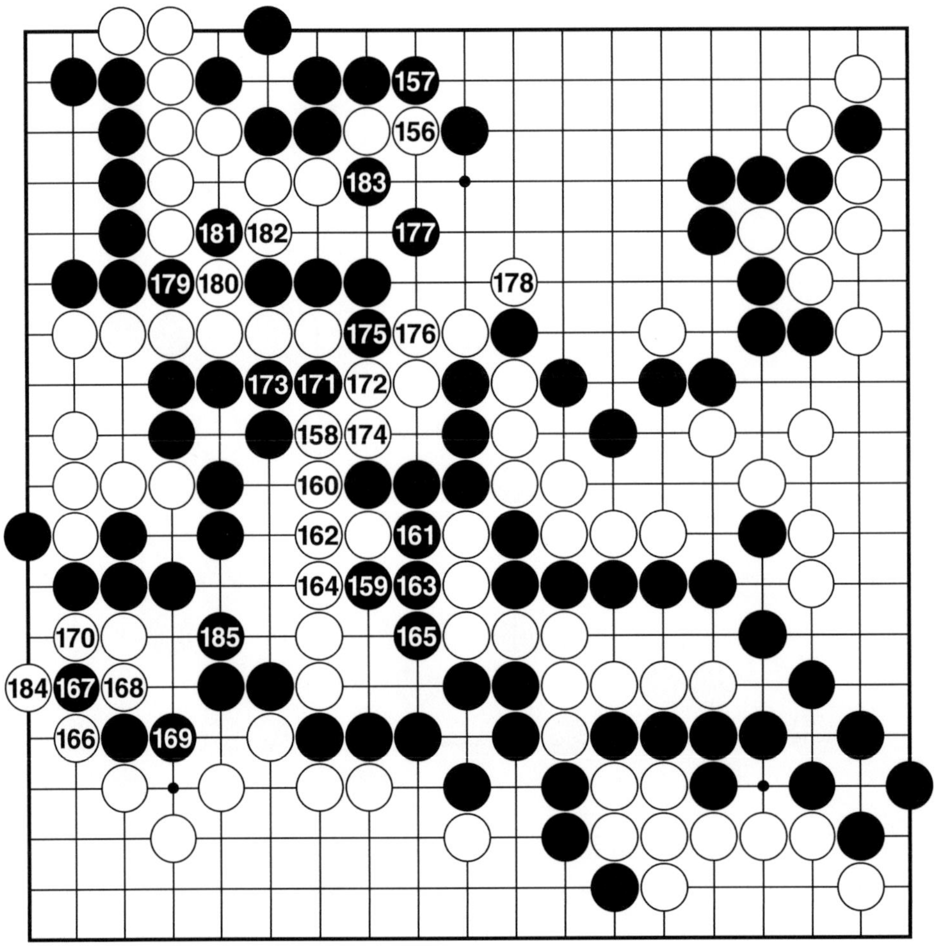

Züge 186 – 140

Weiß 186 ist ein schönes Tesuji, das erwartete Ko ist da. Es steht jetzt alles auf dem Spiel.

218 Züge. Weiß gewinnt durch Aufgabe.

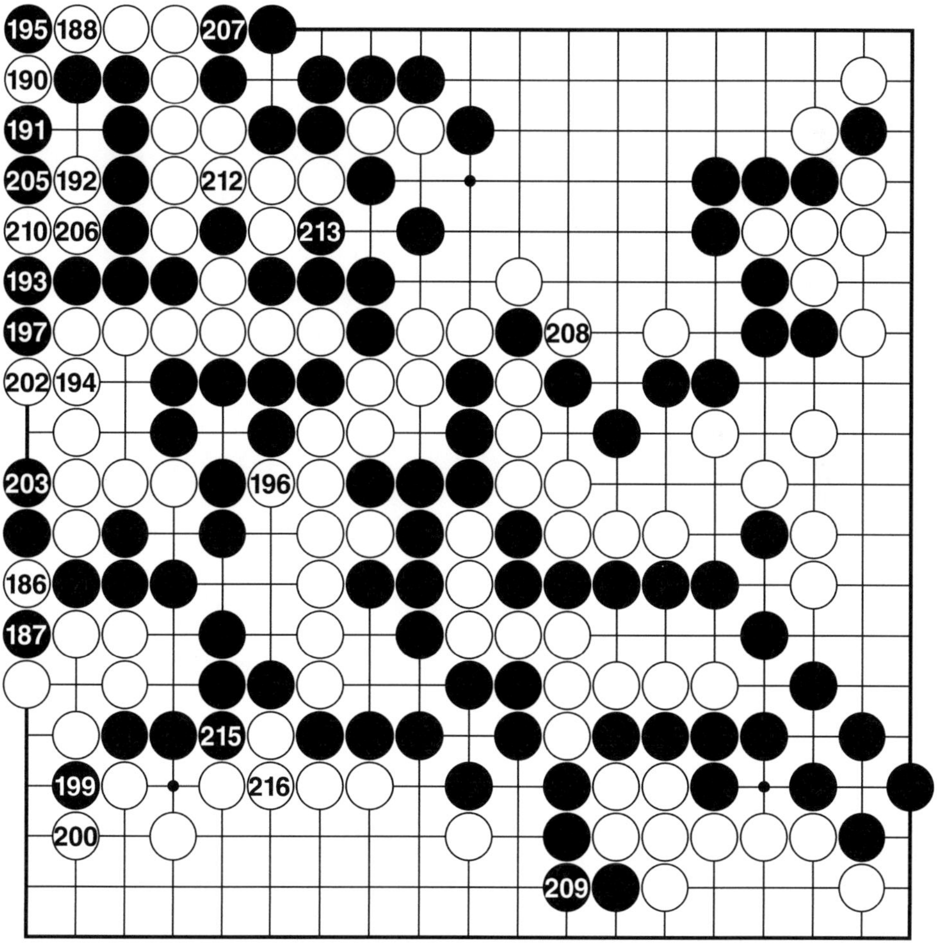

189 auf 186, 198 auf 190, 201 auf 195, 204 auf 190, 211 auf 195, 214 auf 190, 217 auf 195

○ Tang Weixing 9p vs. ● Mi Yuting 9p

17. Südwestchina-Qiwang

Züge 1 – 28

Auch in China gibt es kurze Gemetzel unter hochrangigen Spielern. Da ist selbst eine Finalpartie nicht ausgenommen.

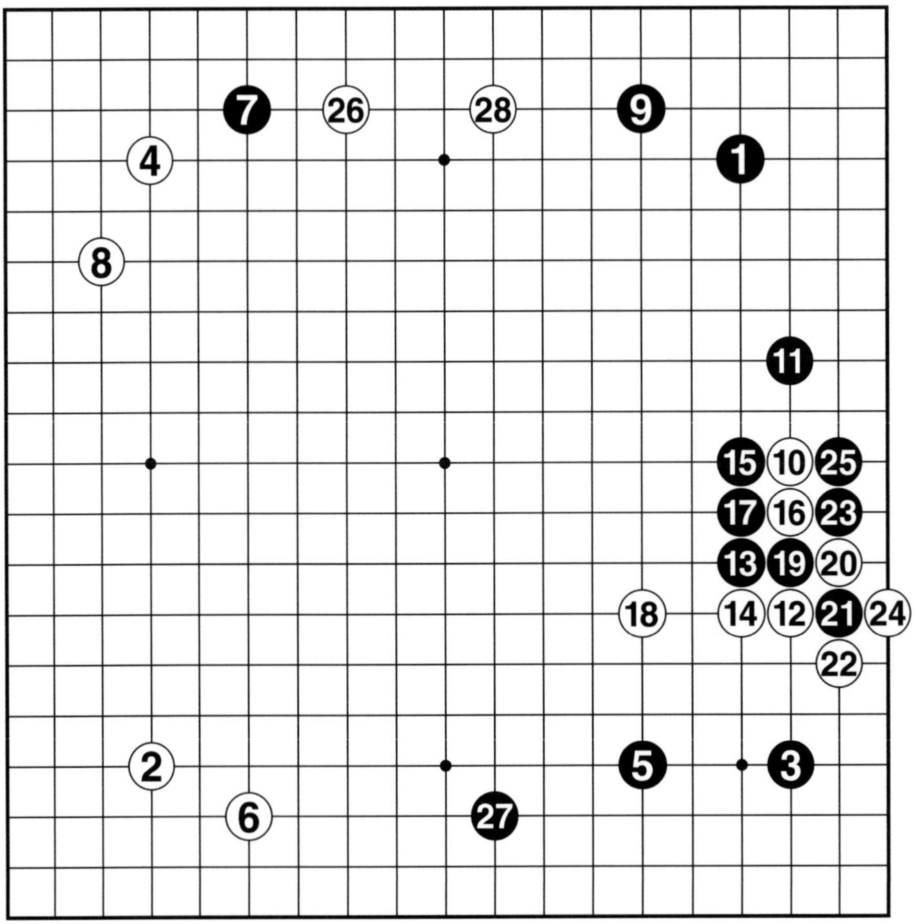

Komi: 7,5	Datum: 10. März 2018
Zeit: 30 Sekunden/Zug	Ort: China

Züge 29 – 60

Schwarz 29 ist ein interessanter Testzug, bevor Schwarz in die Ecke geht.

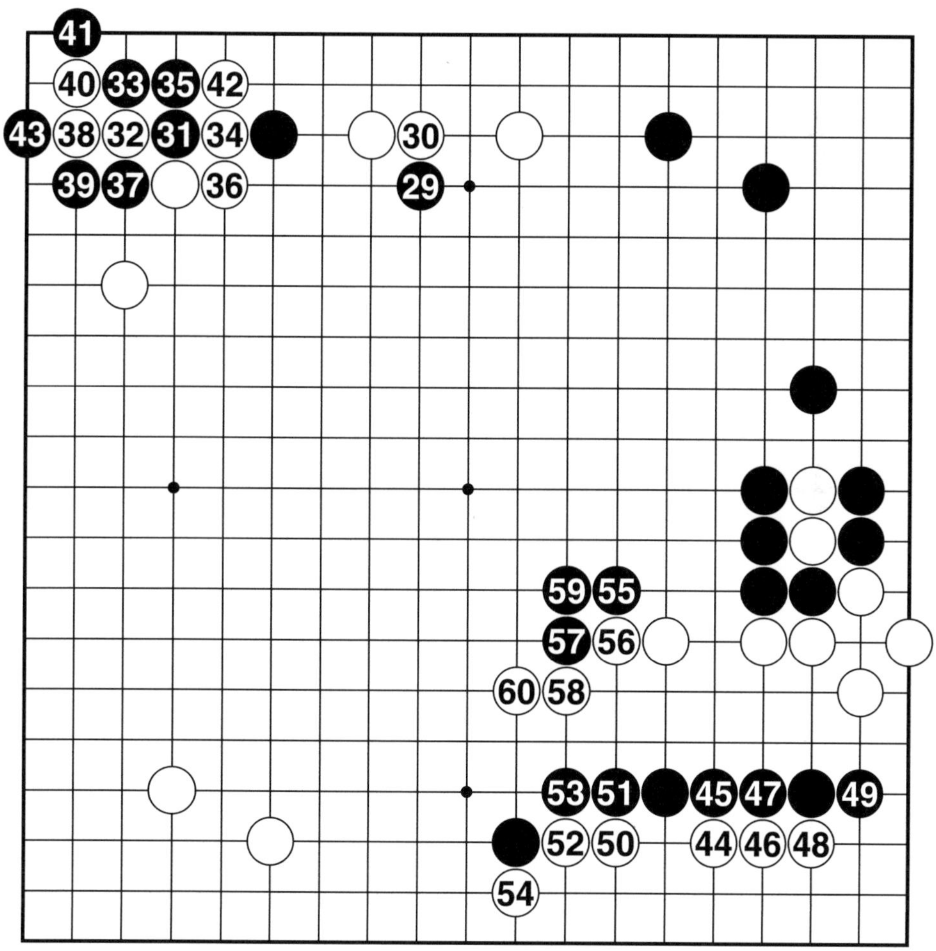

Züge 61 – 94

Schwarz 91 ist ein ungewöhnlicher Formzug. Wie wird dieses Semeai ausgehen?

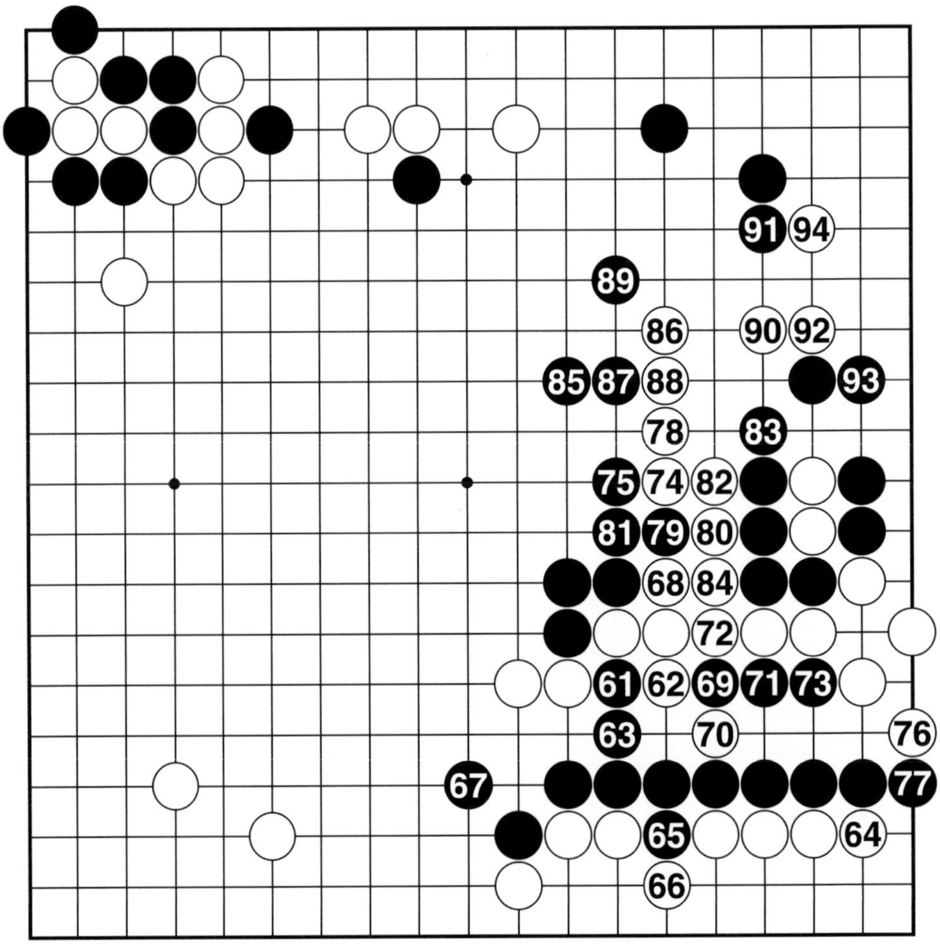

Züge 95 – 125

Die Partie findet mit diesem Semeai ein jähes Ende.

125 Züge. Schwarz gewinnt durch Aufgabe.

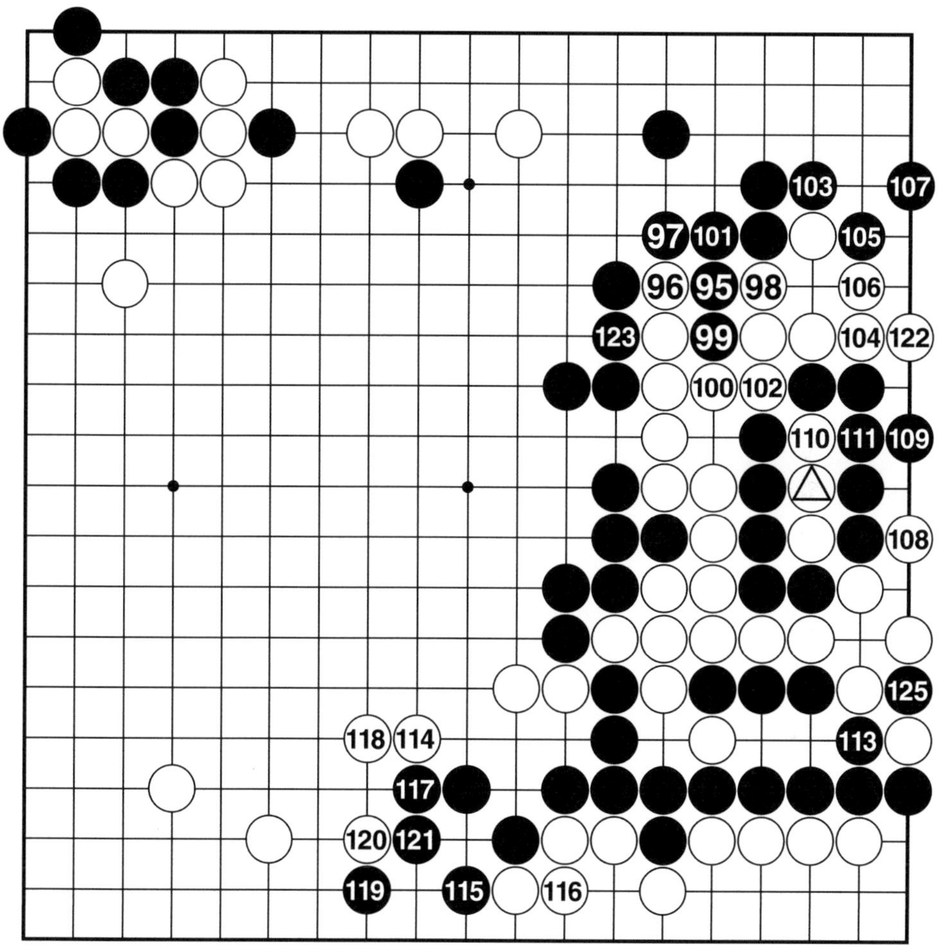

112 auf △, 124 auf 110

○ Shida Tatsuya 7p vs. ● Iyama Yuta 9p

65. NHK Cup, Finale

Züge 1 – 46

Der NHK-Cup in Japan ist ein sehr populäres Turnier, deren Partien live im Fernsehen übertragen und kommentiert werden. Diese Partie ist geprägt von vielen kleinen Gebieten und einem knappen Endspiel.

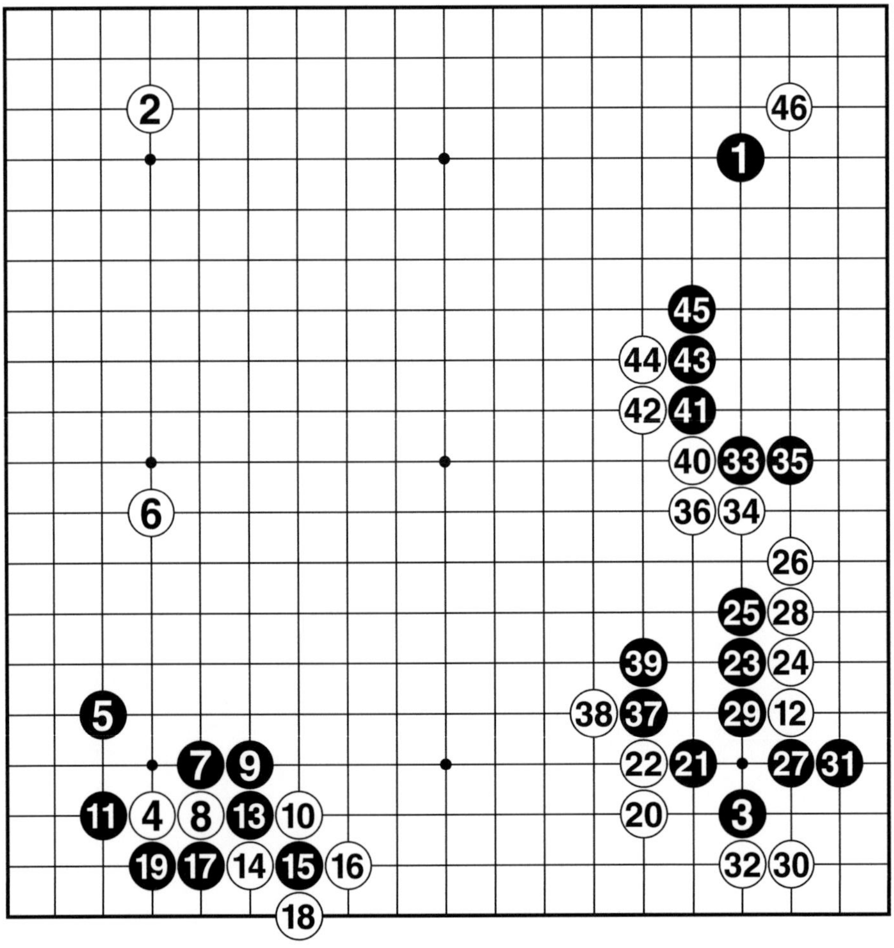

Komi:	**6,5**	**Datum:**	**18. März 2018**
Zeit:	**30 Sek./Zug & 10x1 Min.**	**Ort:**	**Tokio, Japan**

Züge 47 – 100

Wo blocken nach Weiß 46? Für welche Seite hätte man sich wohl selbst entschieden?

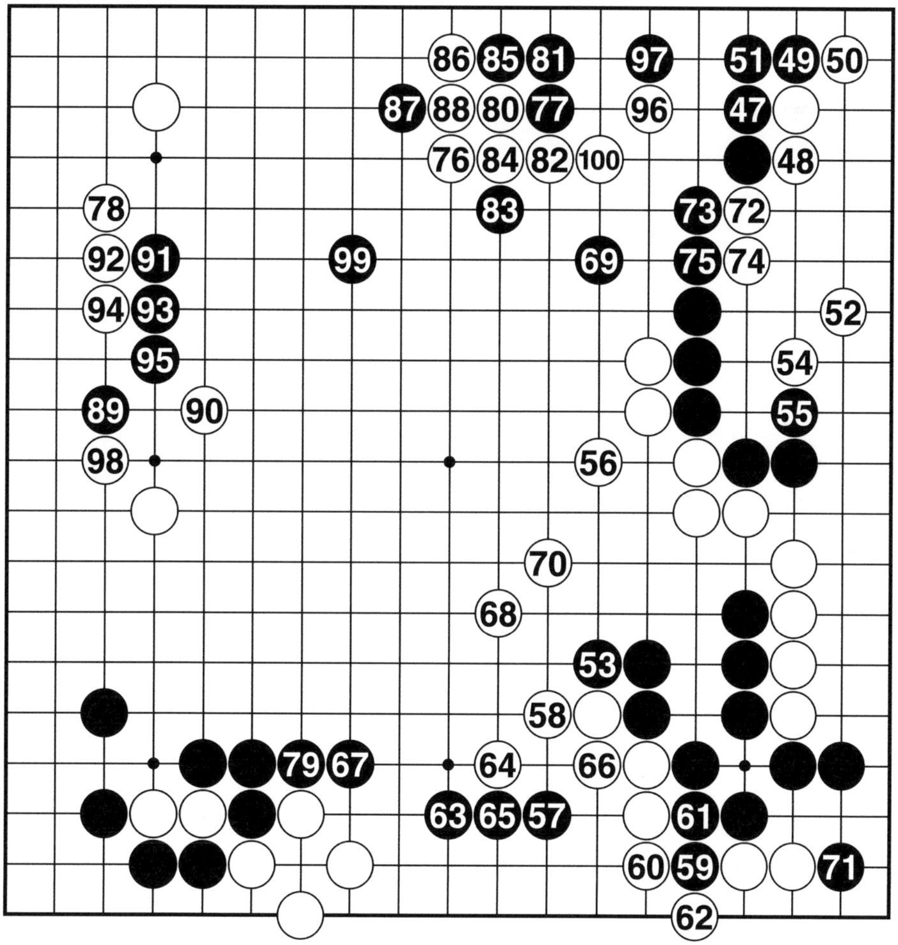

Züge 101 – 153

Shida geht im Mittelspiel in Führung, aber Iyama kämpft und holt wieder auf.

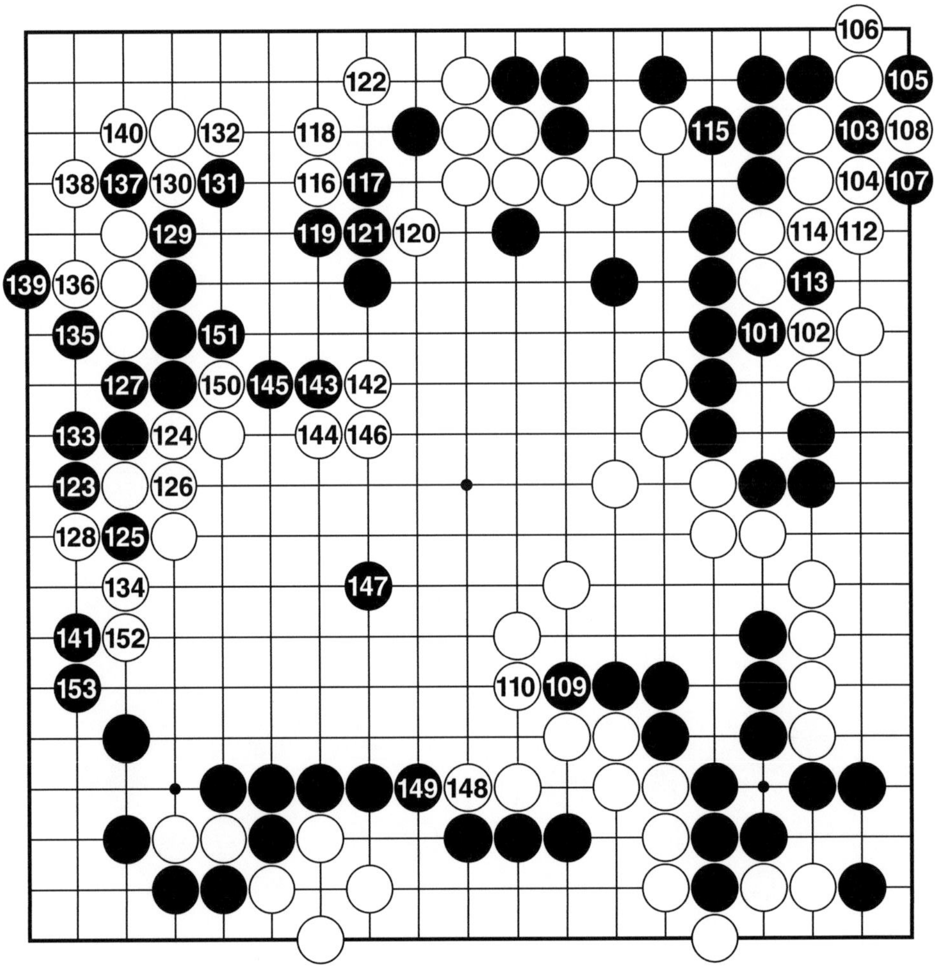

111 auf 103

Züge 154 – 202

Das Endspiel beginnt. Es gibt keine großen Gebiete, dafür jedoch jede Menge Endspielzüge.

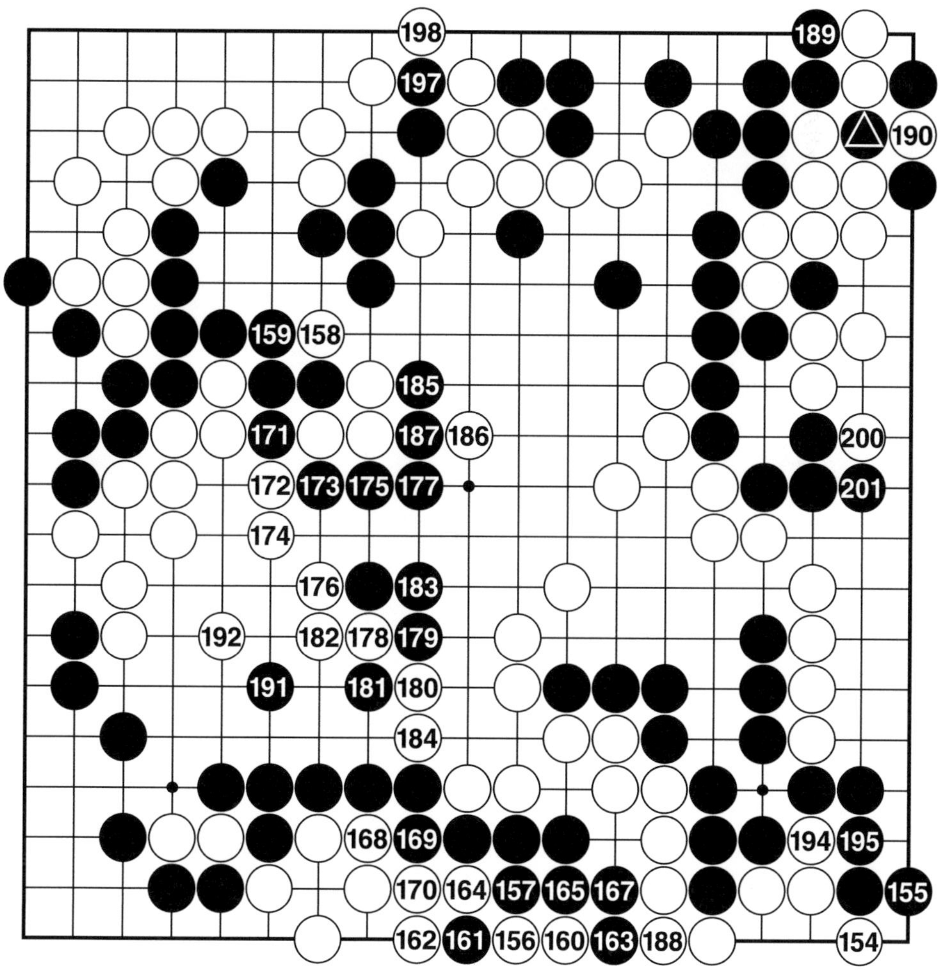

166 auf 161, 193 auf ▲, 196 auf 190, 199 auf ▲, 202 auf 190

Züge 203 – 257

Iyama hat sich zurückgekämpft und liegt nun leicht vorn. Auch Shida gibt alles, um im Endspiel nochmal aufzuholen.

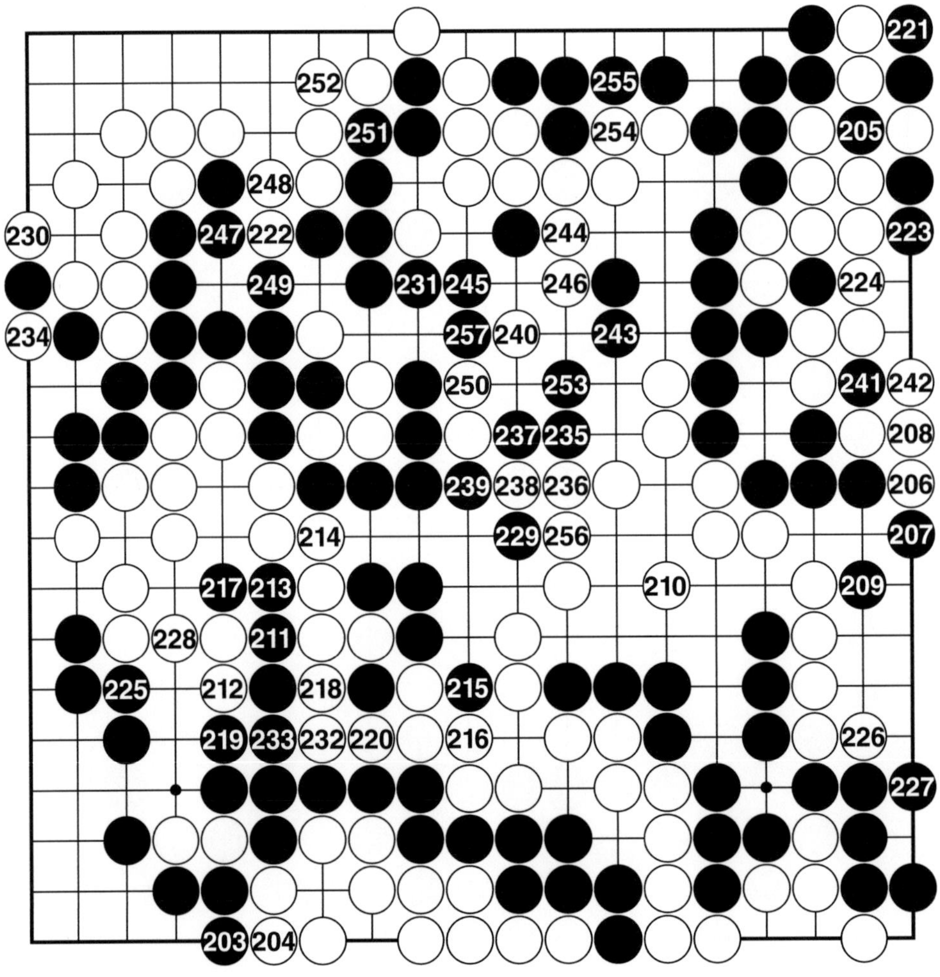

Züge 258 – 308

Iyama wehrt solide ab, am Ende steht ein knappes Ergebnis.

308 Züge. Schwarz gewinnt mit 0,5 Punkten.

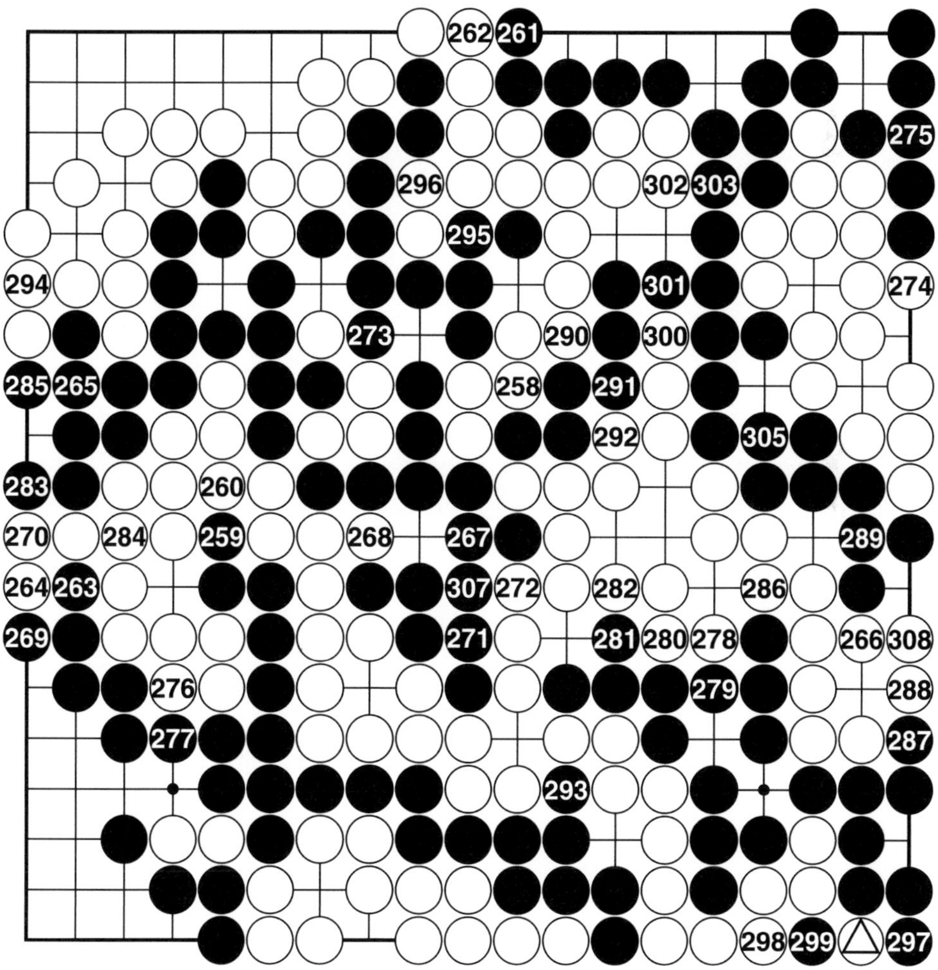

304 auf △, 306 auf 299

◯ Ishida Yoshio 9p vs. ● Yoda Norimoto 9p

8. Igo Masters Cup, Runde 1

Züge 1 – 50

Am Igo Masters Turnier dürfen nur Spieler teilnehmen, die älter als fünfzig Jahre sind und mindestens einen der großen sieben Titel in Japan gewonnen haben.

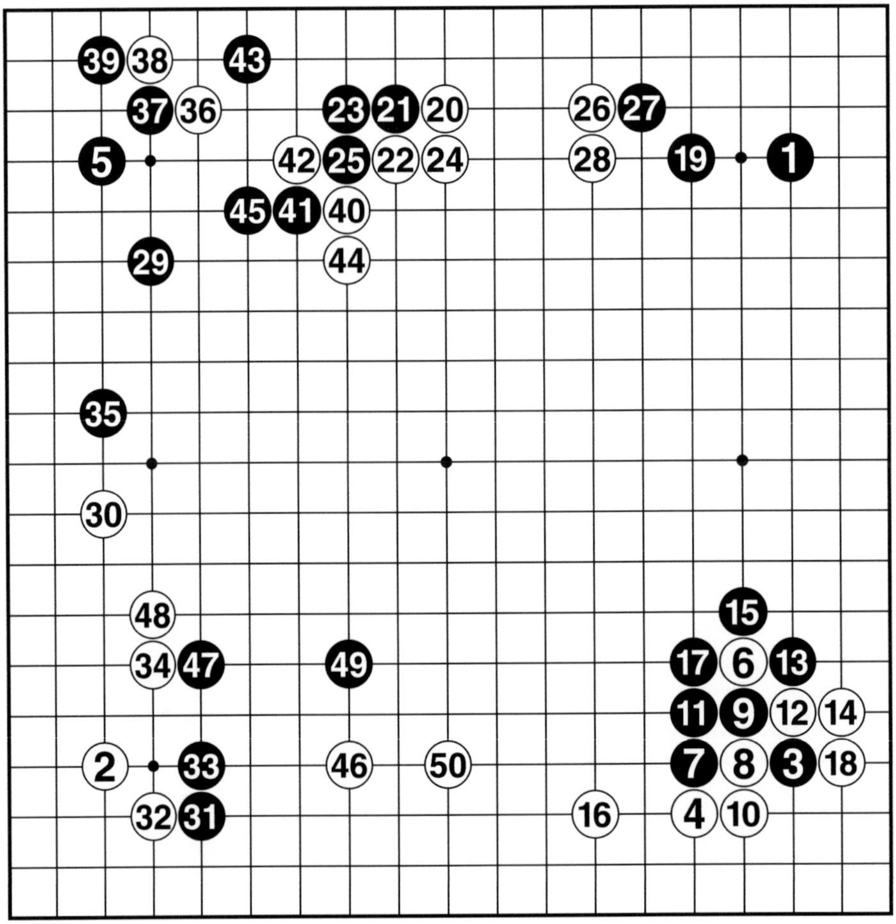

Komi:	**6,5**	**Datum:**	**5. April 2018**
Zeit:	**2 Stunden**	**Ort:**	**Tokio, Japan**

Züge 51 – 100

Diese Partie steht fast schon für das traditonelle Go Japans, also das Errichten von soliden Gruppen, dem Gerangel und Geschiebe zwischen jenen ohne dass es einen tödlichen Wettlauf um nur eine davon gäbe.

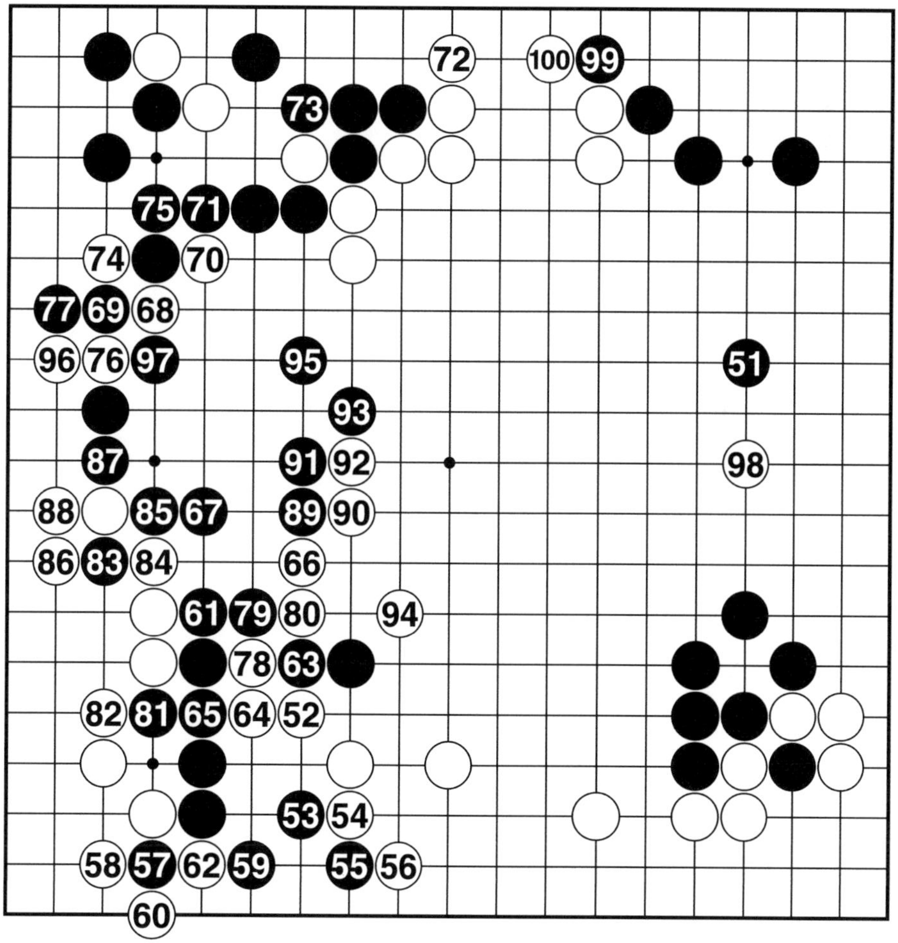

Züge 101 – 151

Schwarz kann den weißen Invasionsstein am rechten Rand nicht fangen. Zudem ist der Rand von unten noch offen. So lässt er die Gruppe mit 118 hinaus. Nach 126 muss darauf bedacht sein, dass seine Gruppe stets zwei Augen machen kann.

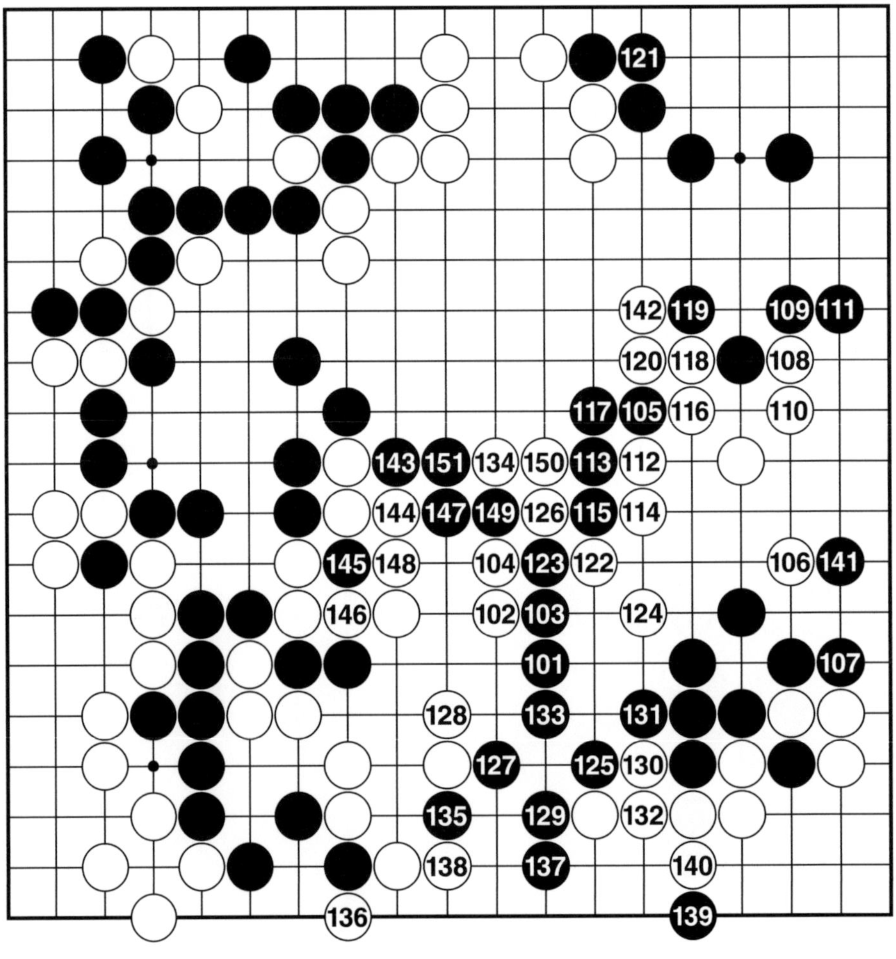

Züge 152 – 200

Nachdem Schwarz mit 167 sicher lebt, beginnt das Endspiel.

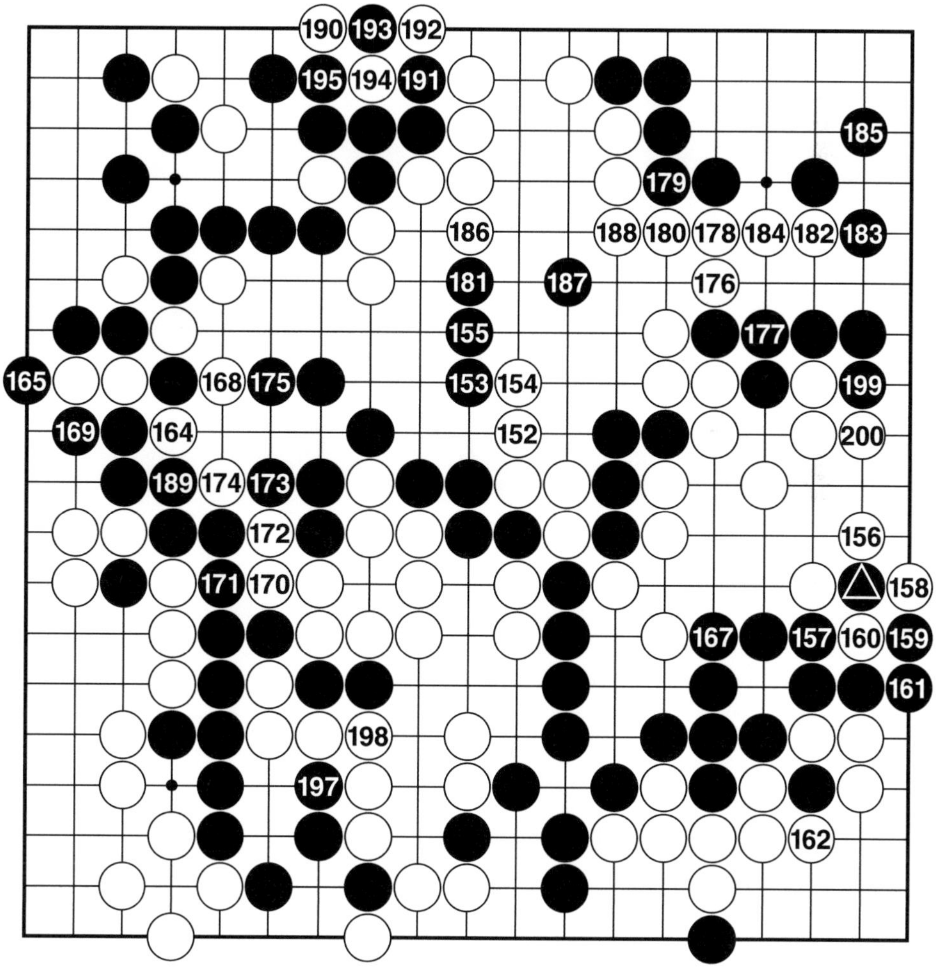

163 auf ▲, 166 auf 190, 196 auf ▲

Züge 201 – 252

Schwarz spielt geschickt Vorhände aus, bevor er mit 213 das zweite Auge für die Gruppe festigt. Weiß 208 ist nötig, um gegen unangenehmes Aji in der Ecke zu verteidigen. Für Weiß scheint es keine Vorhandzüge zu geben, so nimmt er 216 in Nachhand. Und wieder ist es an Schwarz, mehrere Vorhandzüge auszuspielen.

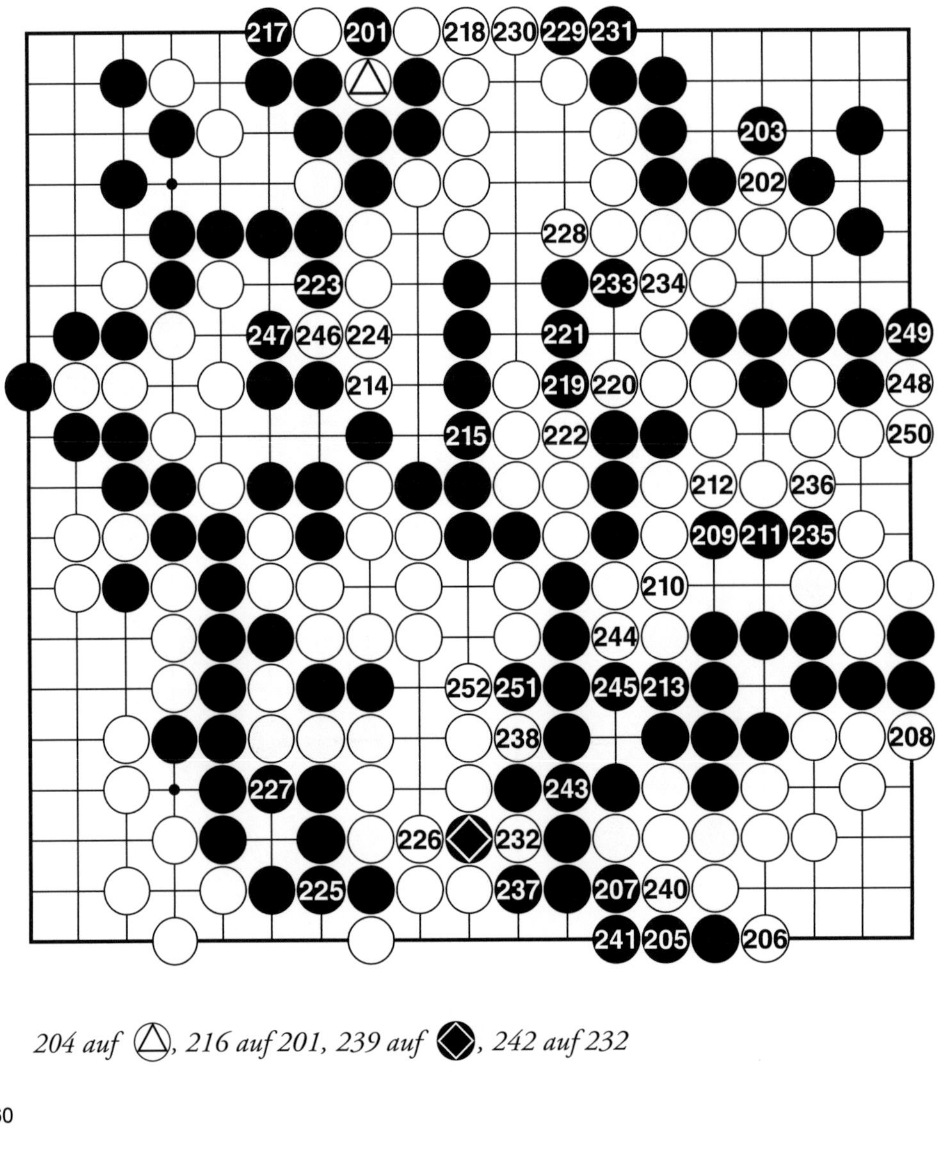

204 auf △, 216 auf 201, 239 auf ◆, 242 auf 232

Züge 253 – 310

Das Ko ist nicht mehr entscheidend, Schwarz führt bereits mit wenigen Punkten.

310 Züge. Schwarz gewinnt mit 4,5 Punkten.

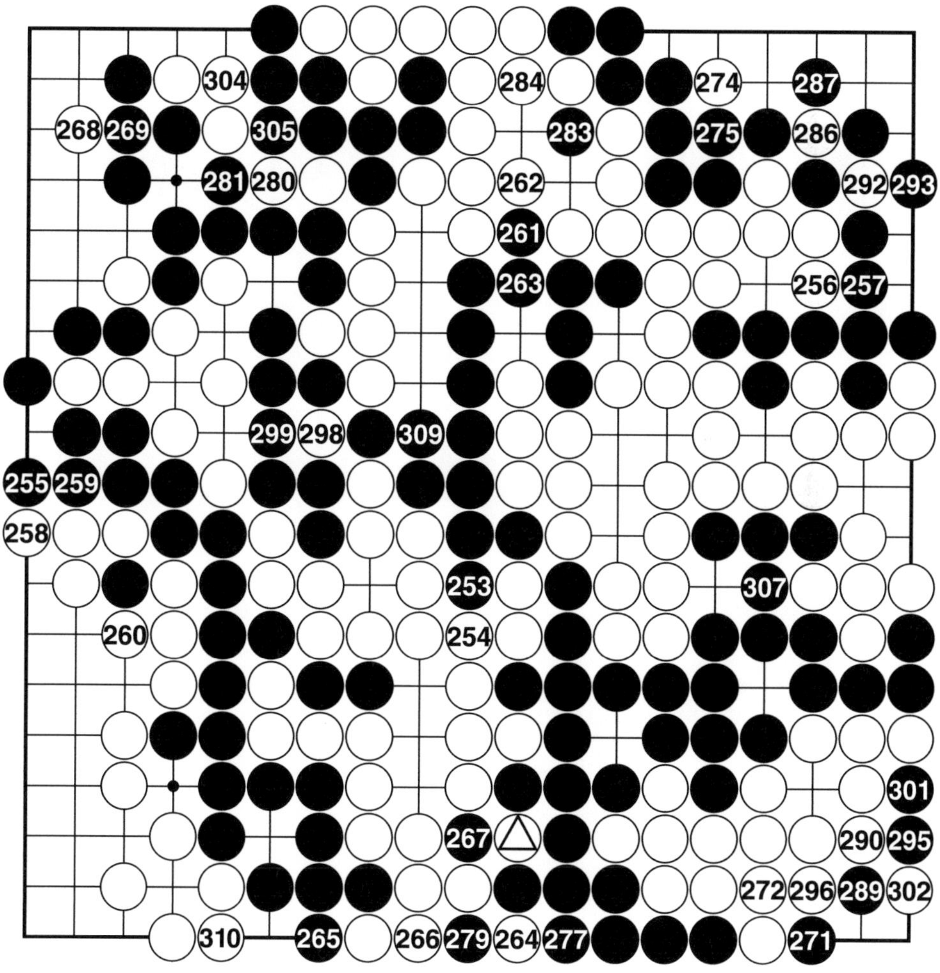

270 auf △, 273 auf 267, 276 auf △, 278 auf 267, 282 auf 264, 285 auf 279, Ko auf 264/279: 288, 291, 294, 297, 300, 303, 306; 308 deckt auf 279

○ Ueno Asami 2p vs. ● Rui Nawei 9p

1. Wu Qingyuan (Go Seigen) Cup, Runde 2

Züge 1 – 58

In China wurde dieses Jahr das erste mal der Wu Qingyuan Cup (Go Seigen Cup) für Frauen ausgetragen. Er fand in Fuzhou, dem Geburtsort von Go Seigen statt. In dieser Partie trifft Rui Nawei auf die junge Ueno Asami.

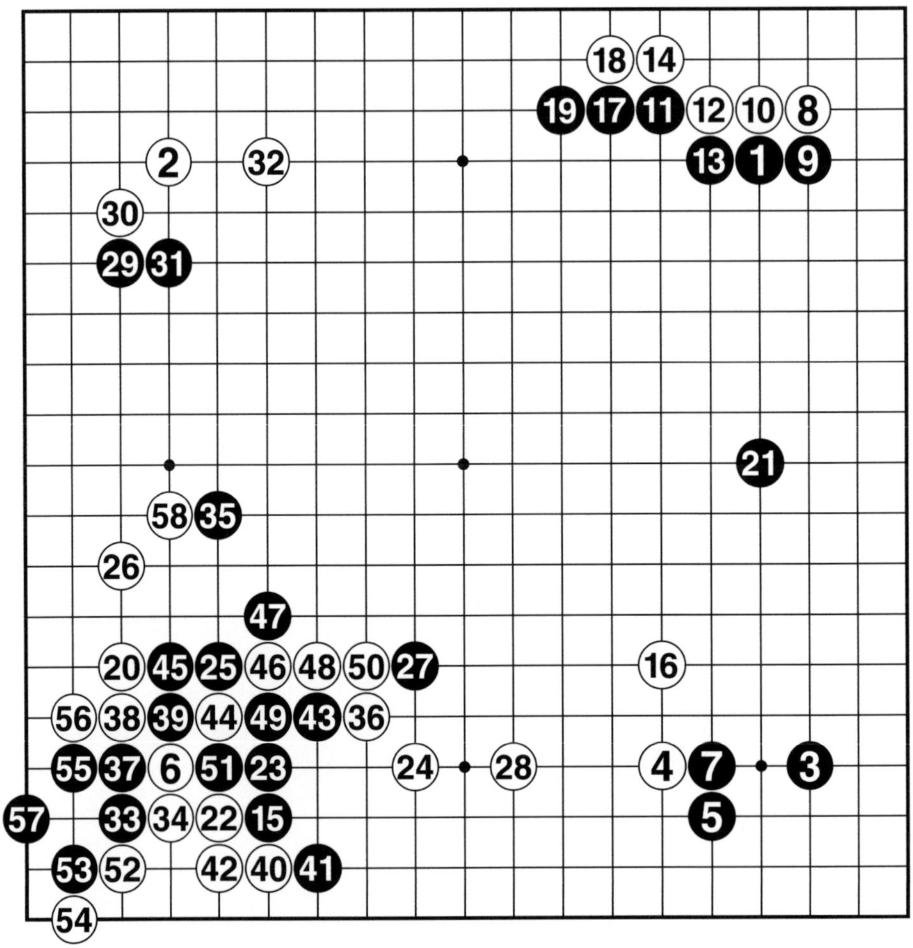

Komi:	**6,5**	**Datum:**	**28. April 2018**
Zeit:	**2 Stunden**	**Ort:**	**Fuzhou, China**

Züge 59 – 133

Rechts unten zeichnet sich ein Wettlauf ab. Hat Rui sich verlesen oder ihre Gegnerin unterschätzt?

133 Züge. Schwarz gewinnt durch Aufgabe.

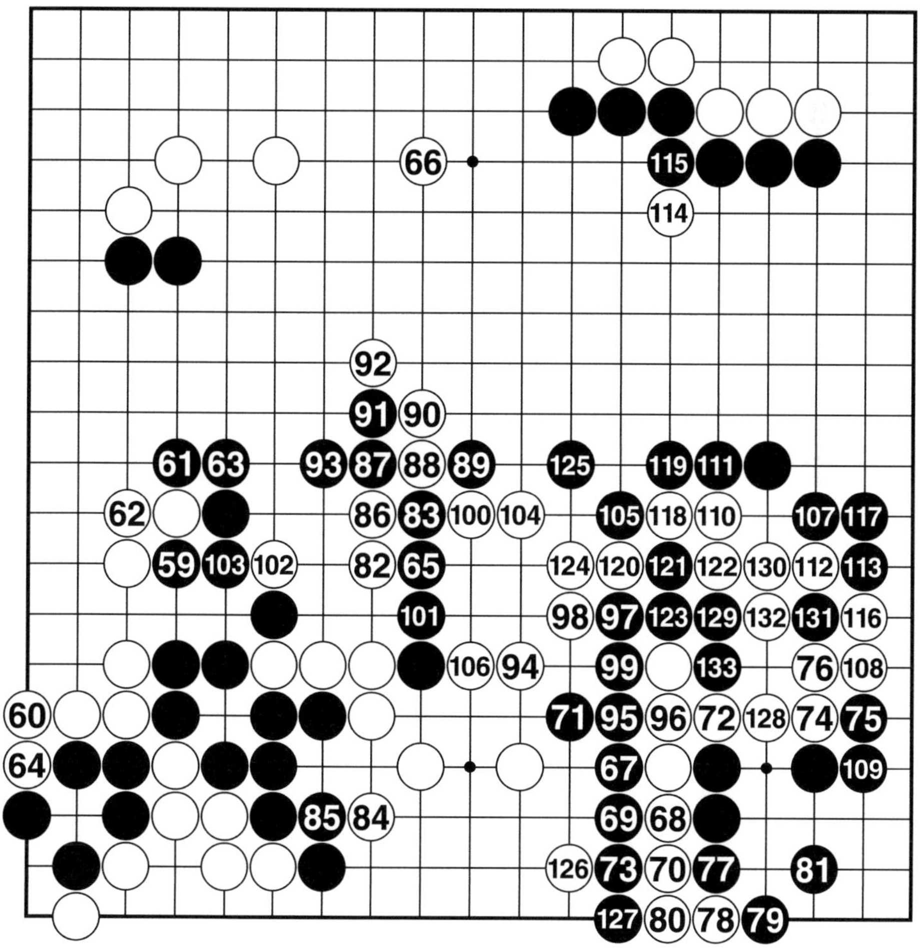

○ Fujisawa Rina 4p vs. ● Rui Nawei 9p

7. Tiantaishan Cup, Runde 3

Züge 1 – 50

Fujisawa Rina wurde im Alter von 11 Jahren und 6 Monaten Profi in Japan und bricht damit den Rekord von Cho Chikun (11 Jahre, 9 Monate). Sie zählt heute zu den stärksten Frauen in Japan.

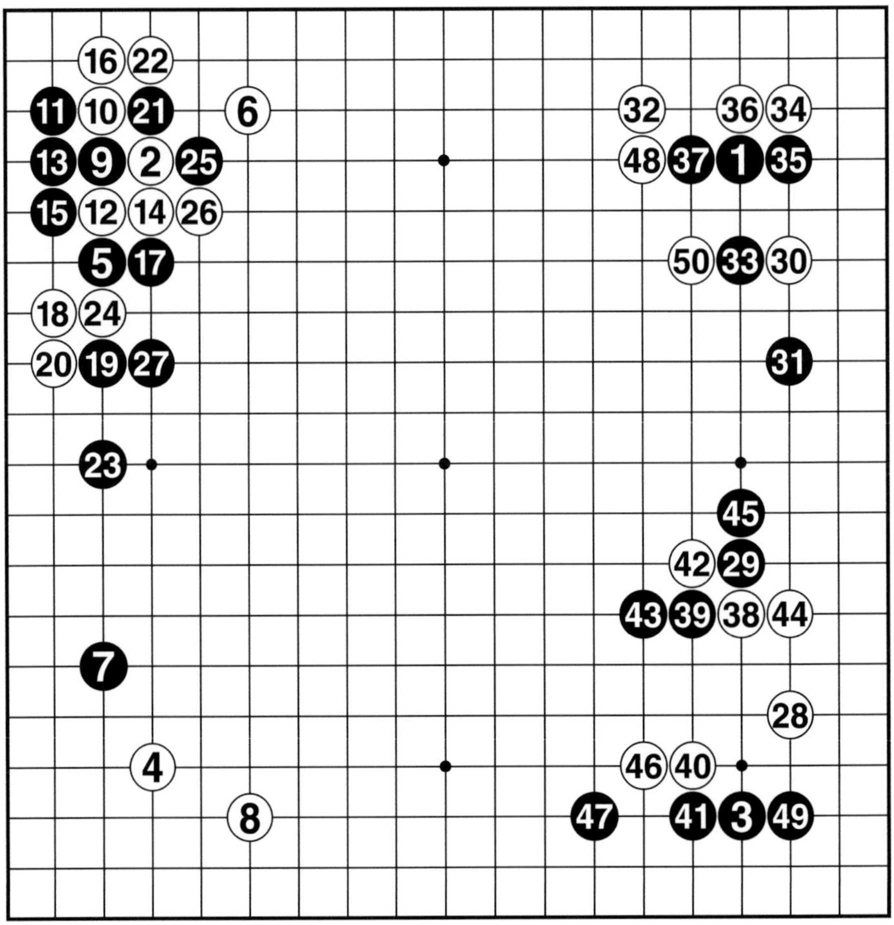

Komi:	**7,5**	**Datum:**	**12. Mai 2018**
Zeit:	**n.b.**	**Ort:**	**Zhejiang, China**

Züge 51 – 100

Diese Partie zeigt, wie große Gebietsanlagen entstehen und wie sie sorgfältig gegeneinander abgewogen und reduziert werden. Der erste riesige Kasten formt sich am oberen Rand. Auch Schwarz lässt rechts Ambitionen erkennen.

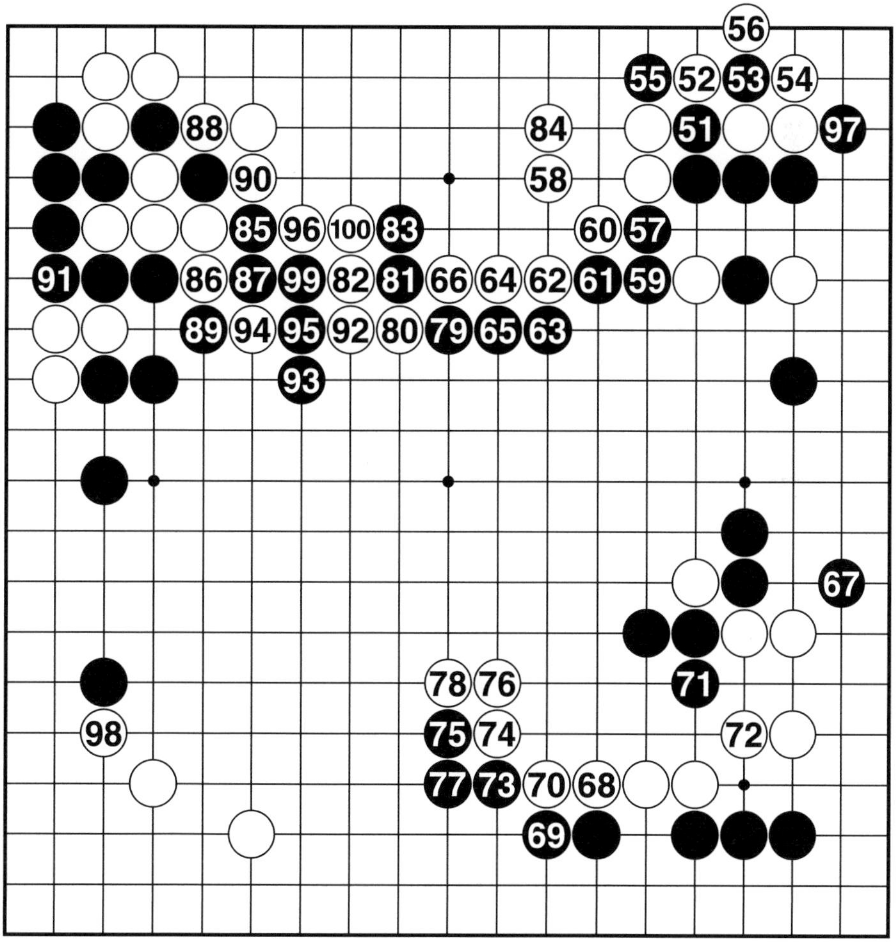

Züge 101 – 143

Ruhig sichert Weiß das Leben für die Gruppe in der unteren Bretthälfte. Weiß 132 ist eine interessante Form, um zu reduzieren. Schwarz schneidet nicht ab, sondern gibt hier auf 133 nach.

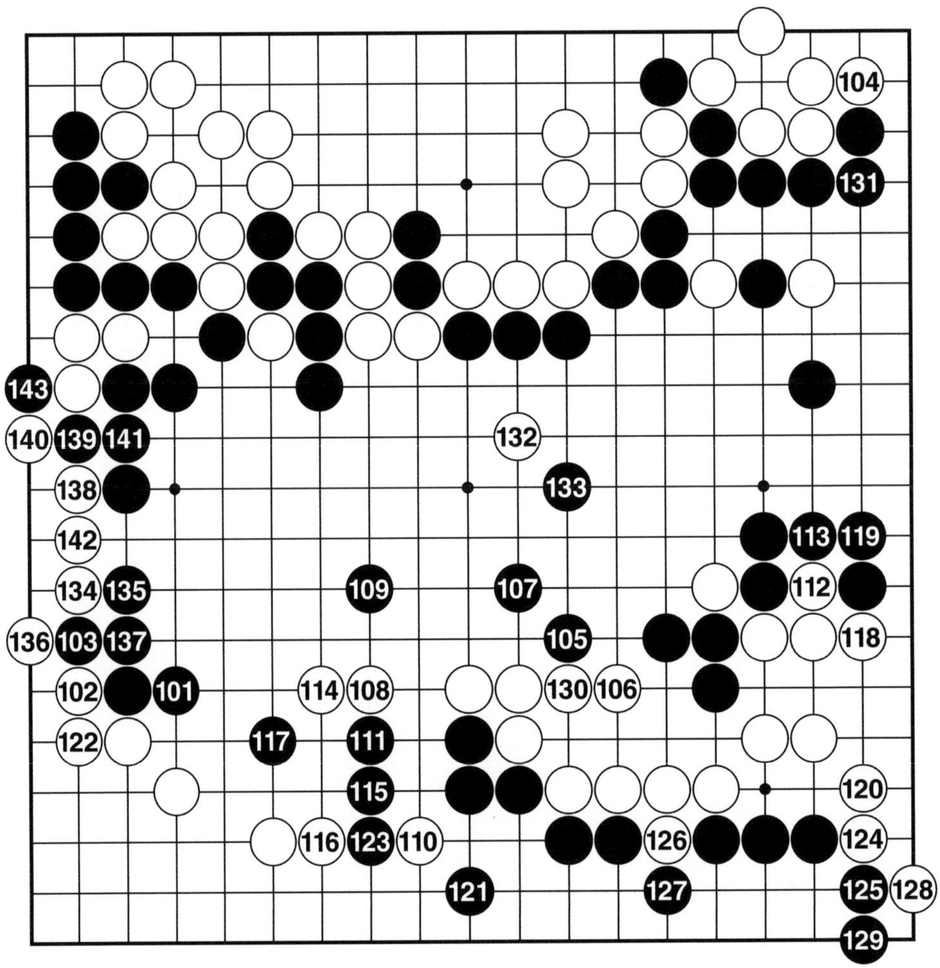

Züge 144 – 185

Das Endspiel beginnt. Weiß drückt den schwarzen Kasten zusammen und Schwarz sichert sich den Fang von fünf weißen Steinen am linken Rand.

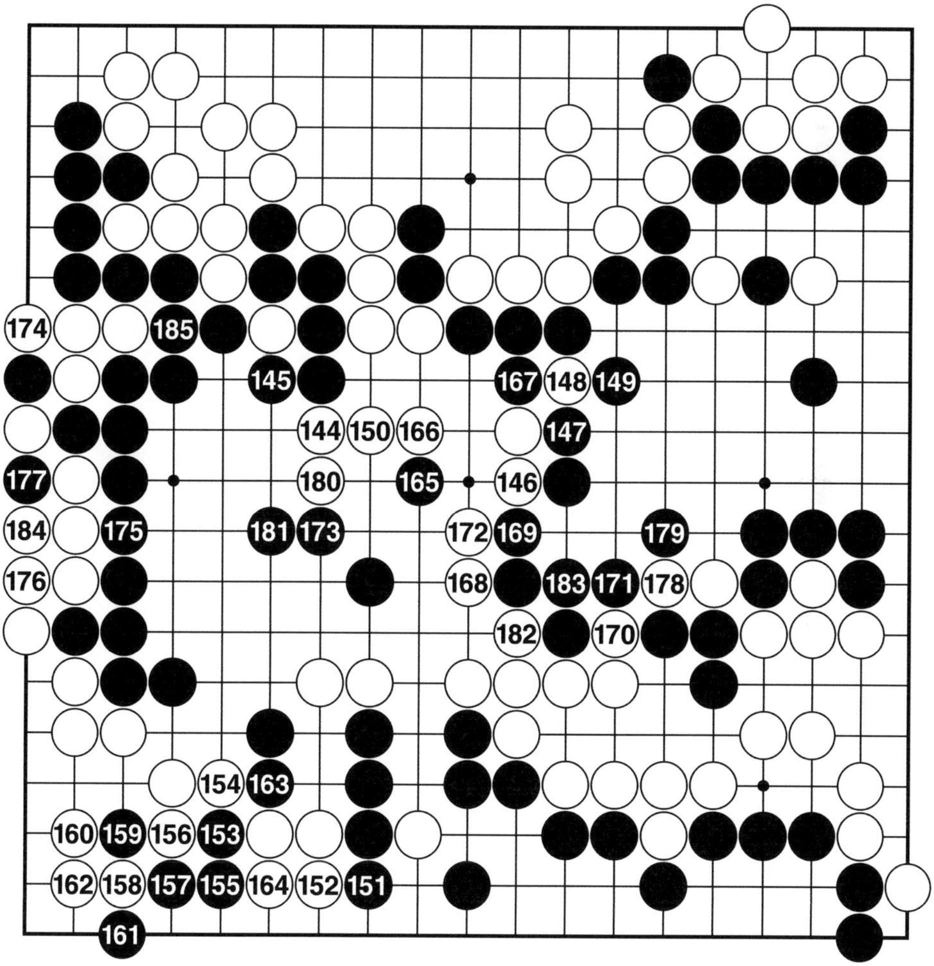

Züge 186 – 221

Die letzten Punkte werden ausgequetscht.

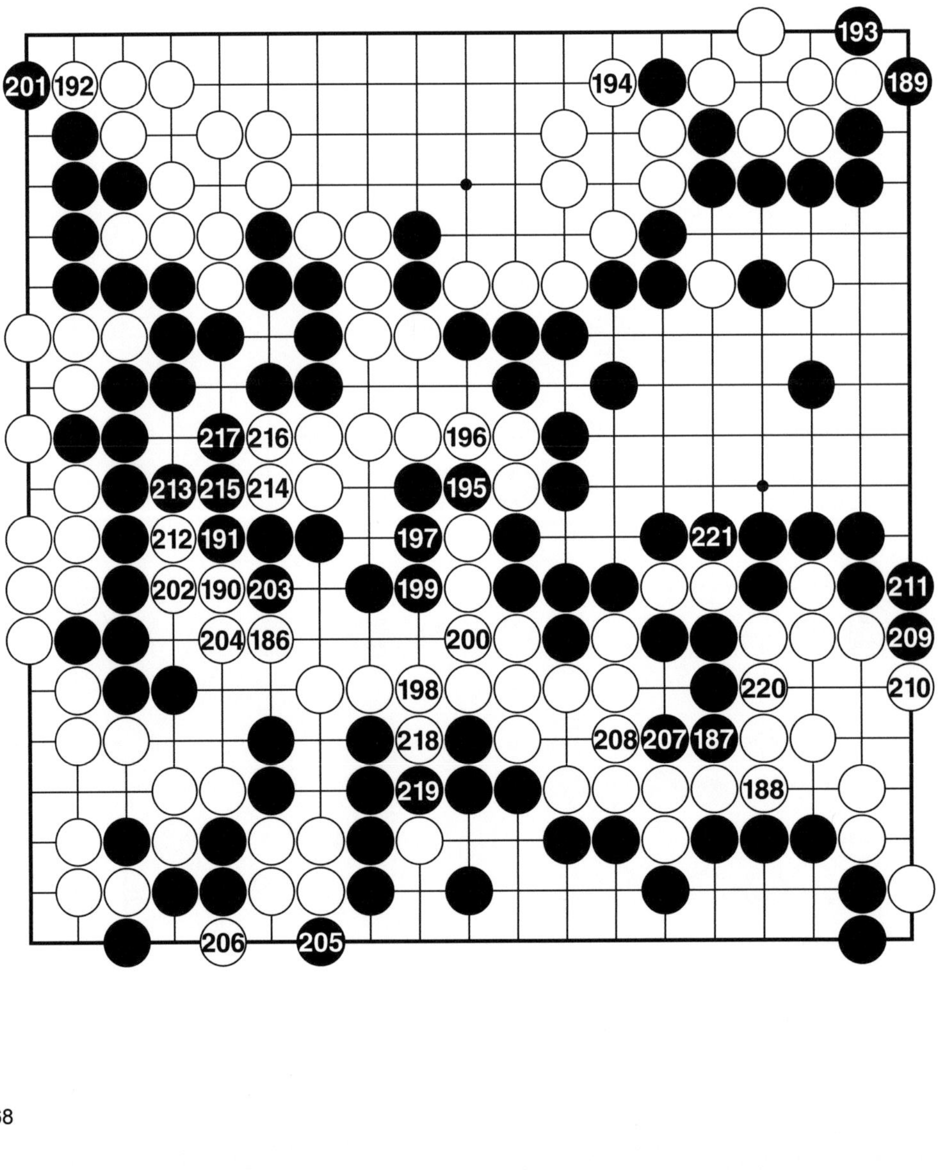

Züge 222 – 254

Das „chinesische" Komi fällt die Entscheidung zu Gunsten von Fujisawa.

254 Züge. Weiß gewinnt mit 0,5 Punkten.

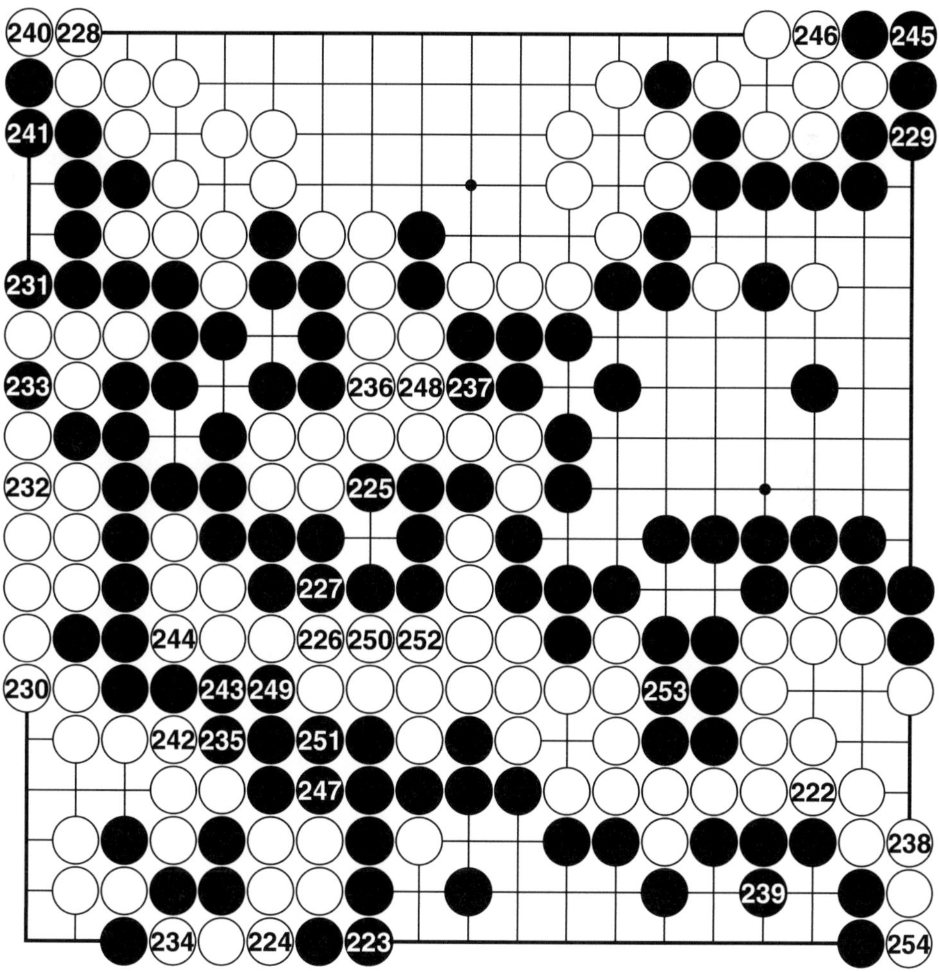

○ Shin Jinseo 9p vs. ● Lee Sedol 9p

23. GS Caltex Cup, 3. Finalpartie

Züge 1 – 45

In dieser Partie wird gegeben und genommen. Der Status von Gruppen ändert sich im Verlauf der Partie.

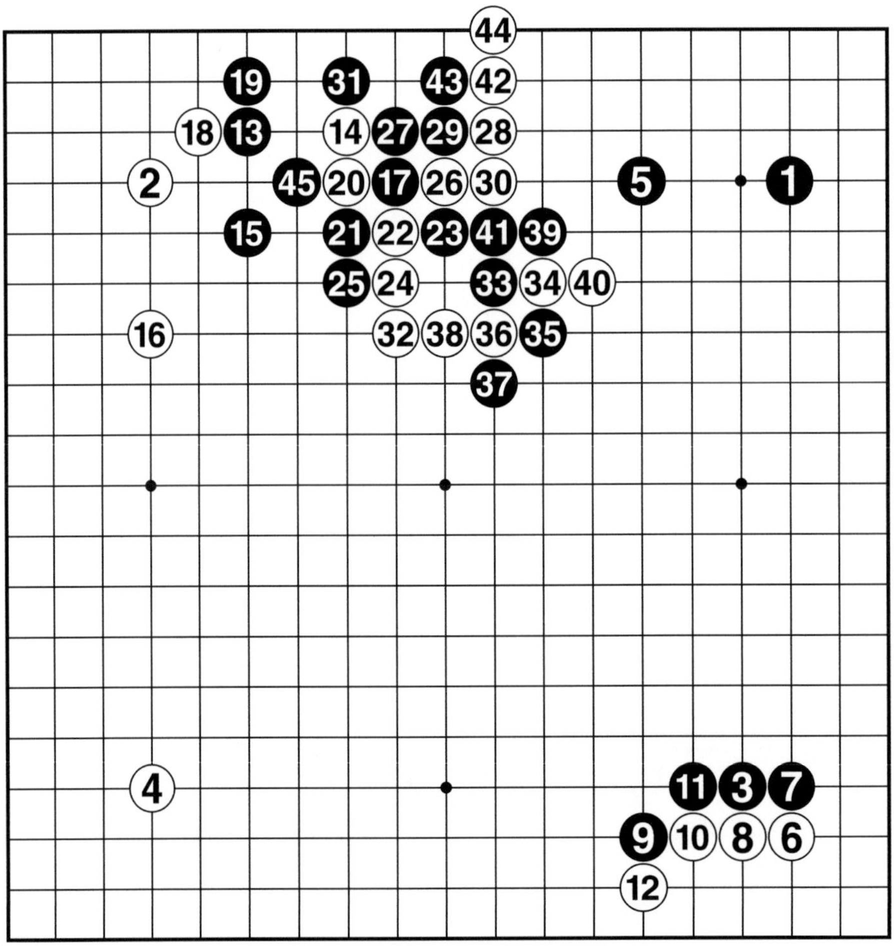

Komi:	**6,5**	**Datum:**	**16. Mai 2018**
Zeit:	**2 Stunden**	**Ort:**	**Seoul, Korea**

Züge 46 – 100

Weiß 46 bis 52 opfert fünf Steine für eine starke Wand. Der Kampf der Gruppen am rechten Brettrand wird die gesamte Partie bestimmen.

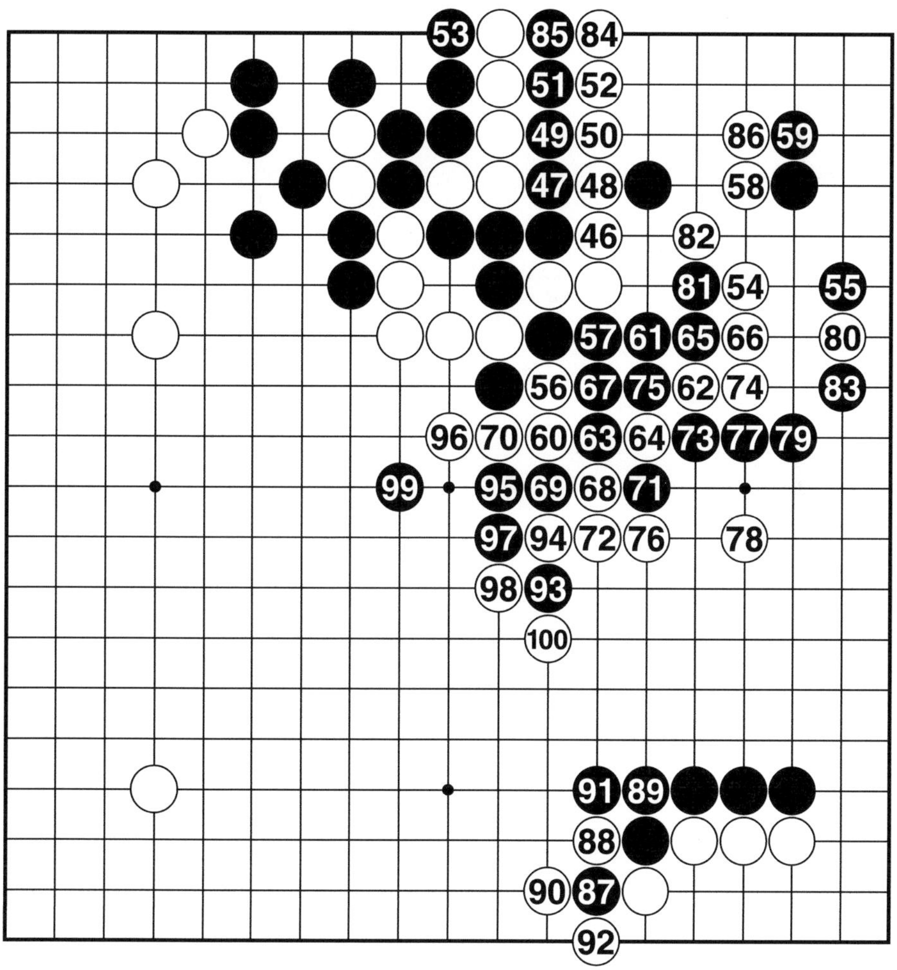

Züge 101 – 151

Das Opfer und der Richtungswechsel mit Weiß 104 und 106 sind beeindruckend. Schwarz kann rechts unten leben und Weiß erhält eine Wand nach außen. Die weiße Gruppe im Zentrum wird scheinbar aufgegeben, doch für ein paar Ko-Drohungen ist sie noch gut.

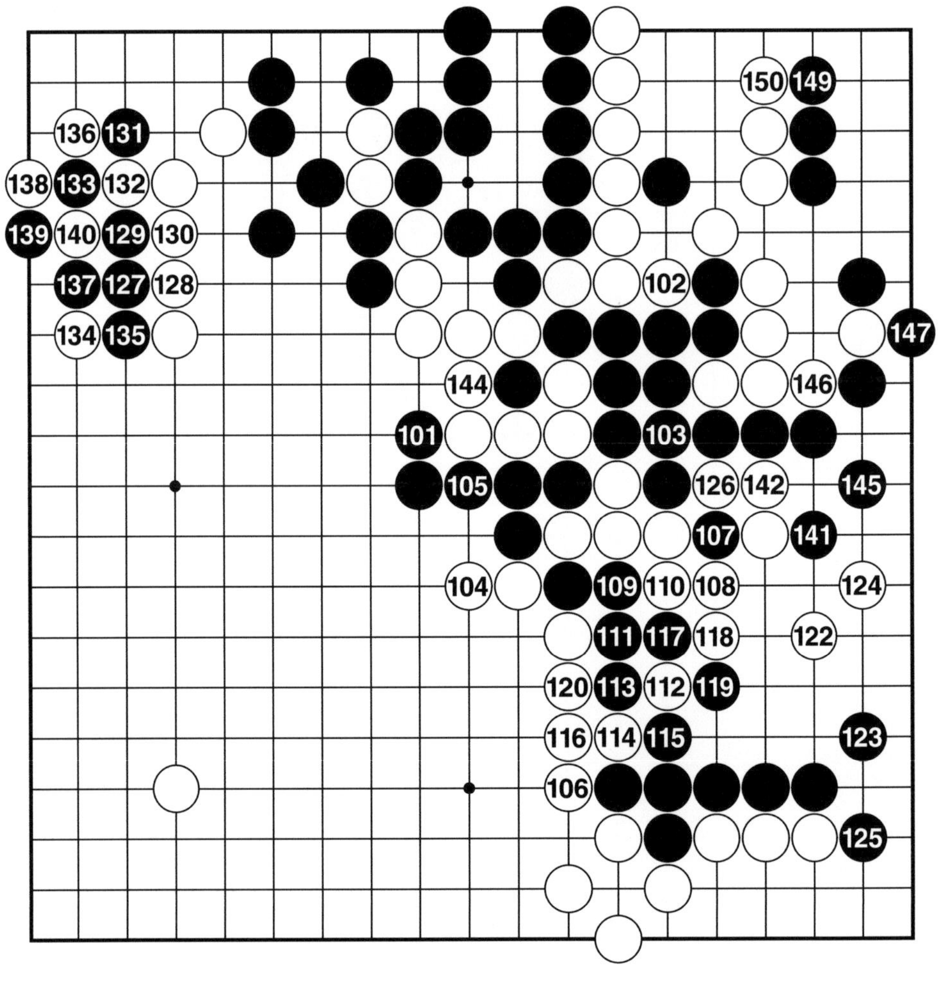

121 auf 112, 143 auf 133, 148 auf 140, 151 auf 133

Züge 152 – 200

Weiß gewinnt das Ko links oben und der Kampf verlagert sich nun in das untere linke Brettviertel.

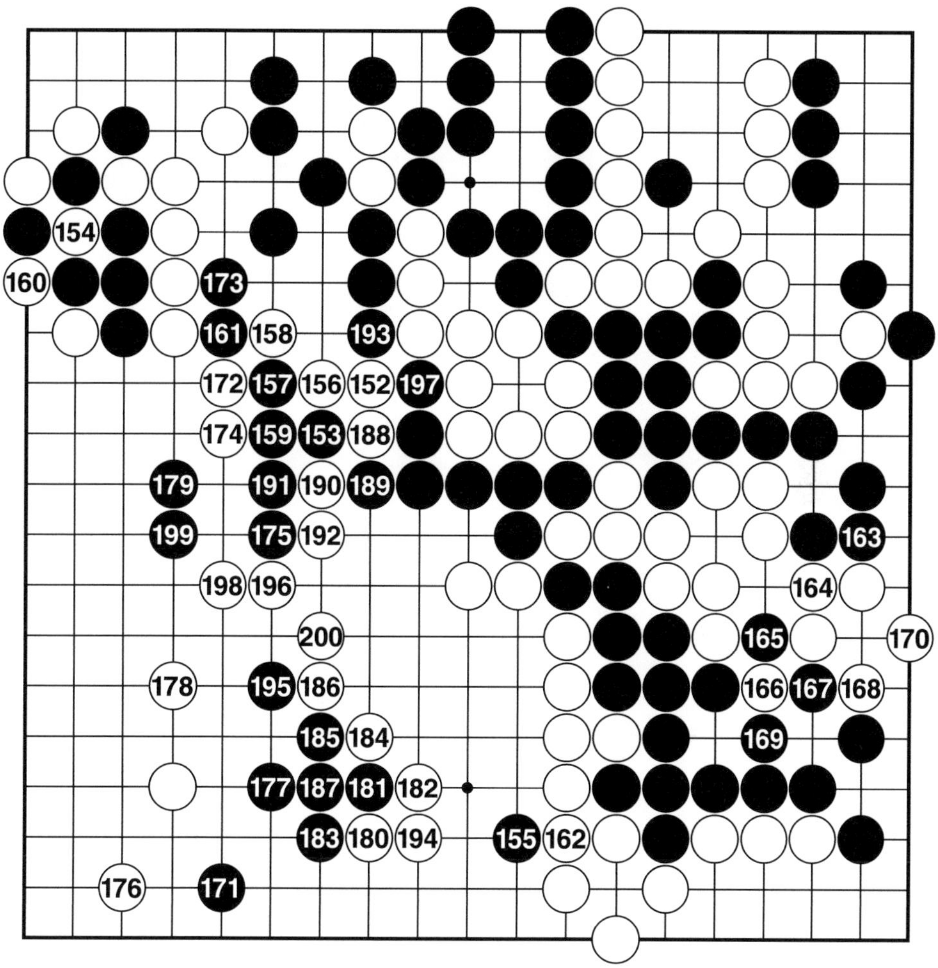

Züge 201 – 241

Schwarz kann am unteren Rand leben und gleichzeitig zum linken Rand durchbrechen.

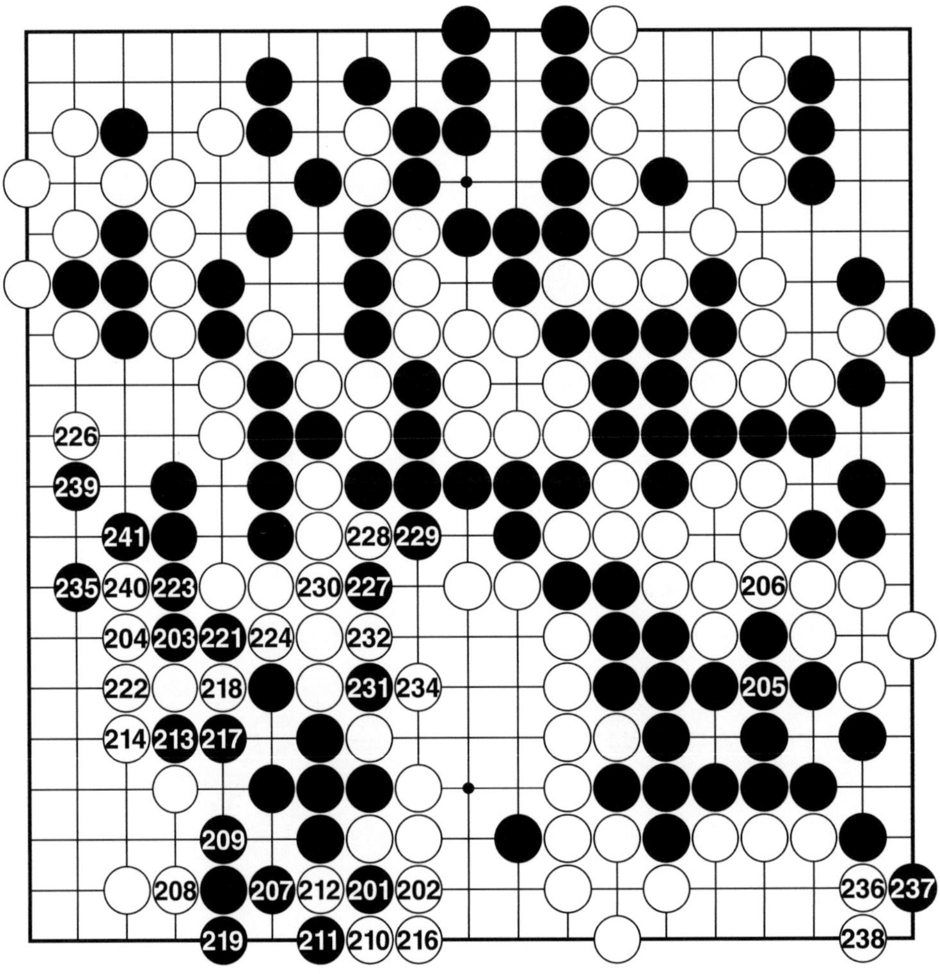

215 auf 201, 220 auf 212, 225 auf201, 233 auf 212

Züge 242 – 284

Lee opfert die Ecke rechts oben in der Hoffnung die weiße Gruppe am rechten Rand zu fangen. Der Plan geht nicht auf...

284 Züge. Weiß gewinnt durch Aufgabe.

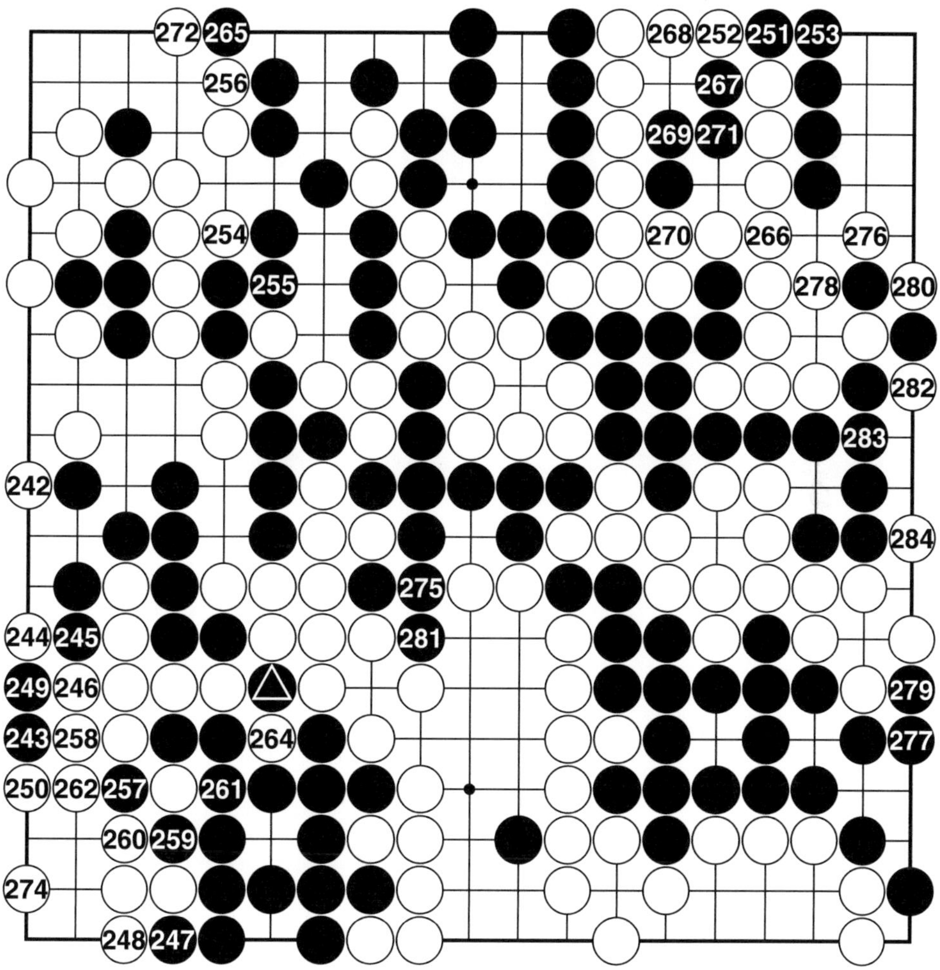

263 auf 249, 273 auf ▲

○ So Yokoku 9p vs. ● Ueno Asami 2p

66. NHK Cup, Runde 1

Züge 1 – 38

Noch einmal Ueno Asami 2p. Weiß lässt die Ecke links unten zu Gunsten einer Position am rechten Rand ungeschützt zurück. Schwarz greift mit 27 an, der Konterangriff folgt mit Weiß 38.

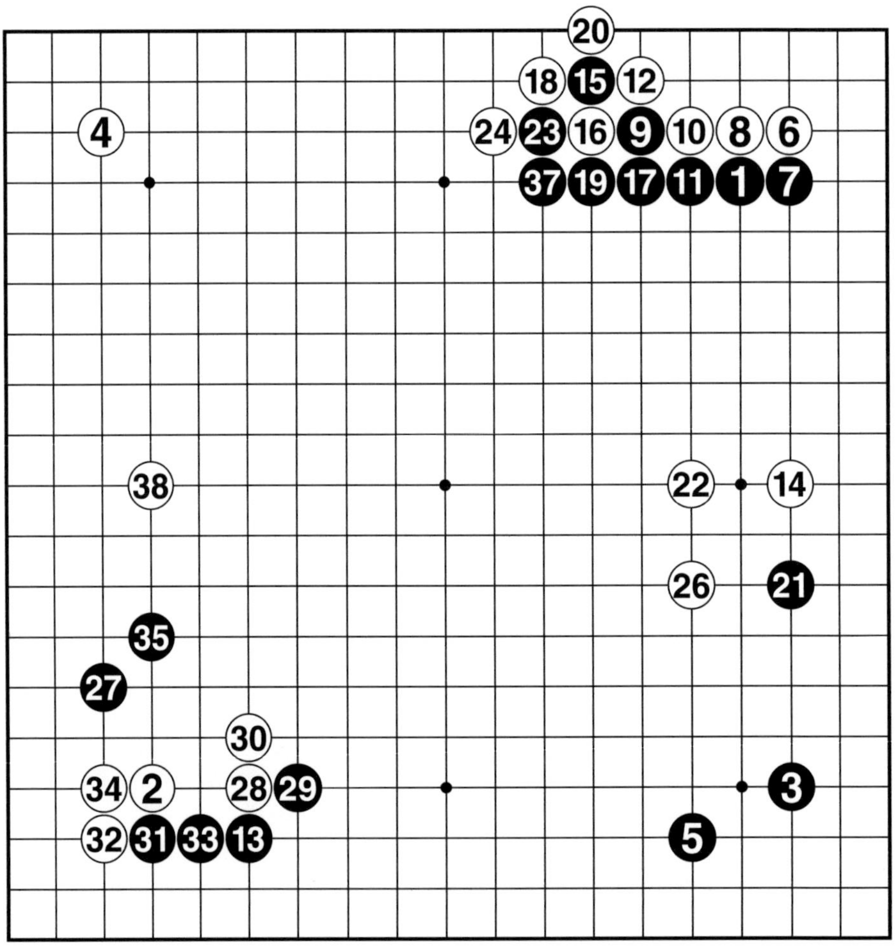

36 auf 16

Komi:	**6,5**	**Datum:**	**17. Juni 2018**
Zeit:	**30 Sekunden/Zug**	**Ort:**	**Tokio**

Züge 39 – 80

Zwei Gruppen laufen nun heraus. Schwarz behauptet den unteren Rand, doch mit 80 greift Weiß die fünf Steine in der Mitte an.

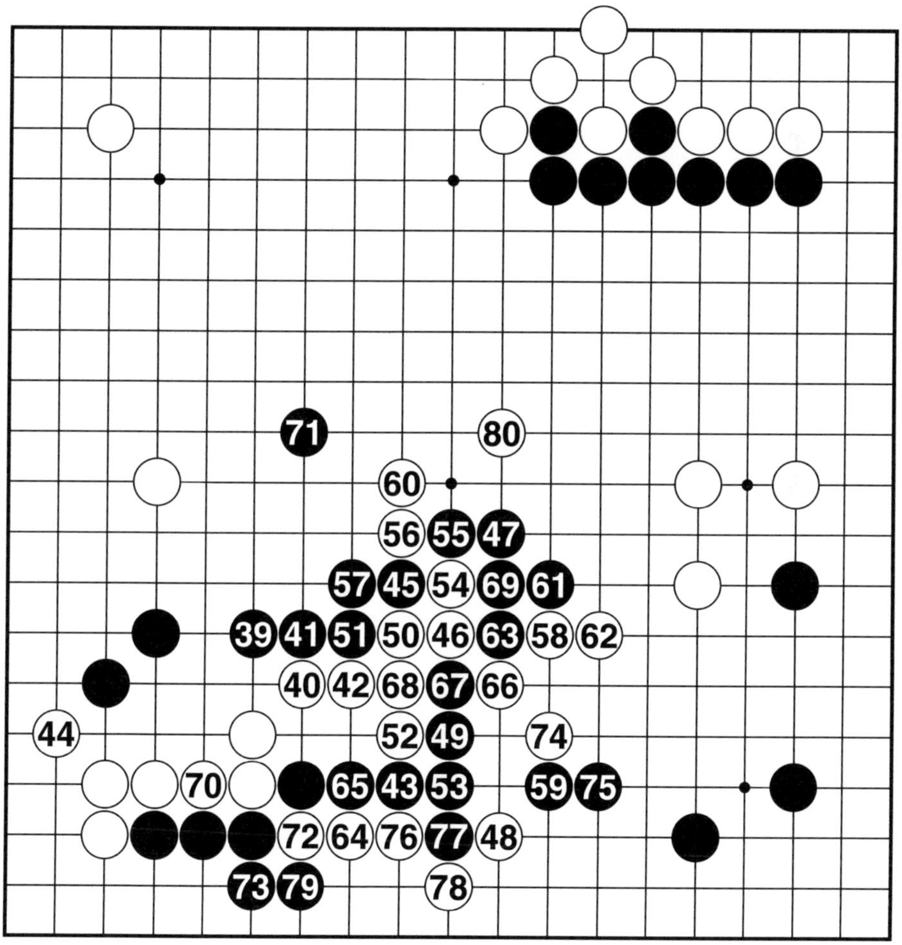

Züge 81 – 112

Schwarz entkommt mit den fünf Steinen im Zentrum, sieht sich aber links unter Beschuss. Schwarz blockt auf 101 und gibt Weiß dafür Gelegenheit in den unteren Rand einzubrechen.

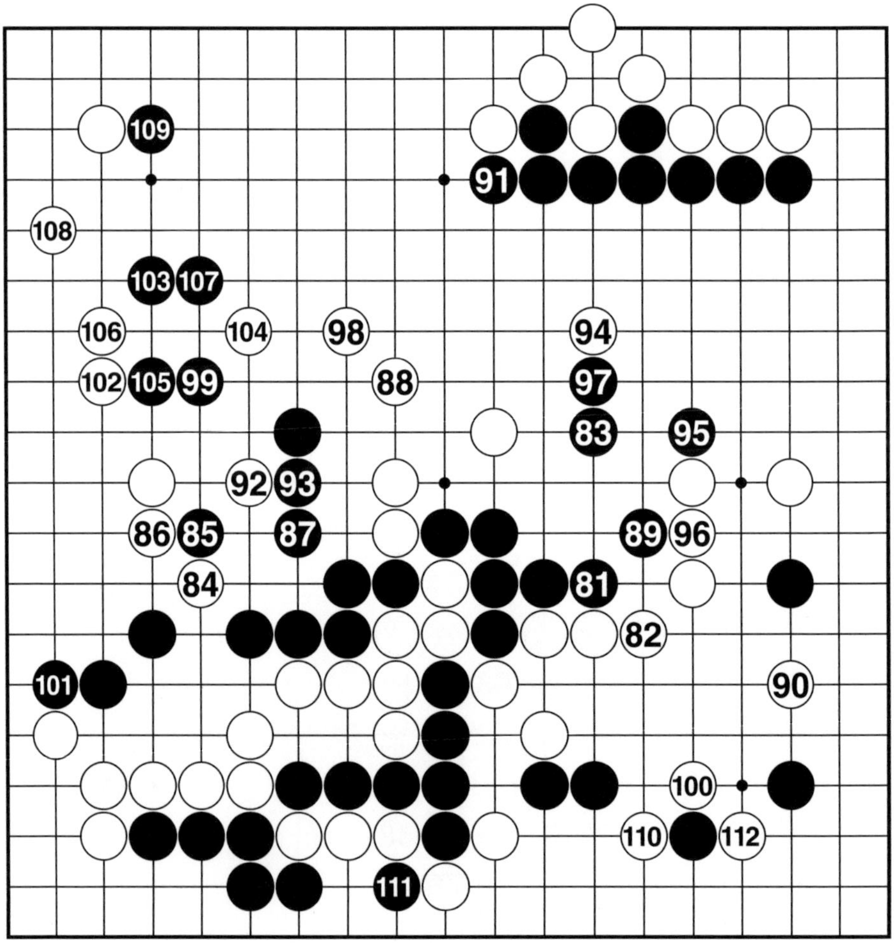

Züge 113 – 140

Beide Spieler springen über das Brett und testen alle Gruppen an, bevor Schwarz mit 127 bis 131 das Ko am unteren Rand beginnt.

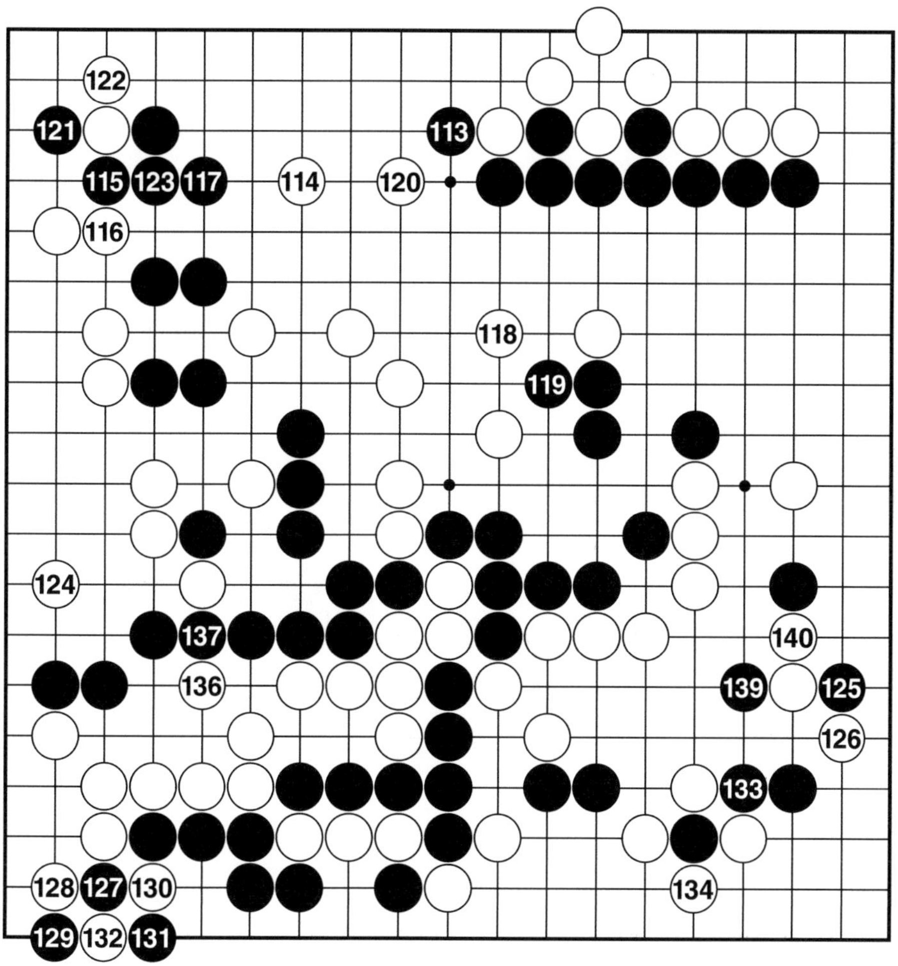

135 auf 127, 138 auf 132

Züge 141 – 199

Der Ko-Kampf geht weiter. Schwarz spielt 165, doch den Konter auf 166 beantwortet er und lässt Weiß so das Ko durchschlagen. Schwarz fragt mit 173 den Status der weißen Wolke am oberen Brettrand an. Wieder beginnt ein Ko, diesmal um eine Verbindung am oberen Rand. Die schwarze Gruppe am rechten scheint verloren.

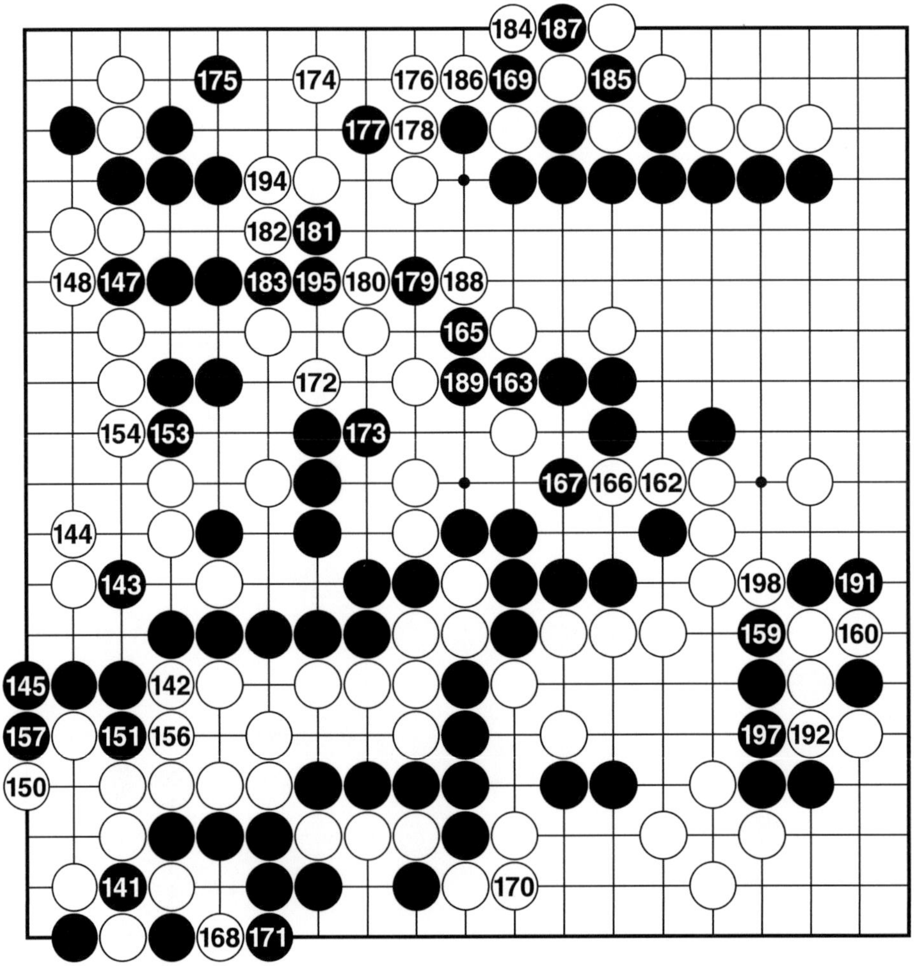

Züge 200 – 237

Schwarz gewinnt das Ko am oberen Rand und besetzt mit 217 den vitalen Punkt der weißen Gruppe. Die schwarze Gruppe sieht stellenweise dünn aus, kann jedoch nicht getrennt werden. 237 fängt drei Steine. Weiß kann hier nicht schneiden und kämpfen, denn die schwarze Gruppe am rechten Rand birgt zu viel Aji.

237 Züge. Schwarz gewinnt durch Aufgabe.

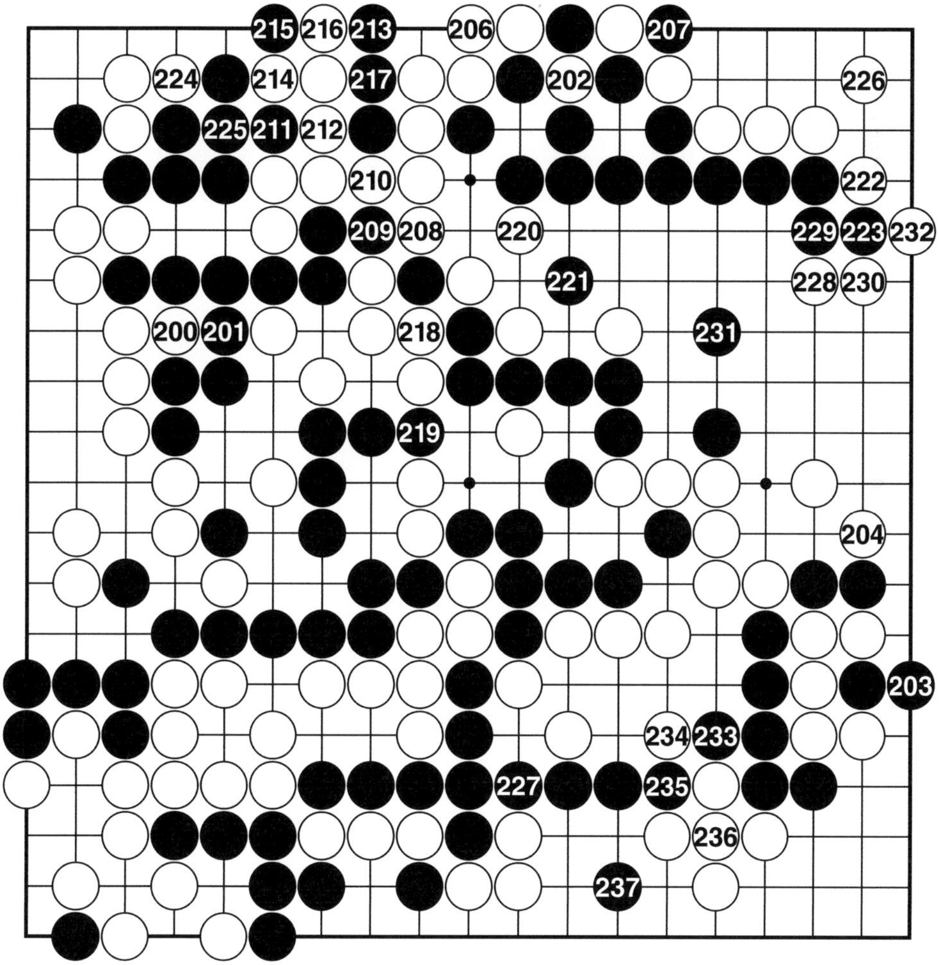

○ Xie Yimin 6p vs. ● Fujisawa Rina 4p

5. Aizu Chuo Hospital Cup, 2. Finalpartie

Züge 1 – 50

In diesem Finale treffen wieder einmal die beiden stärksten Frauen Japans aufeinander.

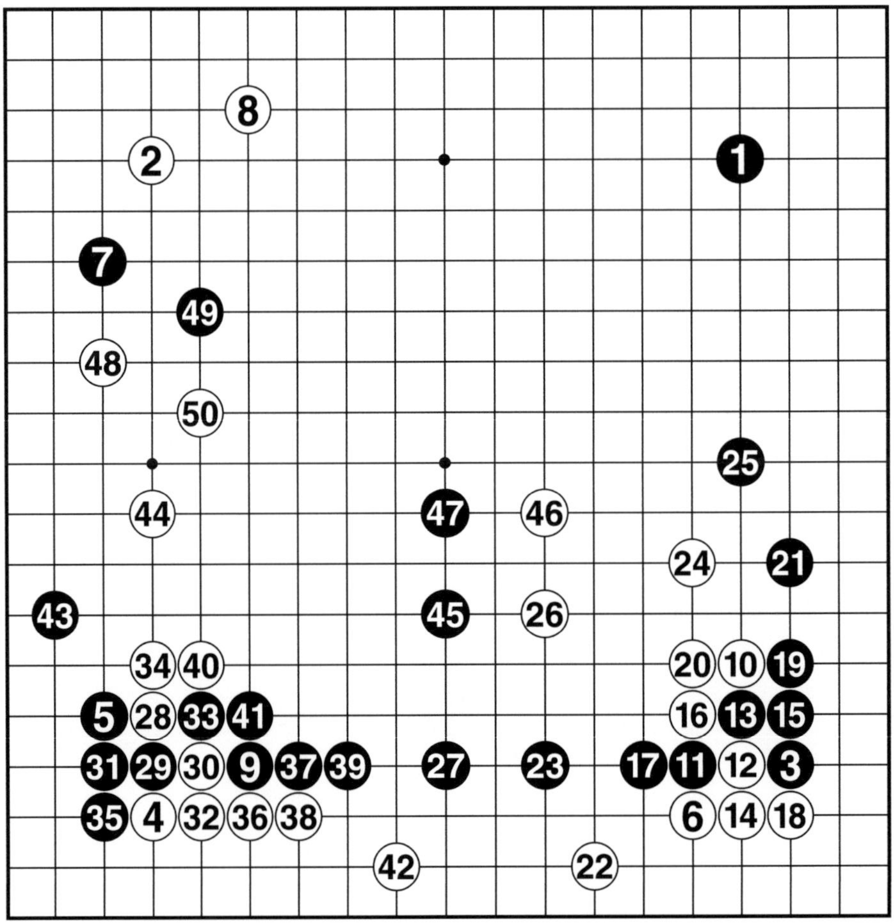

Komi:	**6,5**	**Datum:**	**17. Juni 2018**
Zeit:	**5 Stunden**	**Ort:**	**Aizu Wakamatsu, Japan**

Züge 51 – 100

Mit Schwarz 51 wird der erste Kampf eingeleitet.

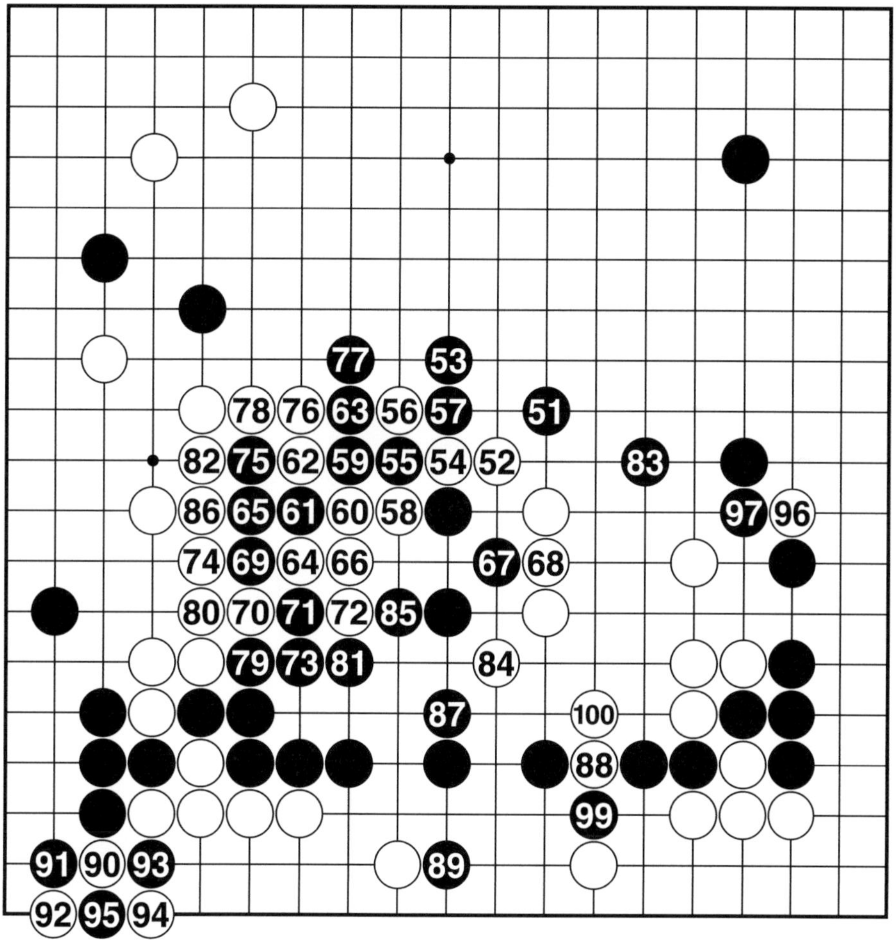

98 auf 90

Züge 101 – 145

Das Ko links unten währt nur kurz und gibt Schwarz ordentlich Punkte. Weiß gelingt es in der Folge bis 144 einen großen Kasten links oben abzustecken. Schwarz schneidet mit 145...

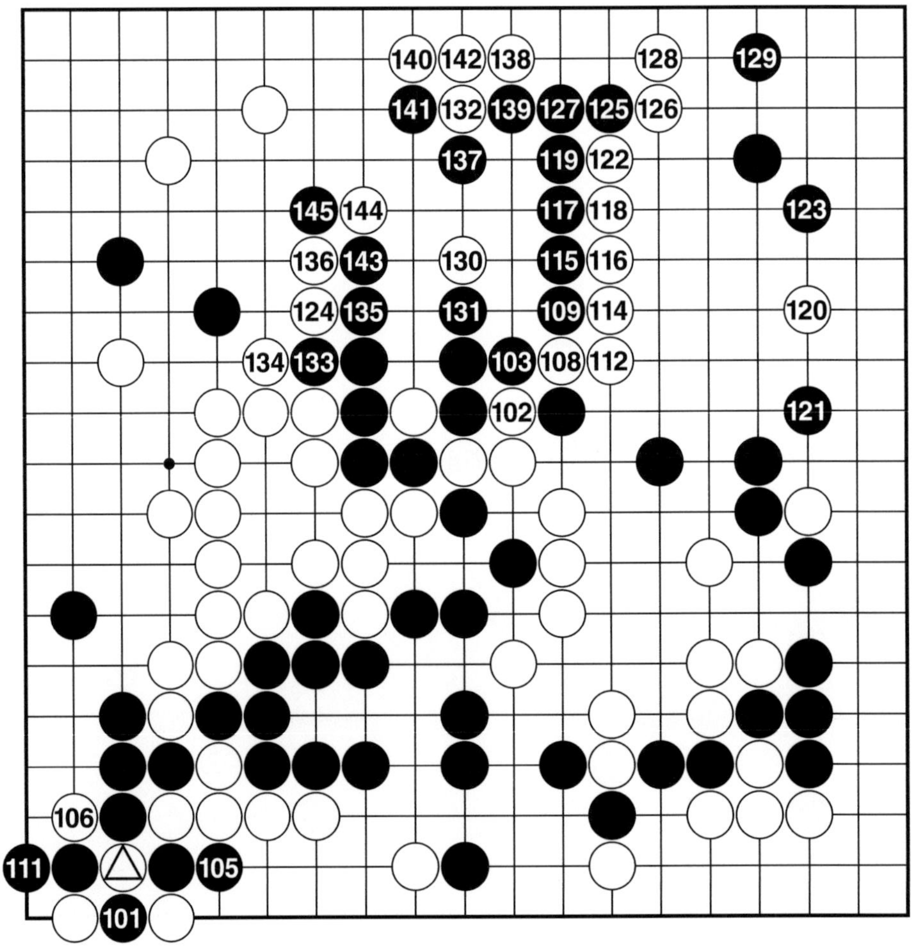

104 auf △, 107 auf 101, 110 auf △, 113 auf 101

Züge 146 – 189

Weiß gibt dem Schnitt nach und festigt das Gebiet, doch die Invasion mit Schwarz 151 zeugt von Selbstvertrauen. Ein spannendes Semeai folgt und bringt die Partie zu Ende...

189 Züge. Schwarz gewinnt durch Aufgabe.

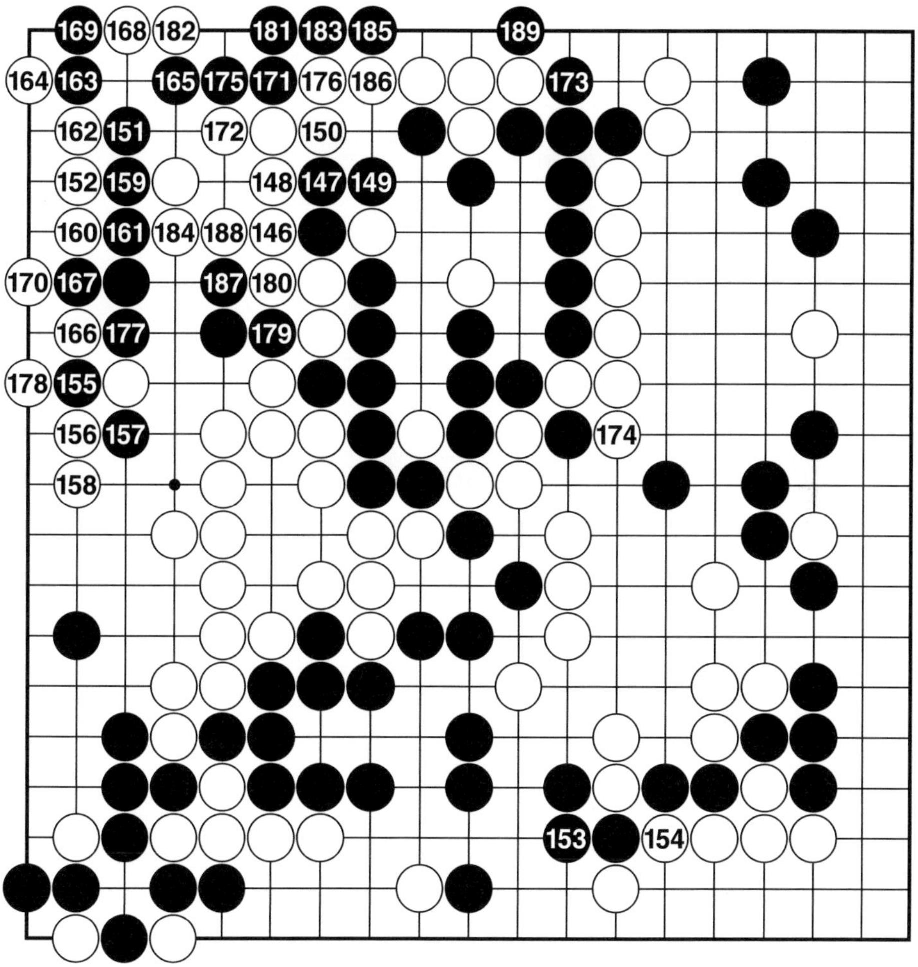

○ Mannami Nao 3p vs. ● Nyu Eiko 2p

3. Senko Cup, Finale

Züge 1 – 42

In diesem Finale eines Frauenturnieres sind mal nicht Fujisawa Rina oder Xie Yimin vertreten. Mannami ist seit dem Frühjahr mit Ida Atsushi 8p verheiratet.

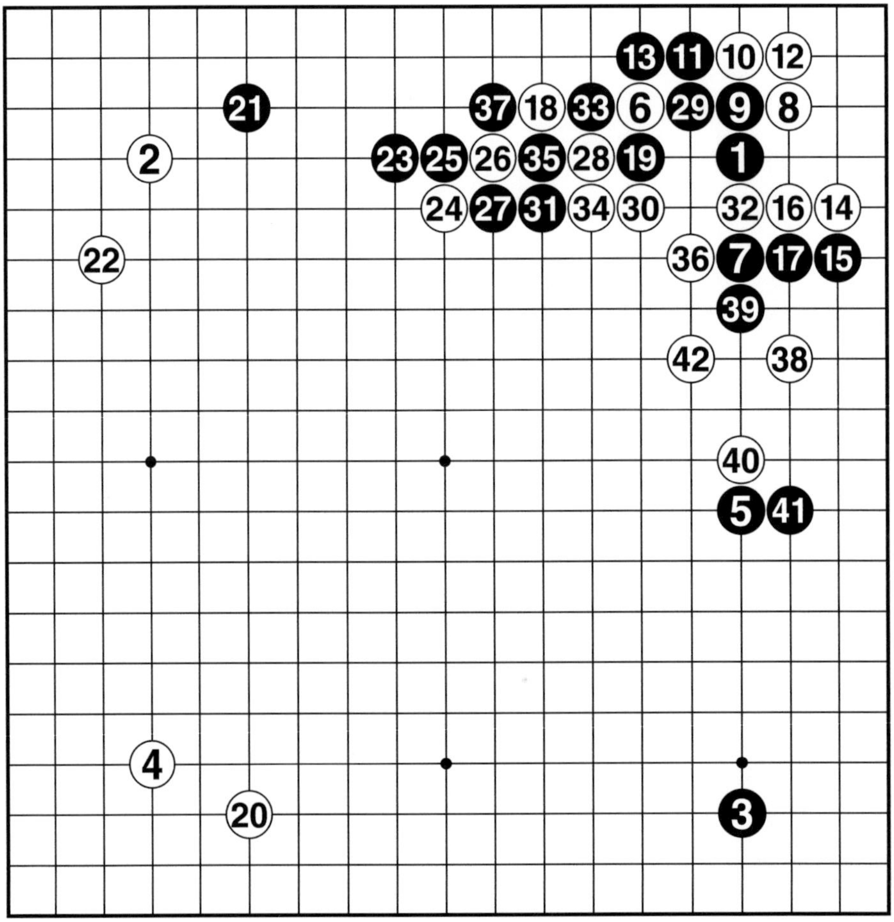

Komi:	**6,5**	**Datum:**	**15. Juli 2018**
Zeit:	**2 Stunden**	**Ort:**	**Higashi Omi, Japan**

Züge 43 – 100

Schwarz hat rechts oben eine Gruppe für ein Moyo im Zentrum geopfert. Doch der weiße Rand links ist groß, daher beginnt Schwarz mit 87 die Reduktion desselbigen.

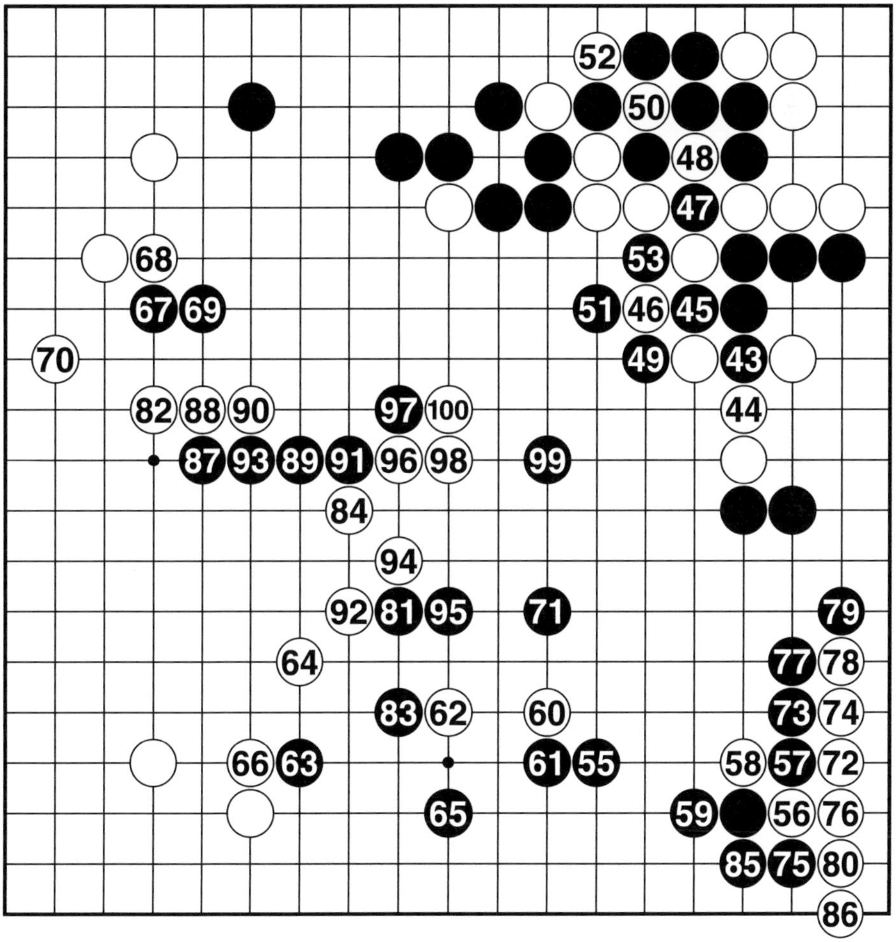

54 auf 47

Züge 101 – 142

Weiß bedrängt die schwarze Gruppe am linken Rand und kann gleichzeitig Gebiete festigen.

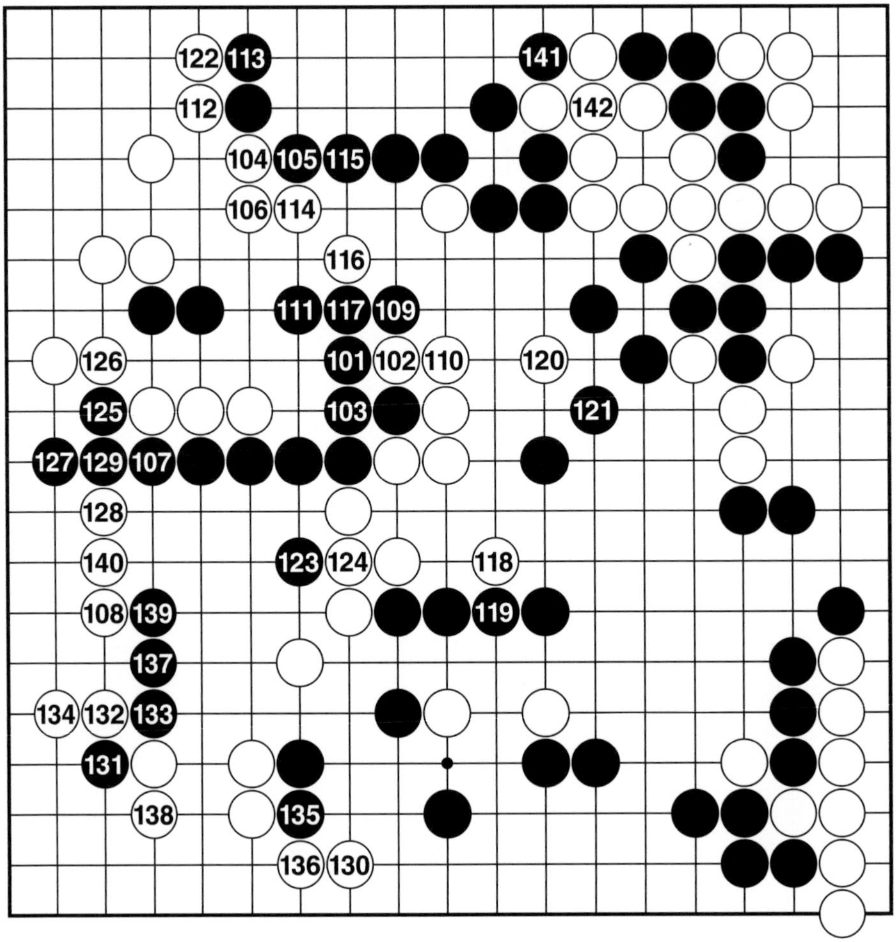

Züge 143 – 180

Die schwarze Gruppe links lebt, aber es reicht an Punkten vorn und hinten nicht.

180 Züge. Schwarz gewinnt durch Aufgabe.

Es ist der erste Titelgewinn für die 32-jährige Mannami.

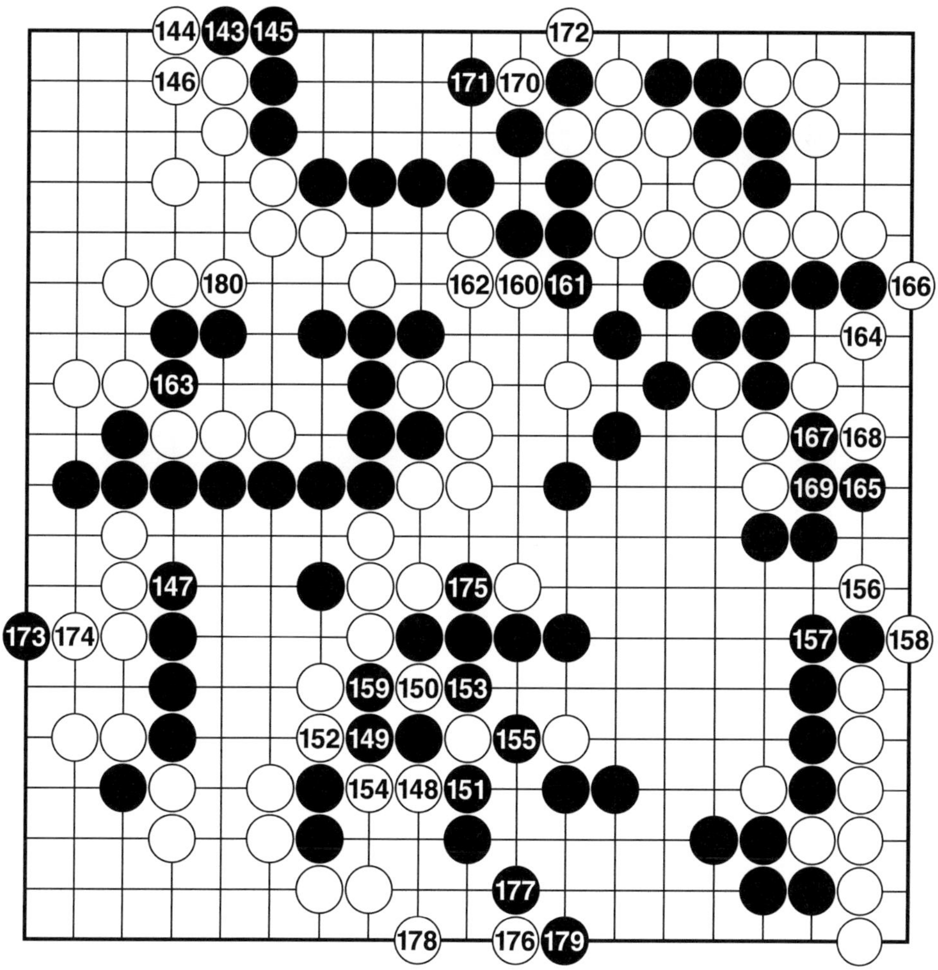

○ Gu Li 9p vs. ● Lee Sedol 9p

Chinesische A-Liga, Runde 10

Züge 1 – 53

Die beiden großen Rivalen treffen in der Chinesischen Liga aufeinander. Jede Partie ist ein Spektakel.

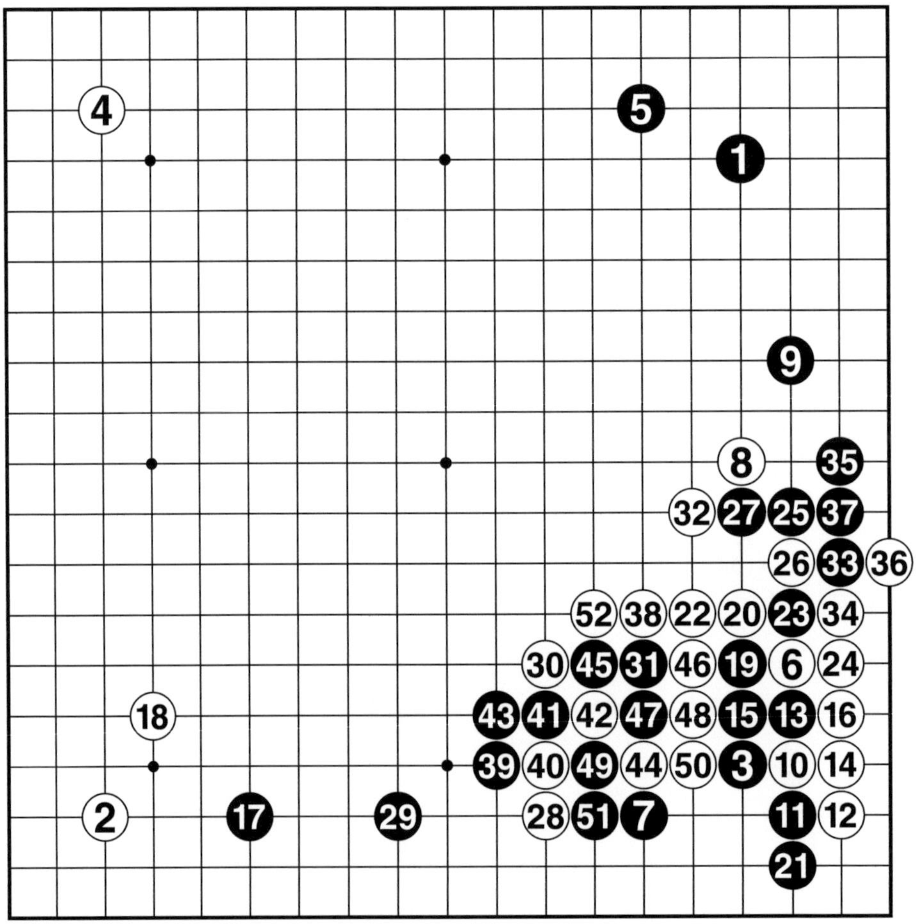

53 auf 42

Komi:	**7,5**	**Datum:**	**16. Juli 2018**
Zeit:	**2 Stunden & 40 Minuten**	**Ort:**	**China**

Züge 54 – 100

Ob Gu Li sich mit dem Schieben von 56 bis 64 einen Gefallen getan hat? Die Form wirkt wie schwerer Ballast. Schwarz 87 ist ein schönes Formtesuji. Auch Schwarz 99 ist bemerkenswert.

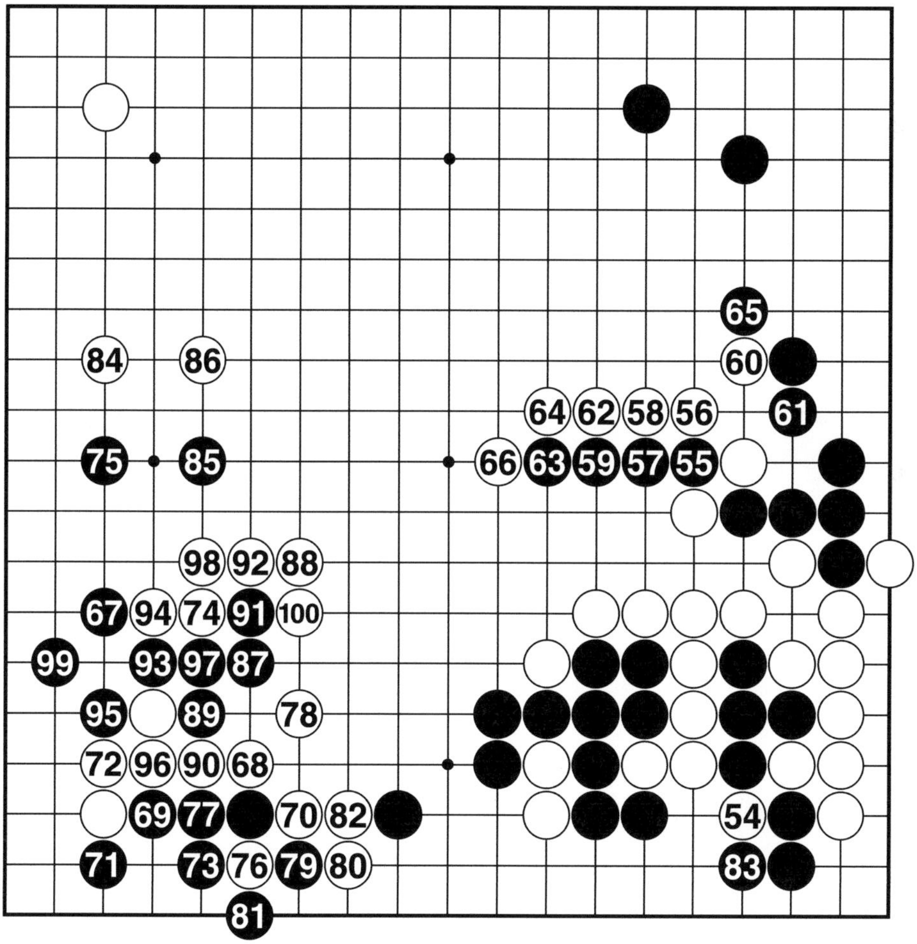

Züge 100 – 150

Am oberen Rand wir nun getauscht. Schwarz invadiert mit 111, lässt sich fangen, um dafür mit 119 in den weißen Kasten zu schauen. Weiß greift auf 128 an und lässt zu Gunsten einer sicheren Gruppe die vier schwarzen Steine links mit 147 und 149 entkommen.

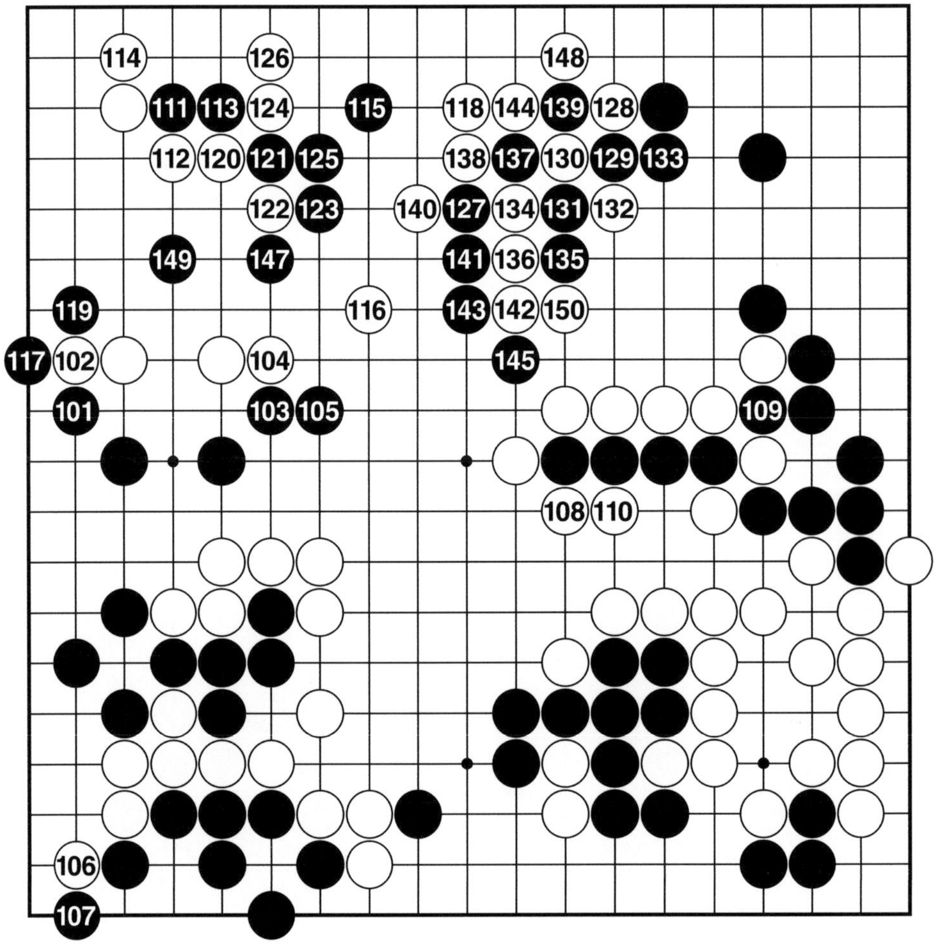

146 auf 130

Züge 151 – 200

Wer hätte gedacht, dass die fünf schwarzen Steine in der Mitte so viel Aji haben und man mit ihnen herauslaufen kann? Schwarz 169 ist Tesuji – die schwarze Gruppe ist entkommen. Weiß lässt sich mit 182 schneiden...

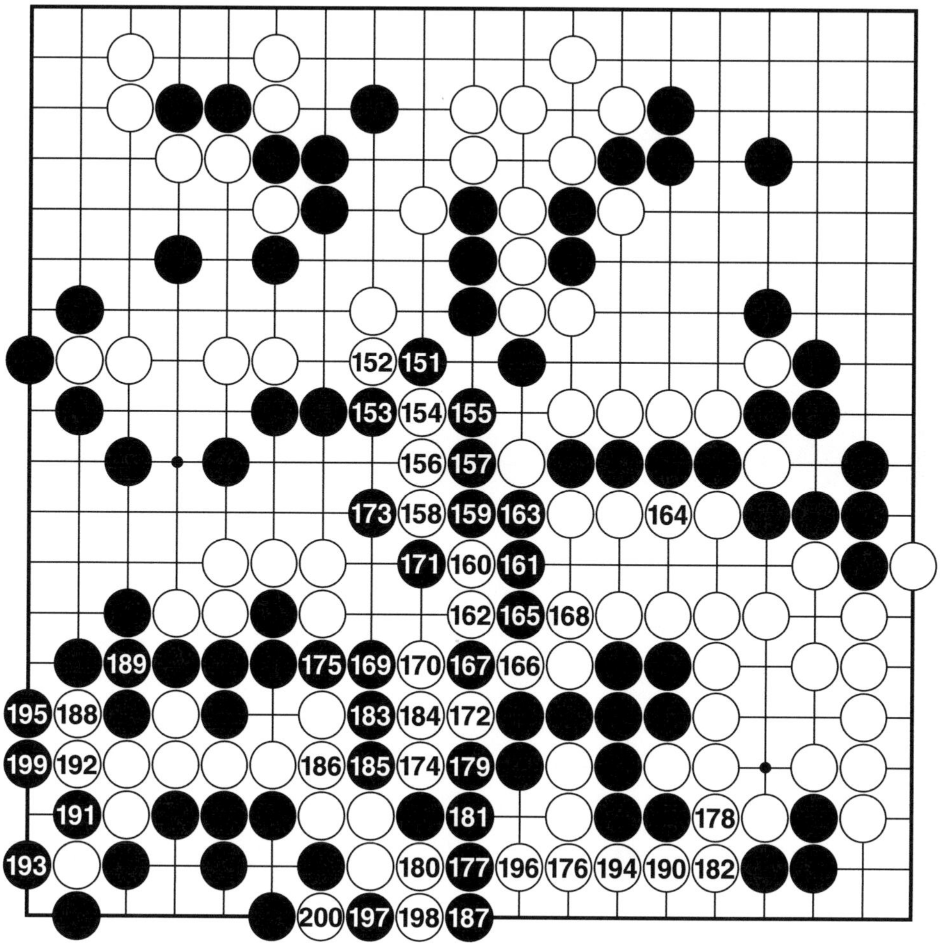

Züge 201 – 235

Schwarz schlägt fünfzehn Steine und lässt Weiß die Gruppe im Zentrum fangen.

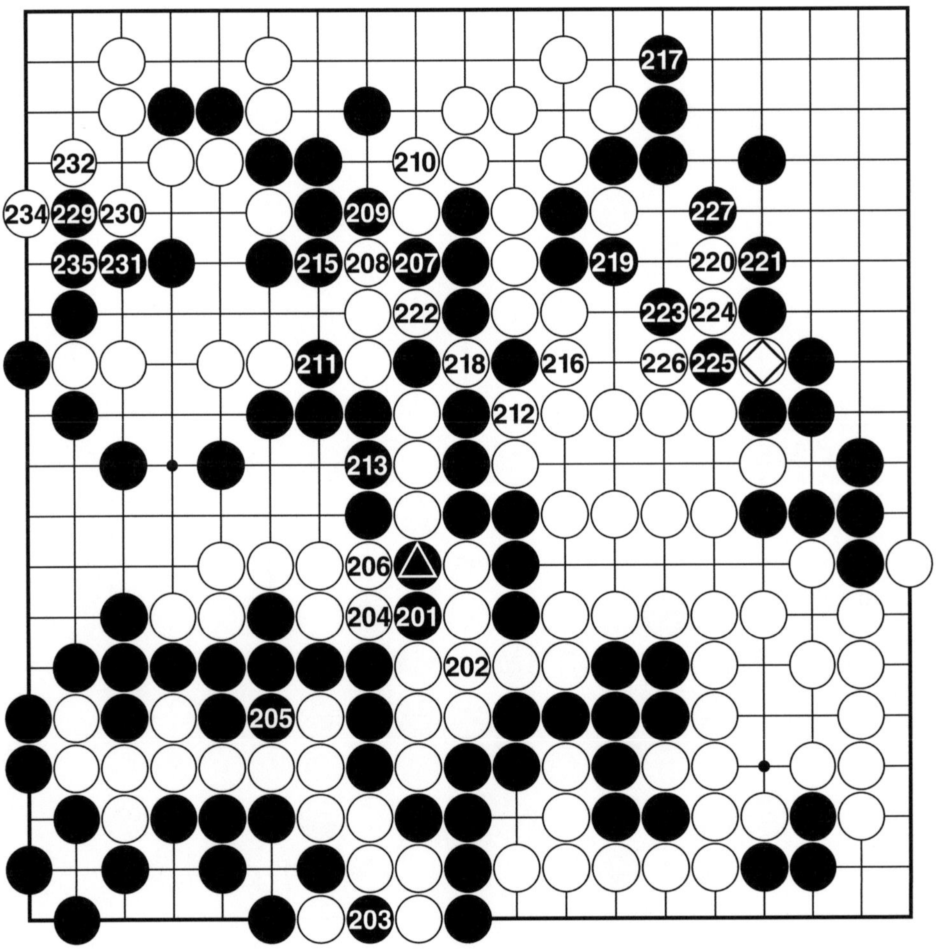

214 auf ▲, 228 auf ◇, 233 auf 225

Züge 236 – 278

Das Endspiel reicht leider nicht für Gu Li.

278 Züge. Schwarz gewinnt mit 5,5 Punkten.

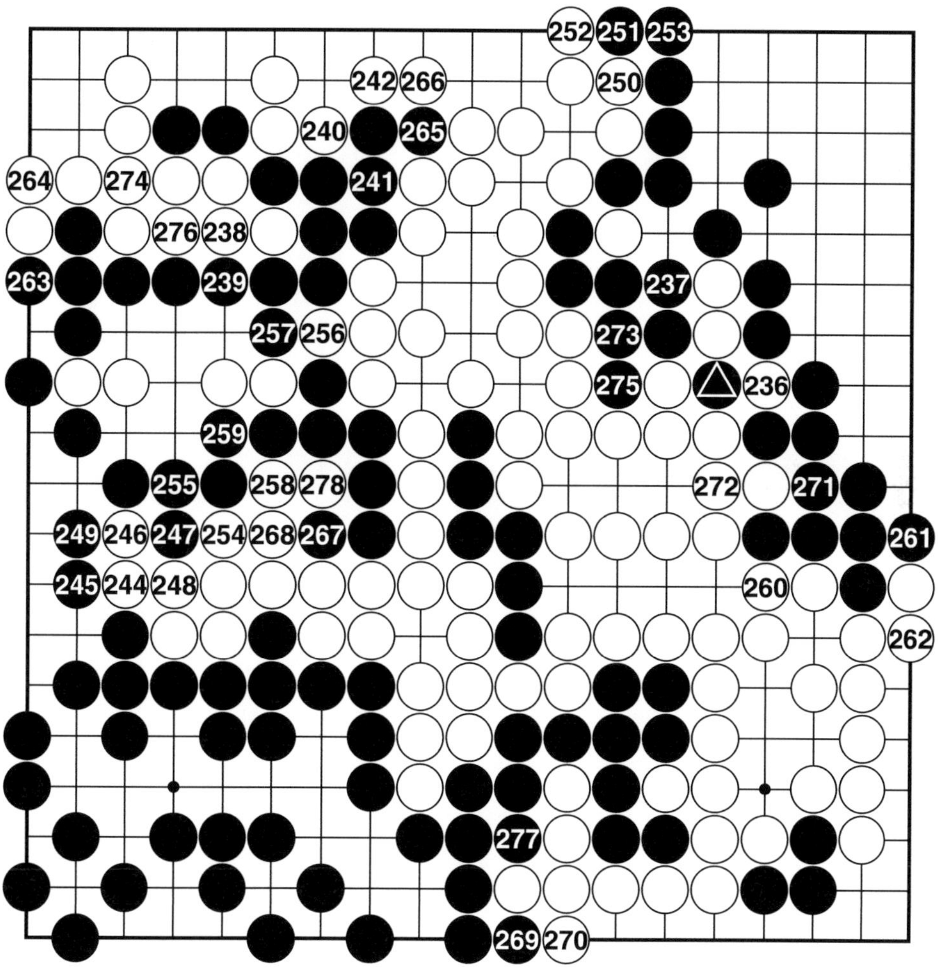

243 auf ▲

○ Yoda Norimoto 9p vs. ● Kataoka Satoshi 9p

8. Igo Masters Cup, Finale

Züge 1 – 34

Zur Abwechslung gibt es kein AlphaGo-Joseki und keine frühe 3-3-Invasion. Yoda und Kataoka sind vor rund 25 Jahren in zwei kleineren Titelkämpfen aufeinandergetroffen, die beide Kataoka für sich entscheiden konnte.

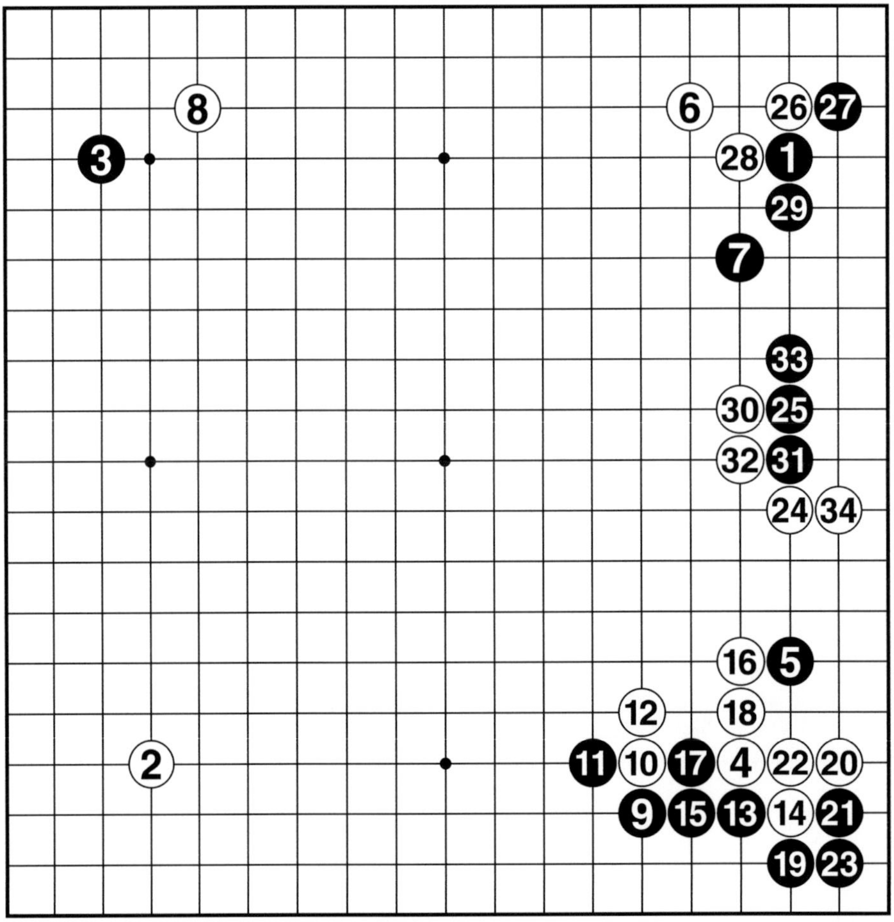

Komi:	**6,5**	**Datum:**	**21. Juli 2018**
Zeit:	**2 Stunden**	**Ort:**	**Tokio, Japan**

Züge 35 – 84

Der Kampf oben ist sehenswert. Weiß bedrängt die schwarze Gruppe, um Stärke zum Zentrum zu errichten.

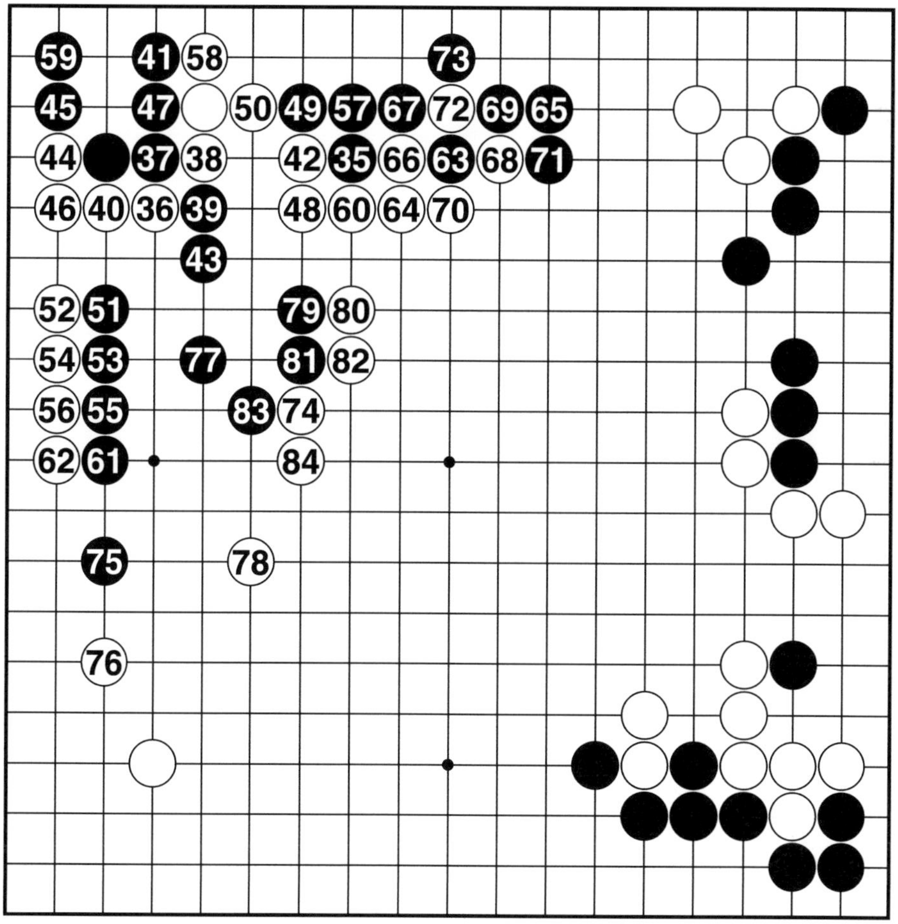

Züge 81 – 123

Schwarz dringt in den weißen Kasten vor und Weiß zieht sich auf feste Positionen zurück.

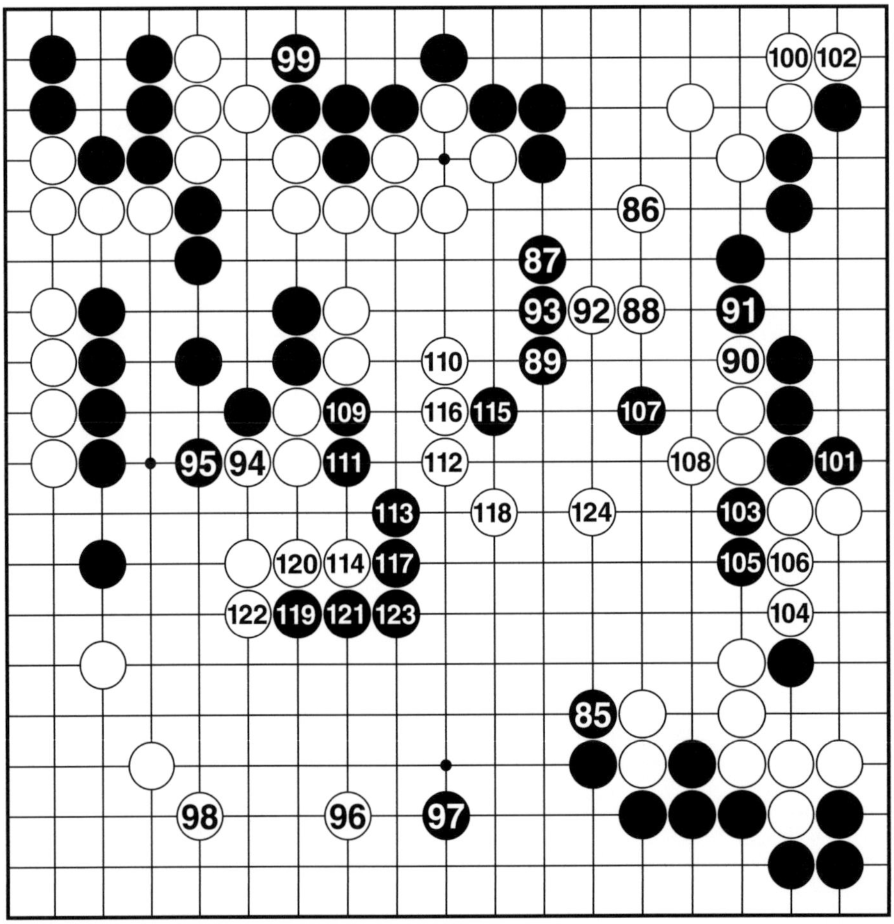

Züge 124 – 155

Nun invadiert Schwarz die Ecke rechts unten und schafft sich die Option auf Leben. Sofort nach Weiß 132 zu leben ist zu klein, da Weiß sich sonst die schwarze Zentrumsgruppe einverleibt.

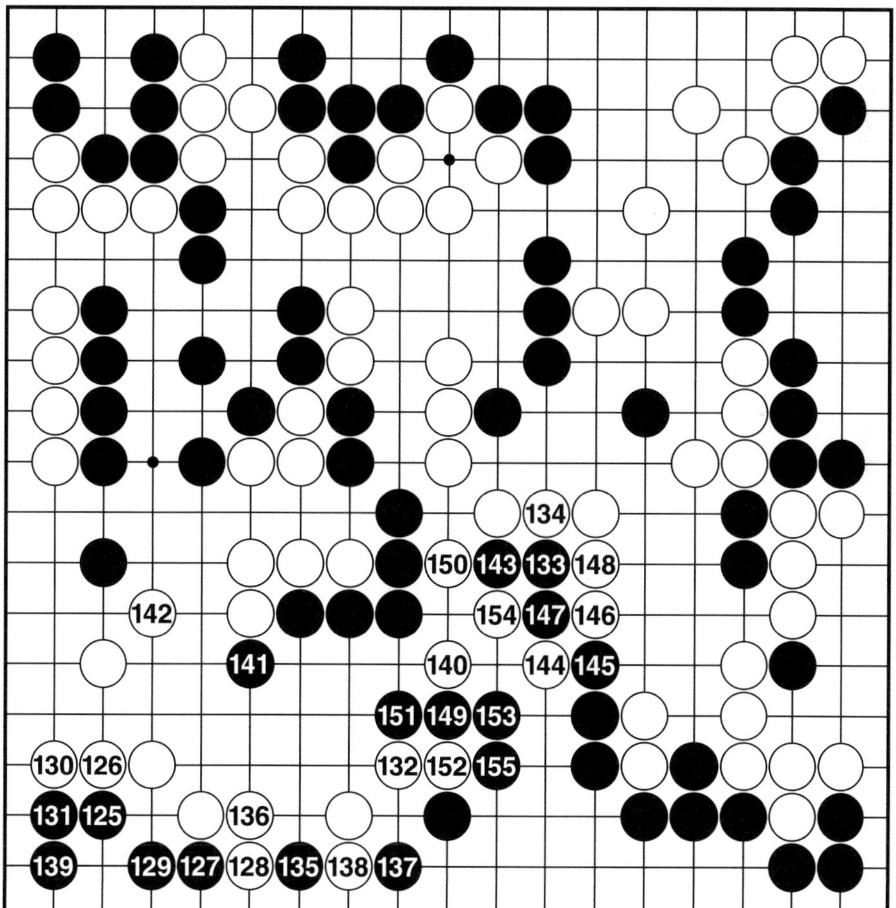

Züge 156 – 185

Weiß fängt schließlich acht Steine im Zentrum und das Endspiel beginnt.

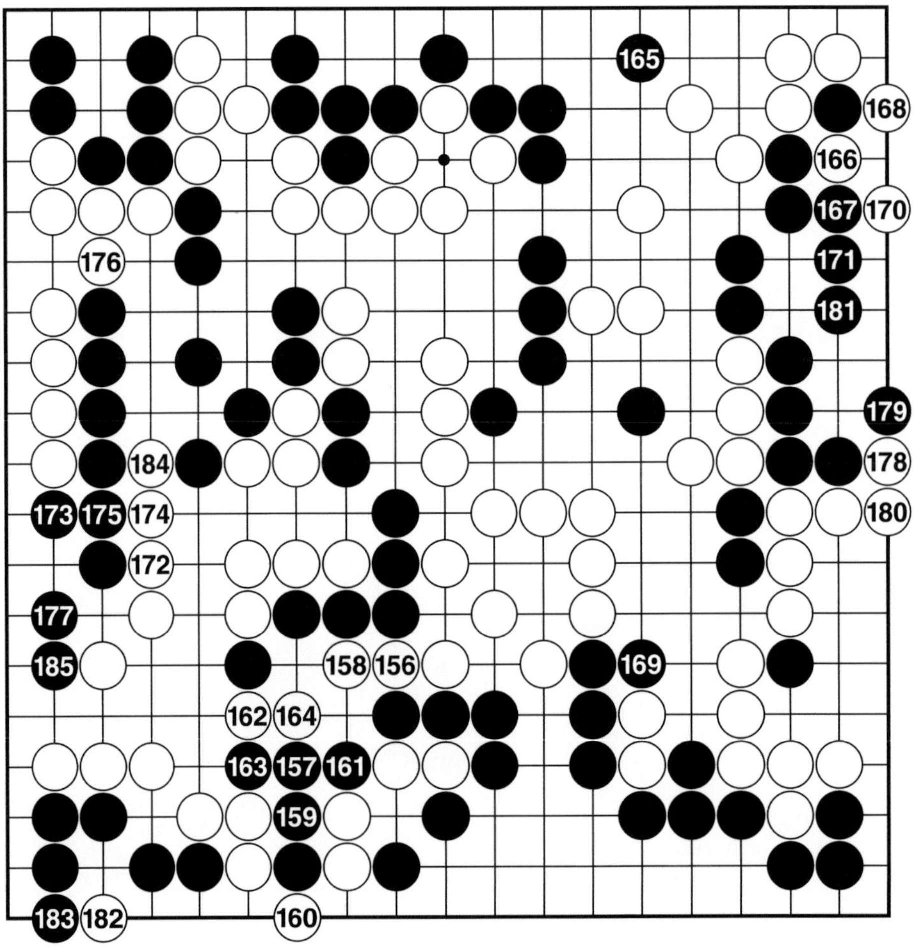

Züge 186 – 218

Weiß liegt nun deutlich nach Punkten vorn.

218 Züge. Weiß gewinnt durch Aufgabe.

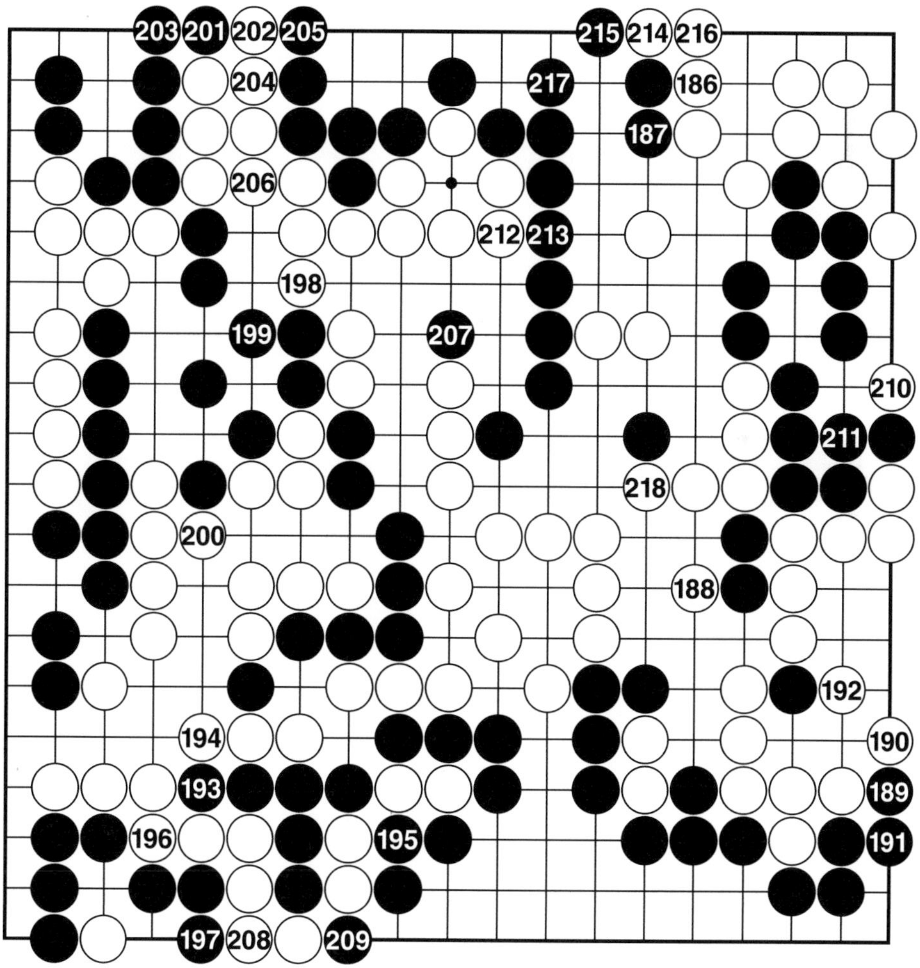

○ Kim Cheayoung 4p vs. ● Choi Jeong 9p

1. Wu Qingyuan (Go Seigen) Cup, 1. Finalpartie

Züge 1 – 40

Choi ist in diesem Finale die überragende Favoritin. Sie hält zwei Titel und hat noch kein Spiel gegen Kim verloren. Es heißt, Kim habe die Partien und den Stil Chois vor dem Finale intensiv studiert.

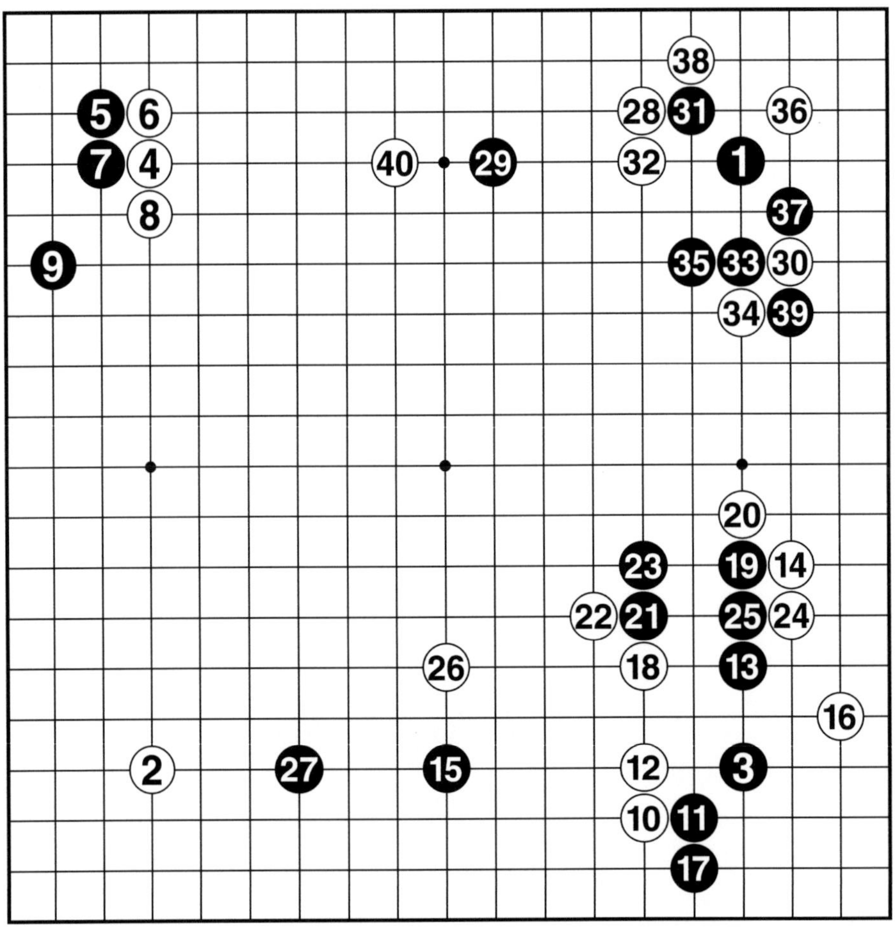

Komi: 6,5	Datum: 23. Juli 2018
Zeit: 2 Stunden	Ort: Fuzhou, China

Züge 41 – 91

Weiß ignoriert den Doppelangriff links unten und lässt Schwarz in die Ecke. Die weiße Wand passt gut zur Stärke oben. Schwarz springt mit 91 tief in das Moyo hinein.

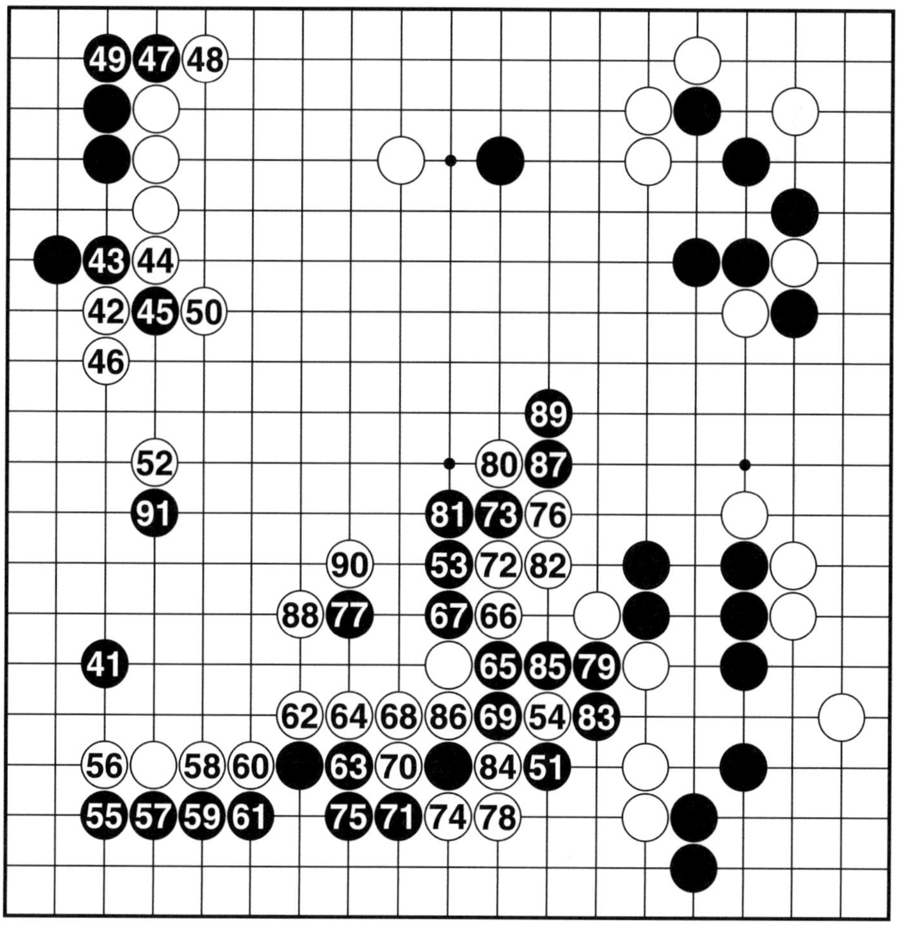

Züge 92 – 130

Schwarz gelingt die Reduktion des weißen Moyo nicht so recht. Stattdessen muss sie auf Weiß 98 und 100 reagieren, die das Leben der schwarzen Gruppe am unteren Rand bedrohen. Schwarz fängt zwei Steine im Zentrum und kann die Anlage am rechten Rand abschließen. Weiß 128 fängt die schwarzen Invasionssteine.

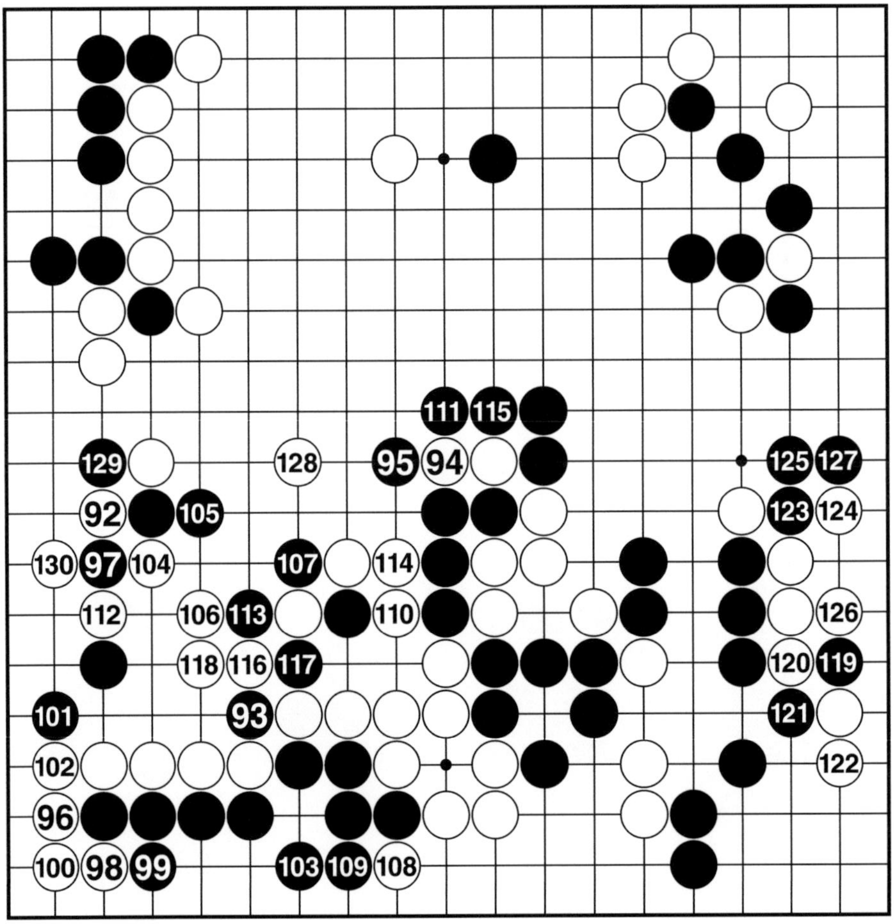

Züge 131 – 171

Der Kampf setzt sich nun mit Schwarz 131 am oberen Rand fort. Weiß kann diesen behaupten und Schwarz bekommt nur wenige Punkte im Zentrum. Es gelingt Schwarz, die Invasisonsteine rechts herauszuziehen. Weiß bekommt die großen Endspielpunkte 160 und 162.

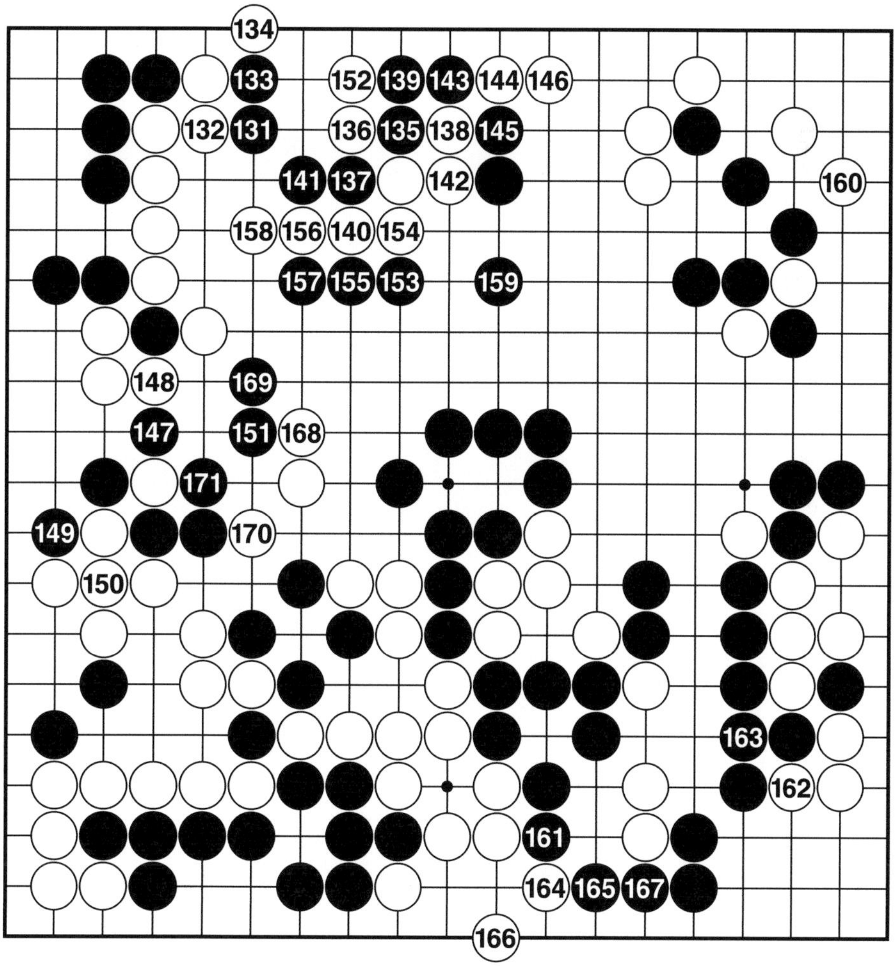

Züge 172 – 211

Weiß kommt zu 180 und 188 und lässt auch sonst nichts mehr anbrennen.

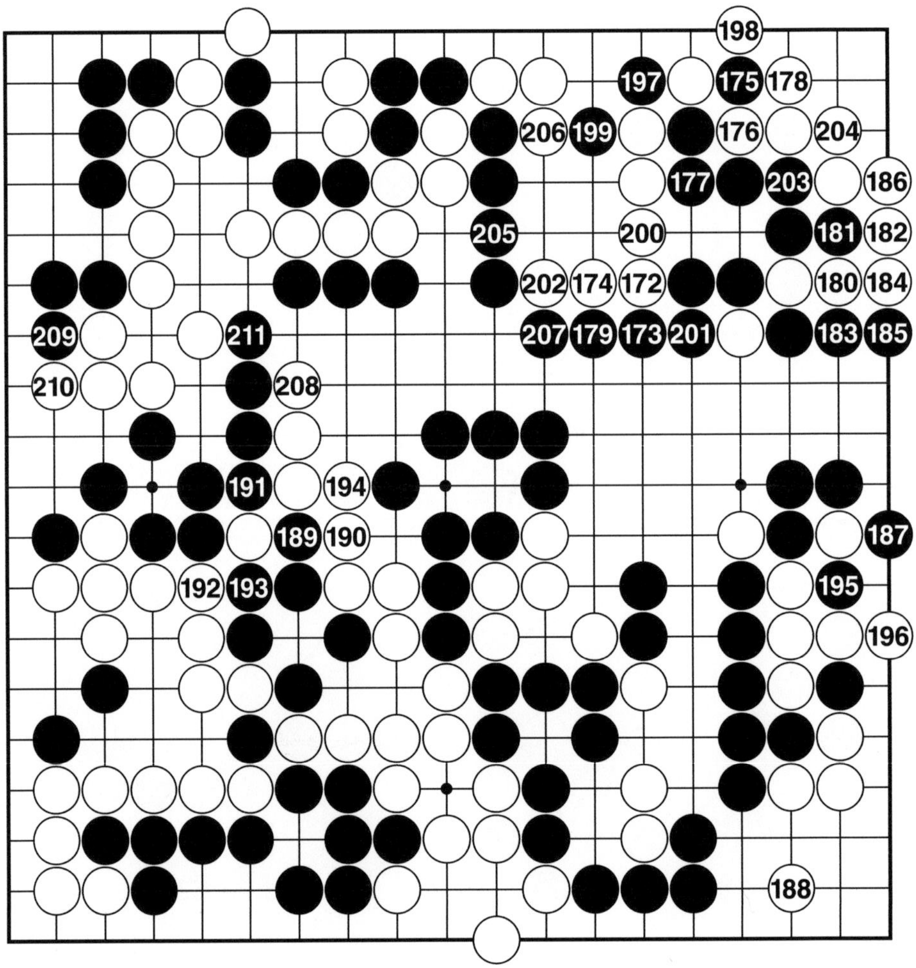

Züge 212 – 236

236 Züge. Weiß gewinnt durch Aufgabe.

Kim gewinnt auch die zweite Finalpartie und ist der Überraschungssieger. Ihre Vorbereitung hat sich ausgezahlt. Dieser Titelgewinn bringt ihr zudem die Hochstufung zum 5.Profi-Dan.

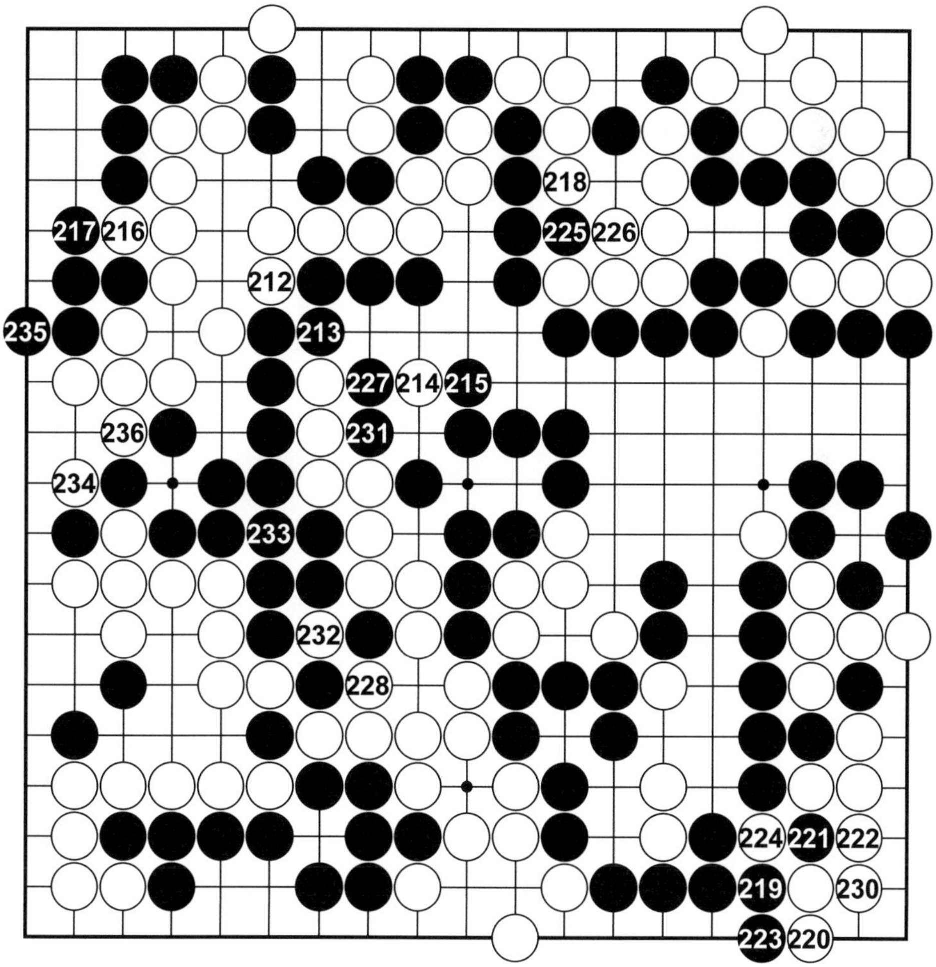

229 auf 221

◯ Chang Suyeong 9p vs. ● An Kwanwuk 9p

3. Senior Baduk Liga, Runde 11

Züge 1 – 49

In Korea gibt es eine eigene Liga für Profi-Senioren. Diese Partie zeigt, wie auch am Ende einer Partie noch Überraschungen lauern können.

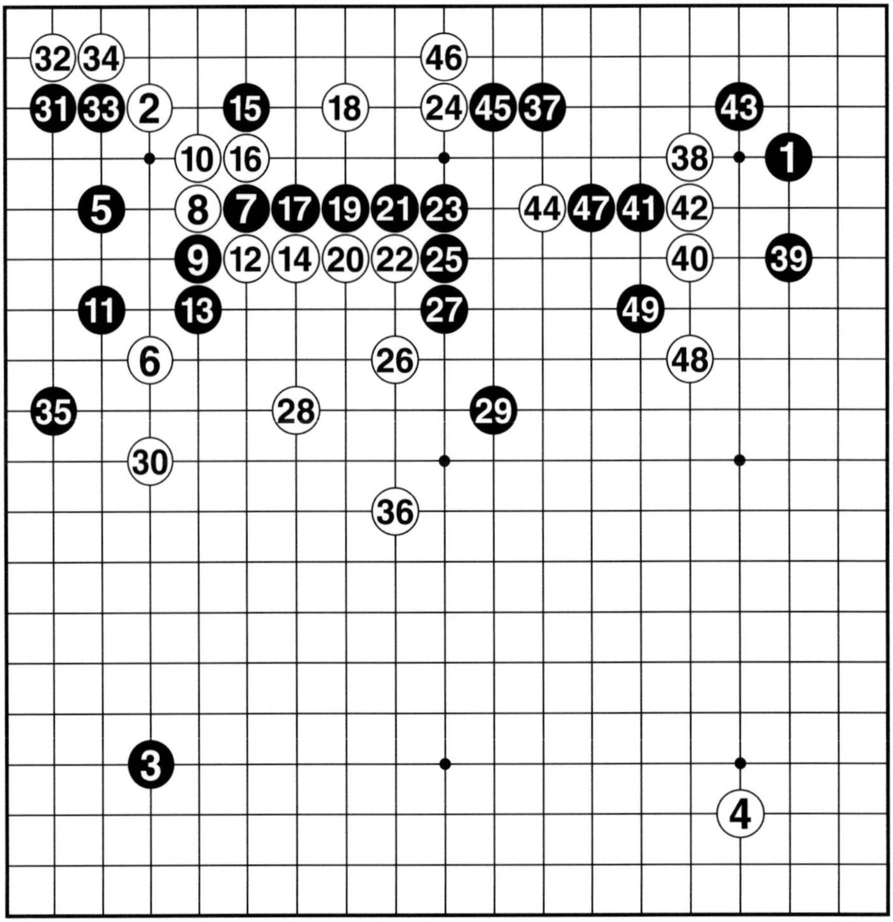

Komi:	**6,5**	**Datum:**	**20. August 2018**
Zeit:	**n.b.**	**Ort:**	**Korea**

Züge 50 – 99

Während der Kampf bisher aus der linken oberen Ecke über den oberen Rand zog, kommt nun auch die untere Bretthälfte hinzu.

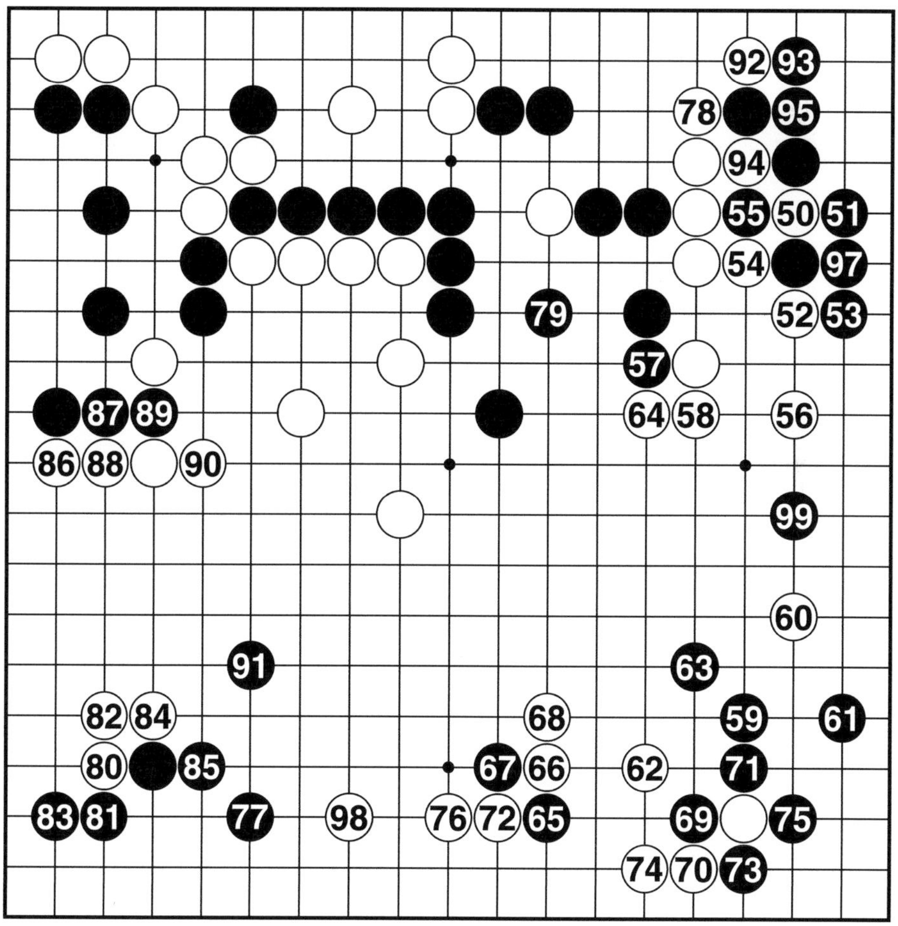

96 auf 50

Züge 100 – 145

Die Gebiete sind aufgeteilt und die Spieler beginnen das Endspiel. Schwarz 121 ist effizient, denn er deckt beide Seiten. Weiß zwingt Schwarz zum Herauslaufen mit 139 bis 143.

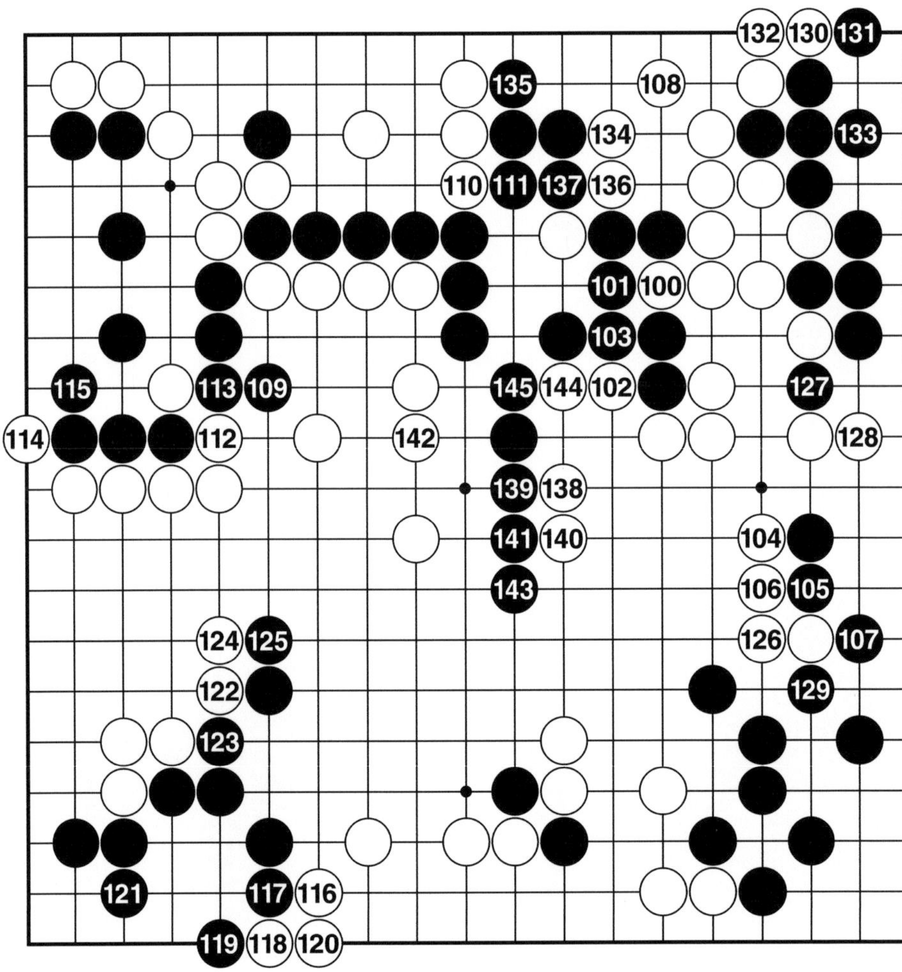

Züge 146 – 200

Das Endspiel setzt sich fort.

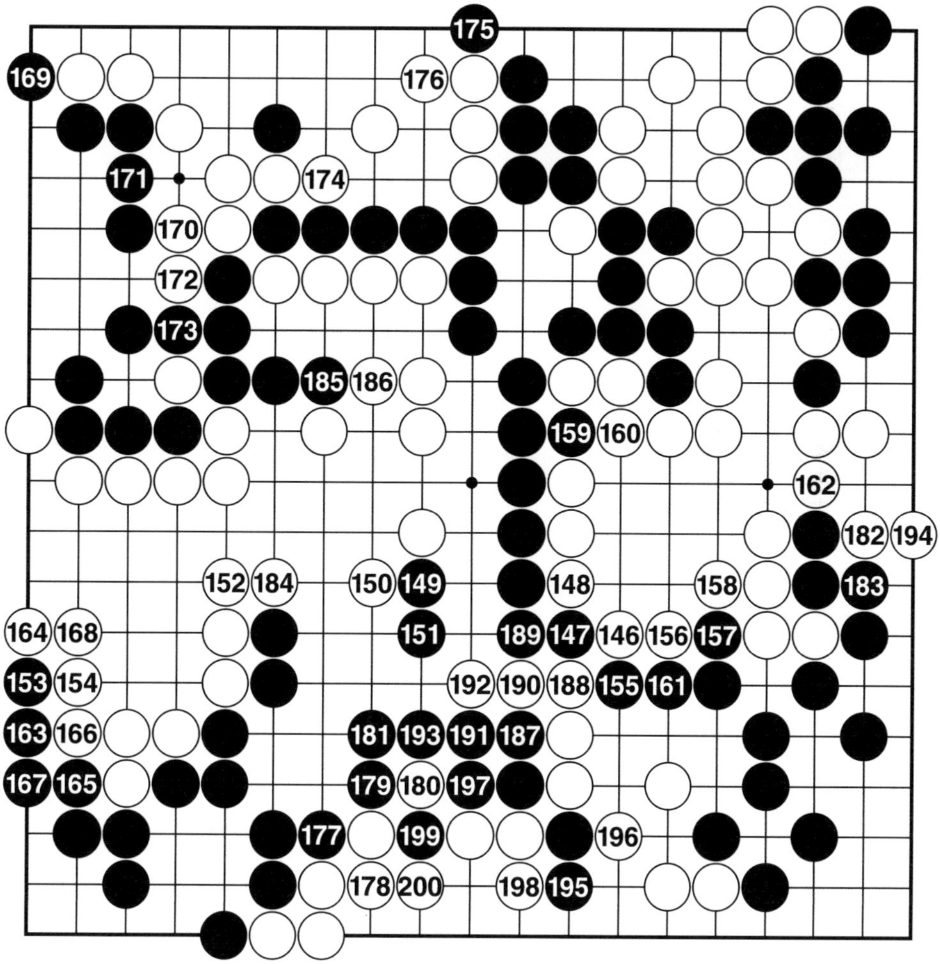

Züge 201 – 231

Weiß spielt Vorhände von 220 bis 224. Weiß 226 bis 230 stellen sicher, dass Schwarz noch einmal innen spielen muss. Weiß liegt leicht vorn.

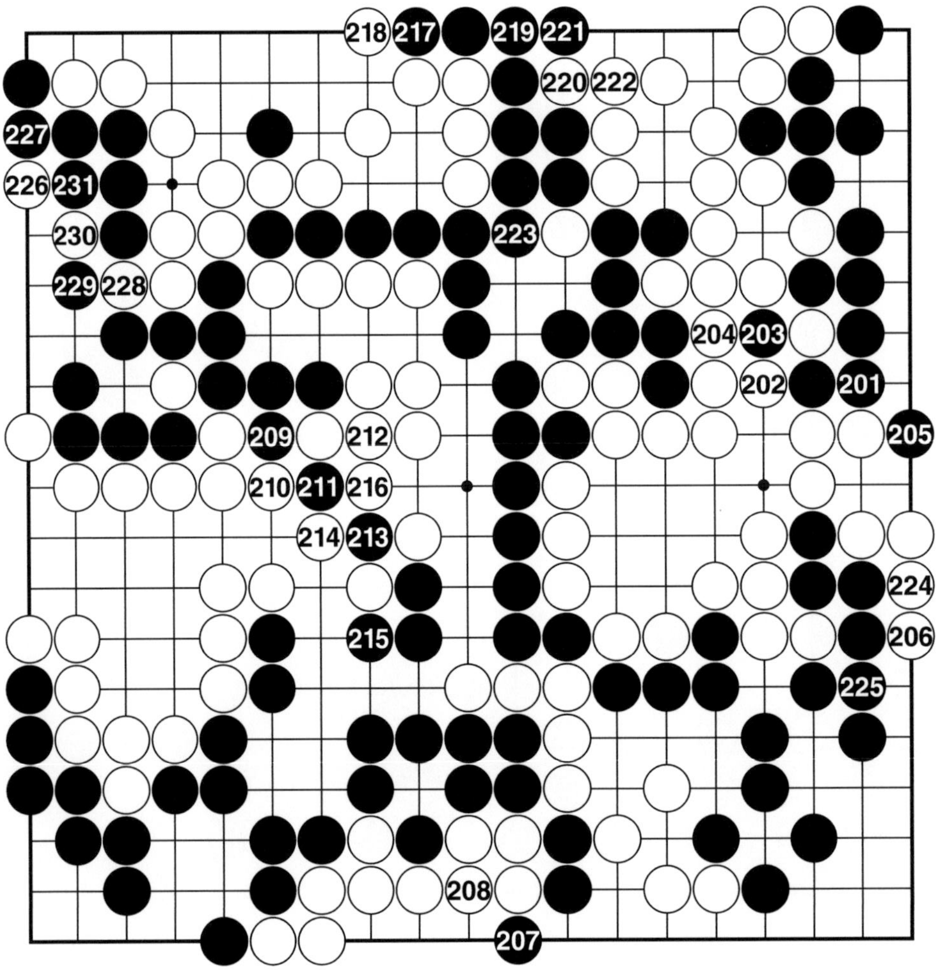

Züge 232 – 265

Weiß 232 wäre besser auf 237. Mit 240 macht Weiß einen weiteren Fehler und plötzlich gibt es ein dickes Ko um eine weiße Gruppe. Es ist zwar ein Annäherungs-Ko für Schwarz, doch Weiß hat keine Drohungen in dieser Größenordnung.

265 Züge. Schwarz gewinnt durch Aufgabe.

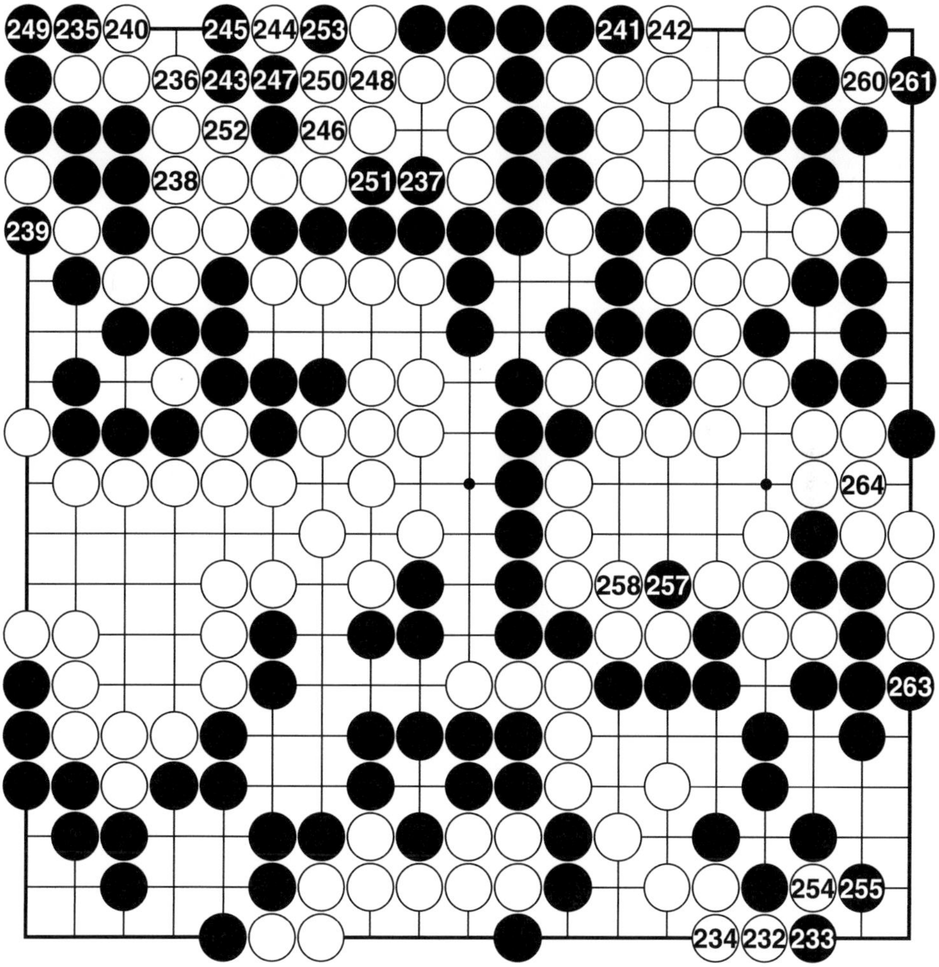

265 auf 244, 259 auf 253, 262 auf 244, 265 auf 253

○ Yao Zhiteng 4p vs. ● Onishi Kenya 3p

43. Shinjin O, Halbfinale

Züge 1 – 49

Das Shinjin O ist ein Nachwuchsturnier, bei dem die Teilnehmer keine 25 Jahre alt und maximal 5. Dan sein dürfen. Seit einigen Jahren gilt zusätzlich: Wer einmal gewonnen hat, darf weder den Titel verteidigen noch ein weiteres Mal teilnehmen.

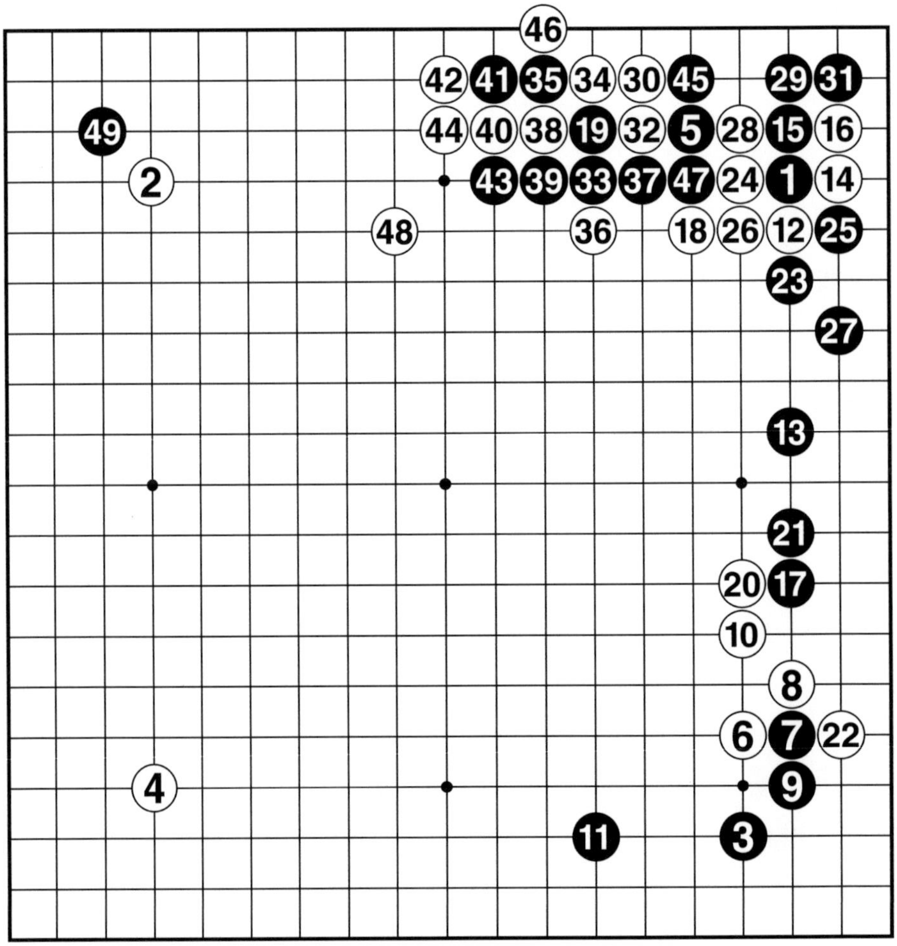

Komi:	**6,5**	**Datum:**	**20. August 2018**
Zeit:	**3 Stunden**	**Ort:**	**Tokio, Japan**

Züge 50 – 99

Beide Spieler nehmen Außeneinfluss und bauen zwei großflächige Moyo. Die Partie wird zum Moyo-Wettbewerb.

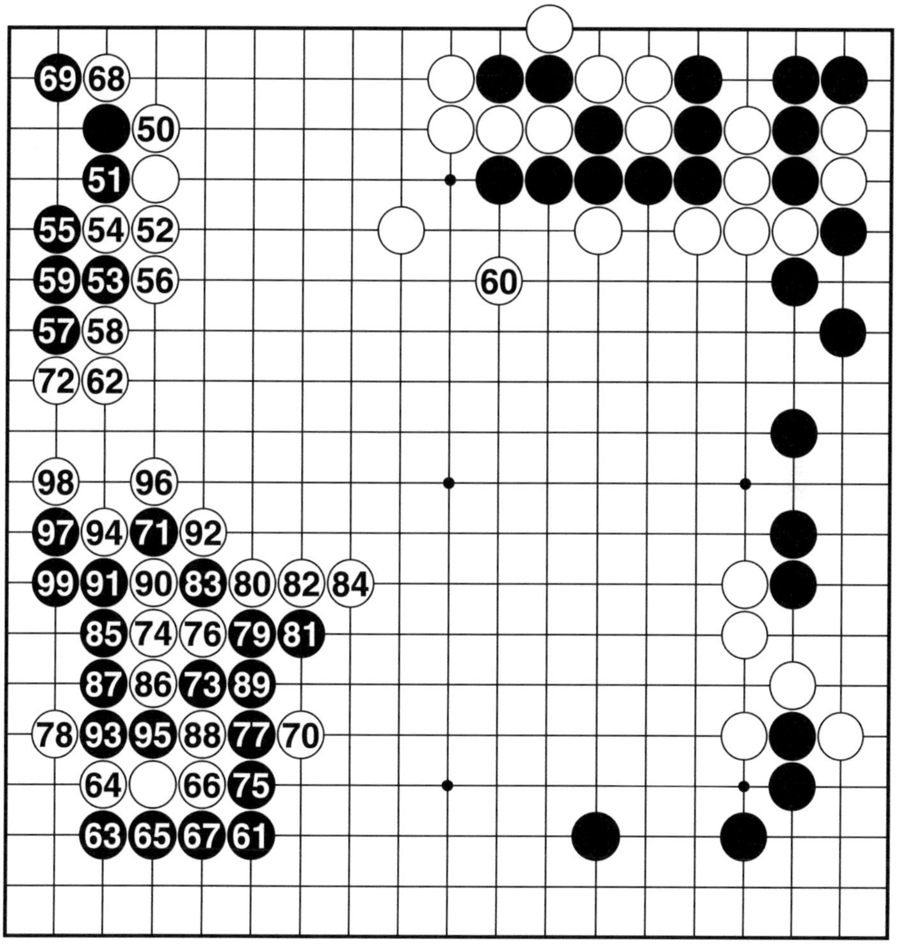

Züge 101 – 153

Vorsichtig reduzieren die Spieler die Gebietsanlagen ohne das eigene Moyo zu gefährden. Wer liegt vorn?

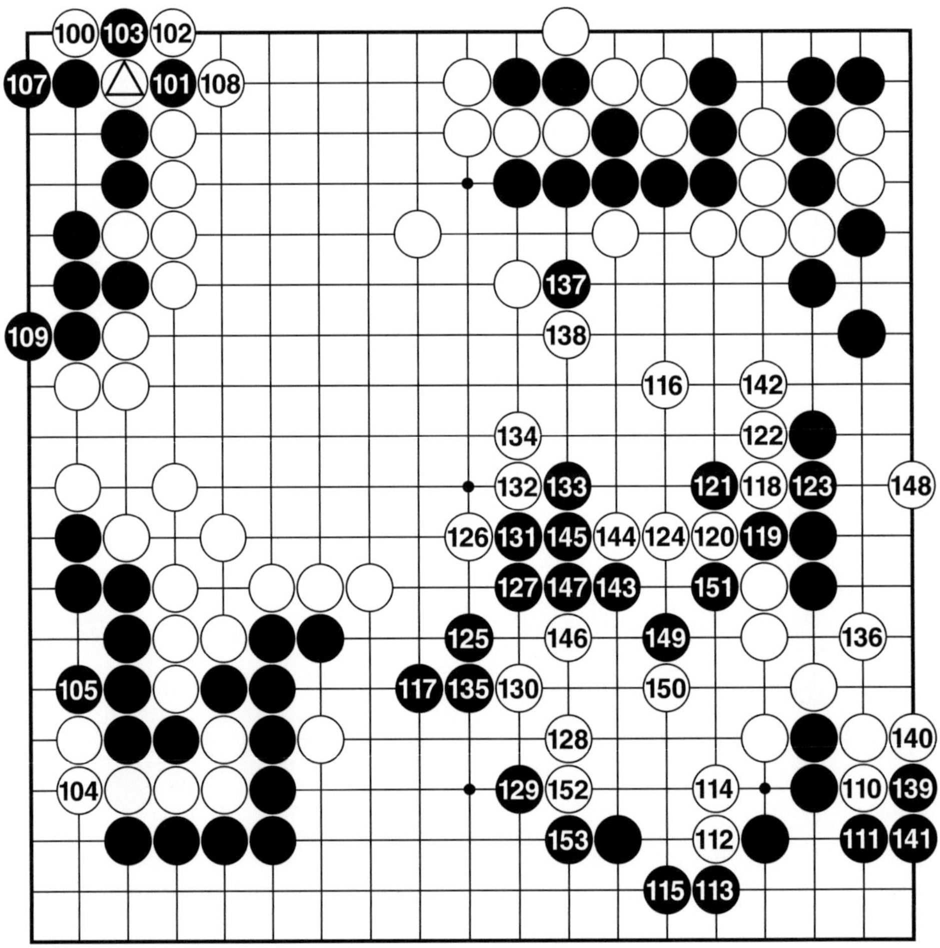

106 auf △

Züge 154 – 208

Die Partie ist bis zum Schluss knapp.

208 Züge. Schwarz gewinnt mit 0,5 Punkten.

Mit diesem knappen Sieg gelangt Onishi Kenya ins Finale. Dort trifft er auf Hirose Yuichi 2p (siehe zweite Finalpartie Seite 154).

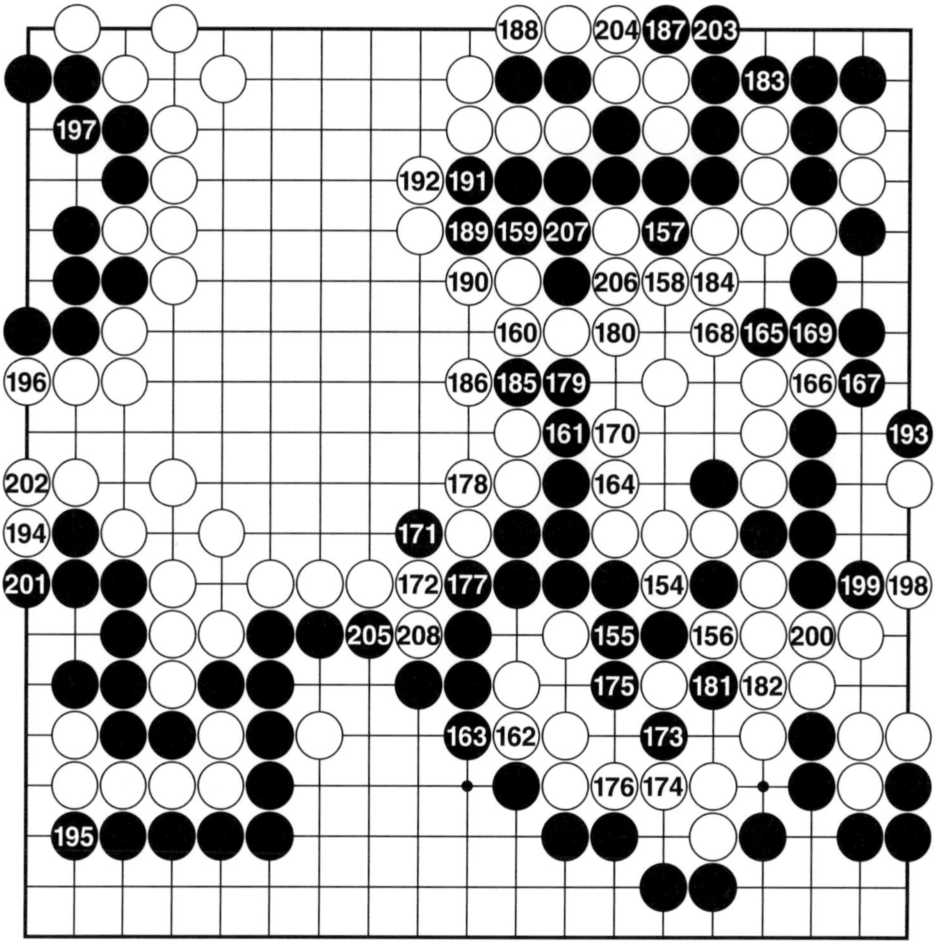

○ Byun Sangil 9p vs. ● Shin Jinseo 9p

Koreanische Liga, Runde 9

Züge 1 – 50

Diese Partie hat bemerkenswerte 360 Züge, ein langes und packendes Endspiel. Liebhaber von Ko-Kämpfen werden ihre Freude haben.

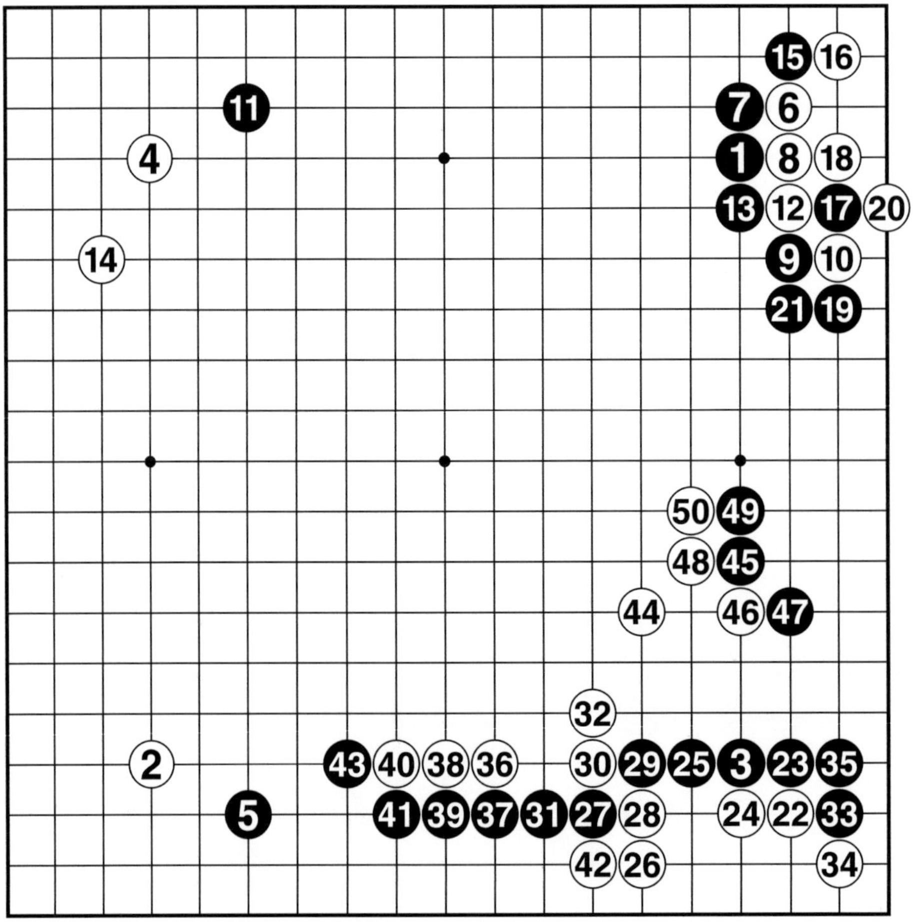

Komi: 6,5	**Datum: 23. August 2018**
Zeit: 1 Stunde	**Ort: Korea**

Züge 51 – 101

Weiß kann am oberen Rand nicht spielen, da die weiße Gruppe im Zentrum allein noch nicht stark genug ist.

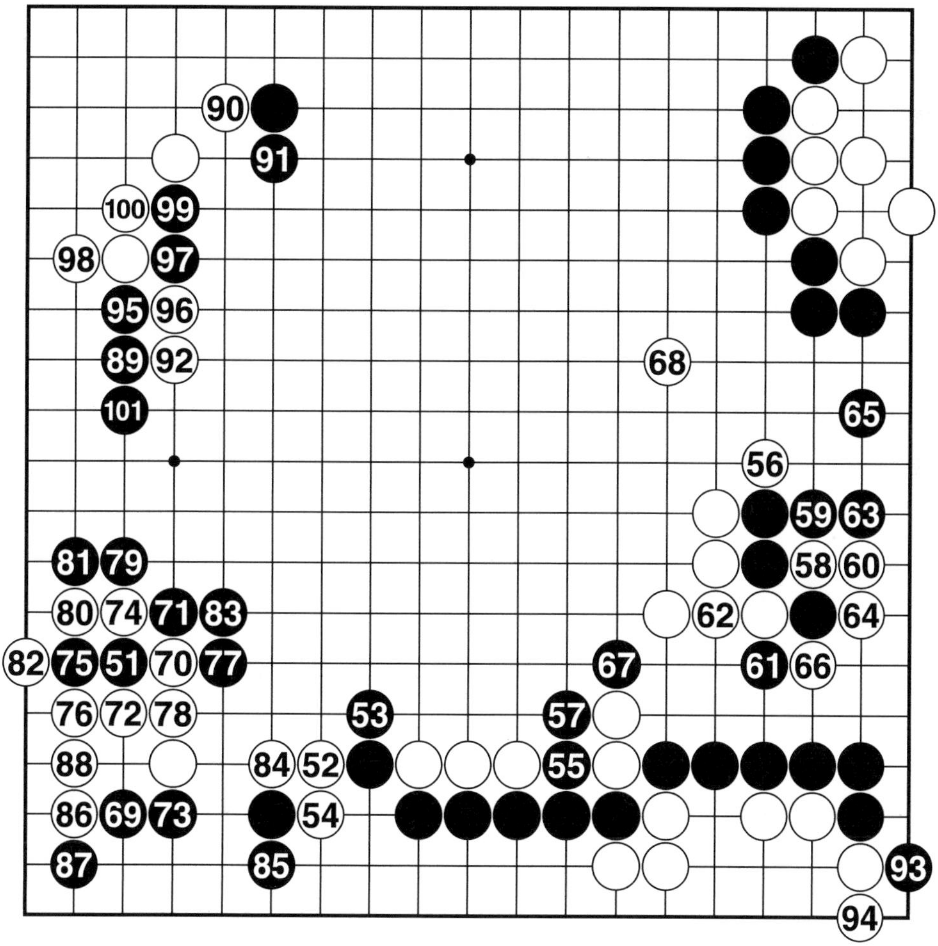

Züge 102 – 151

Nach dem Schnitt muss Schwarz am rechten Rand leben. Er opfert nach Weiß seine Wand für Vorhandzüge von außen. Weiß gelingt es, ein Ko am oberen Rand zu beginnen.

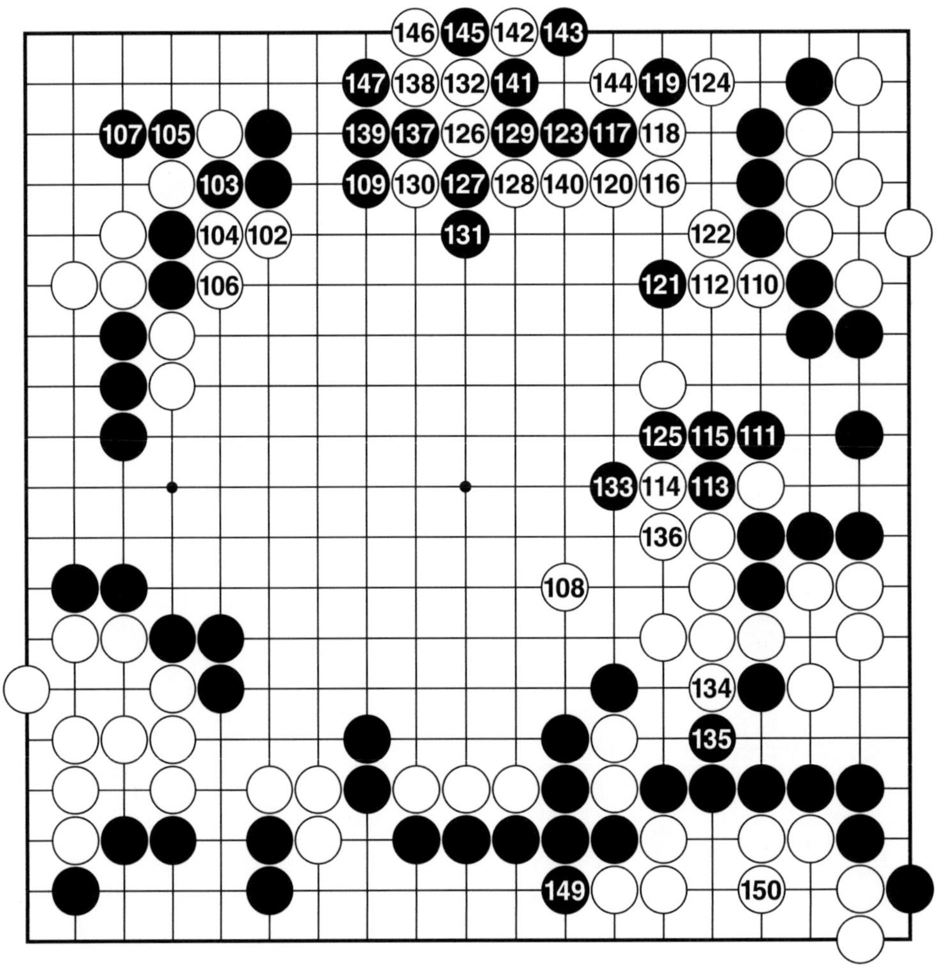

148 auf 142, 151 auf 145

Züge 152 – 200

Schwarz entscheidet sich mit 171, das Ko zu beenden. Dafür muss er nach dem Schnitt auf 172 mit einer schwachen Gruppe hinauslaufen.

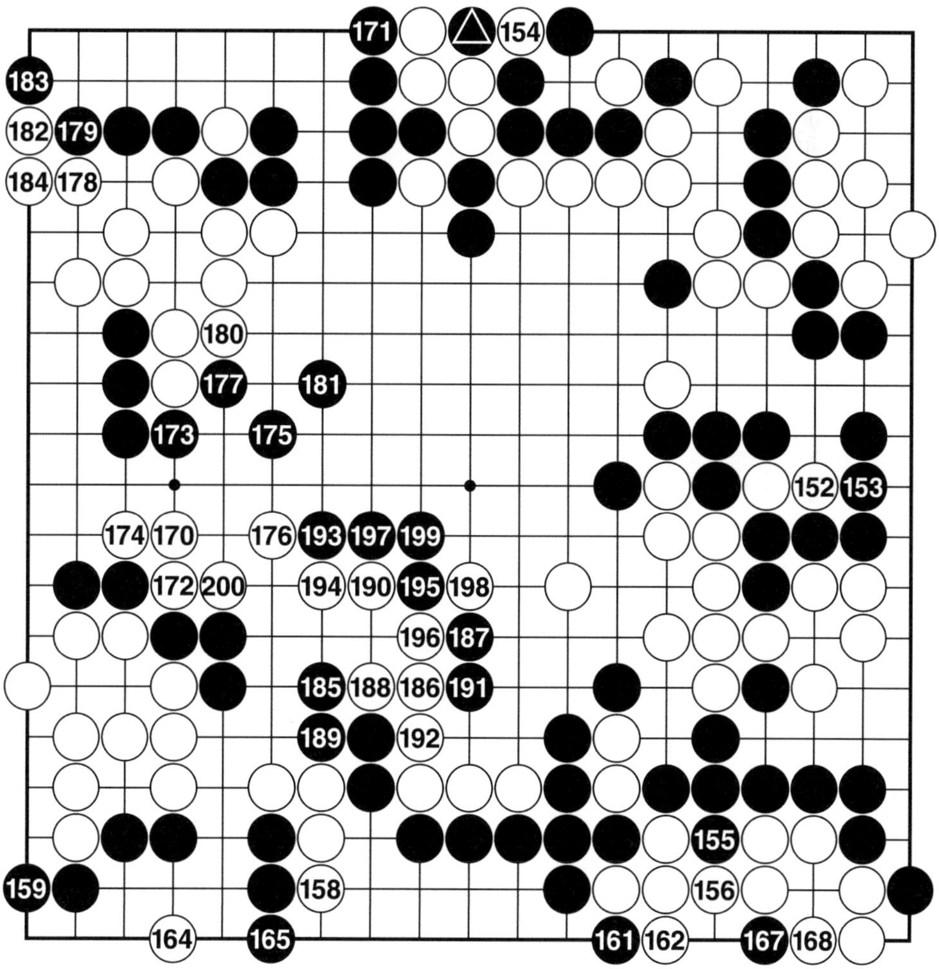

157 auf ▲, 160 auf 154, 163 auf ▲, 166 auf 154, 169 auf ▲

Züge 201 – 240

Schwarz macht im Zentrum Punkte gut.

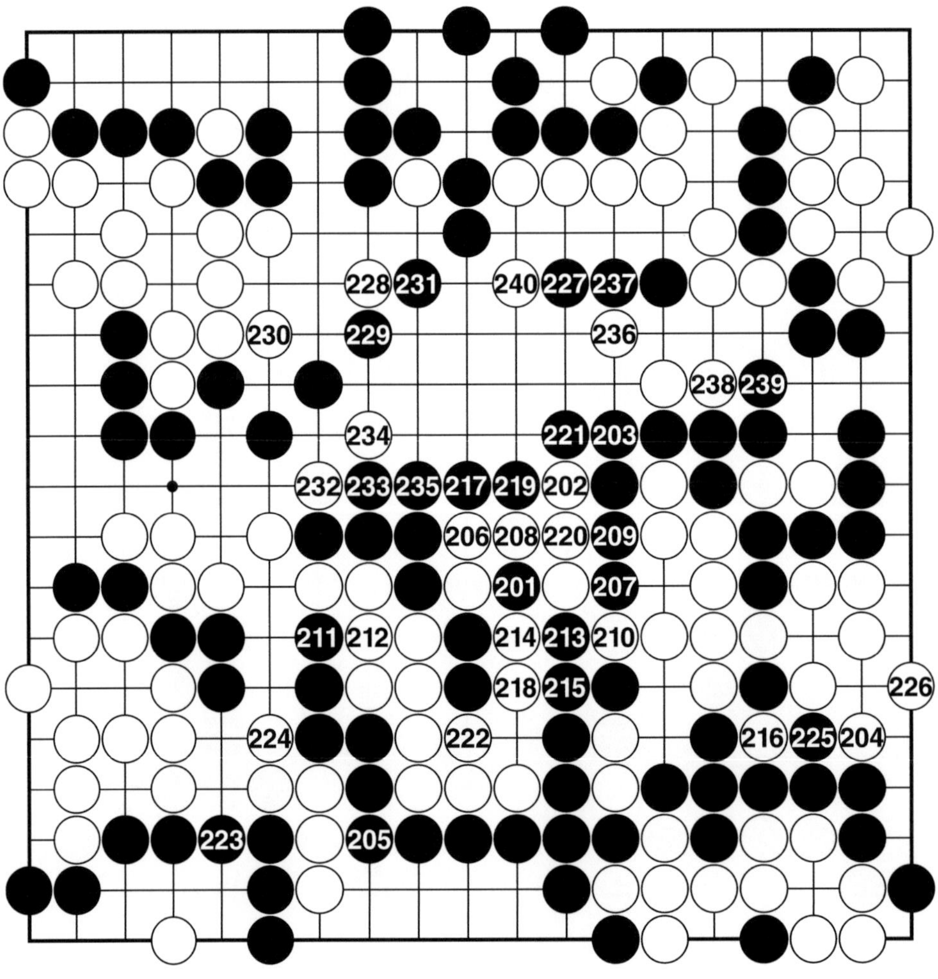

Züge 241 – 281

Endspiel. Wer liegt vorn?

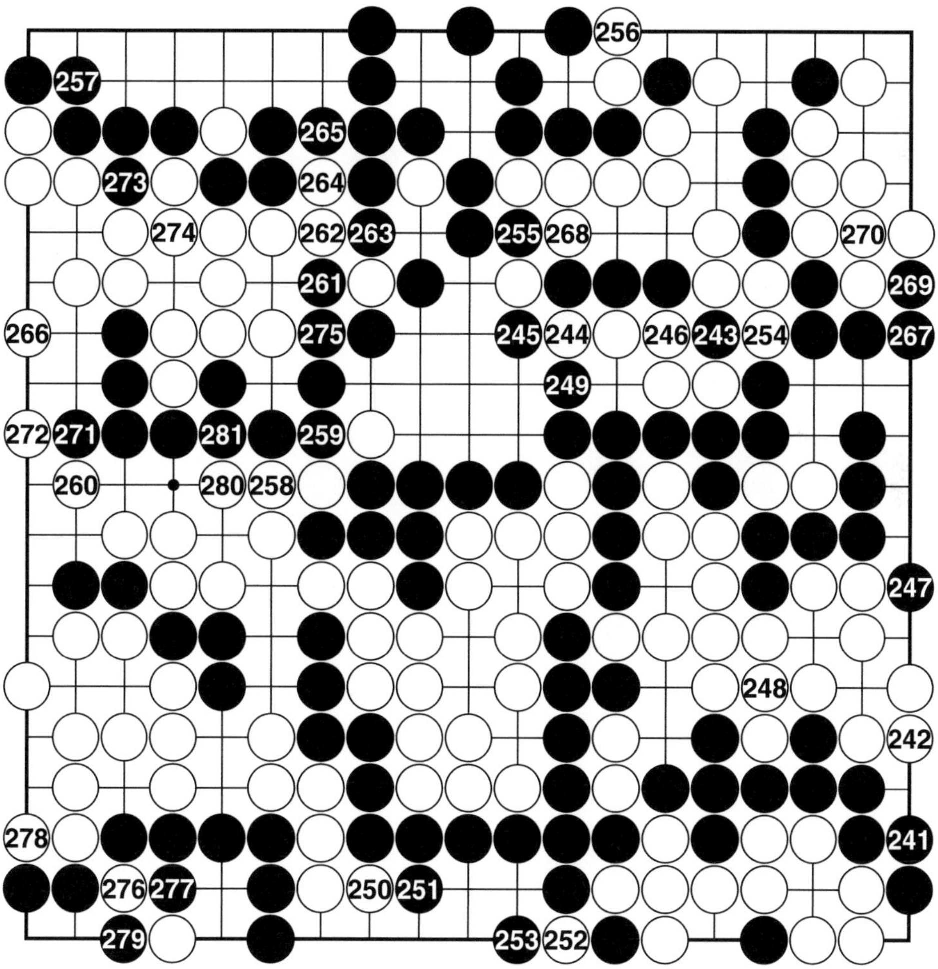

Züge 282 – 320

Schwarz 287 ist ein Opferzug, der Weiß dazu zwingt, nochmal in sein eigenes Gebiet zu setzen. Weiß 288 wäre wohl besser auf 289, denn nun kann Schwarz mit 289 und 291 ein gefährliches Ko vorbereiten.

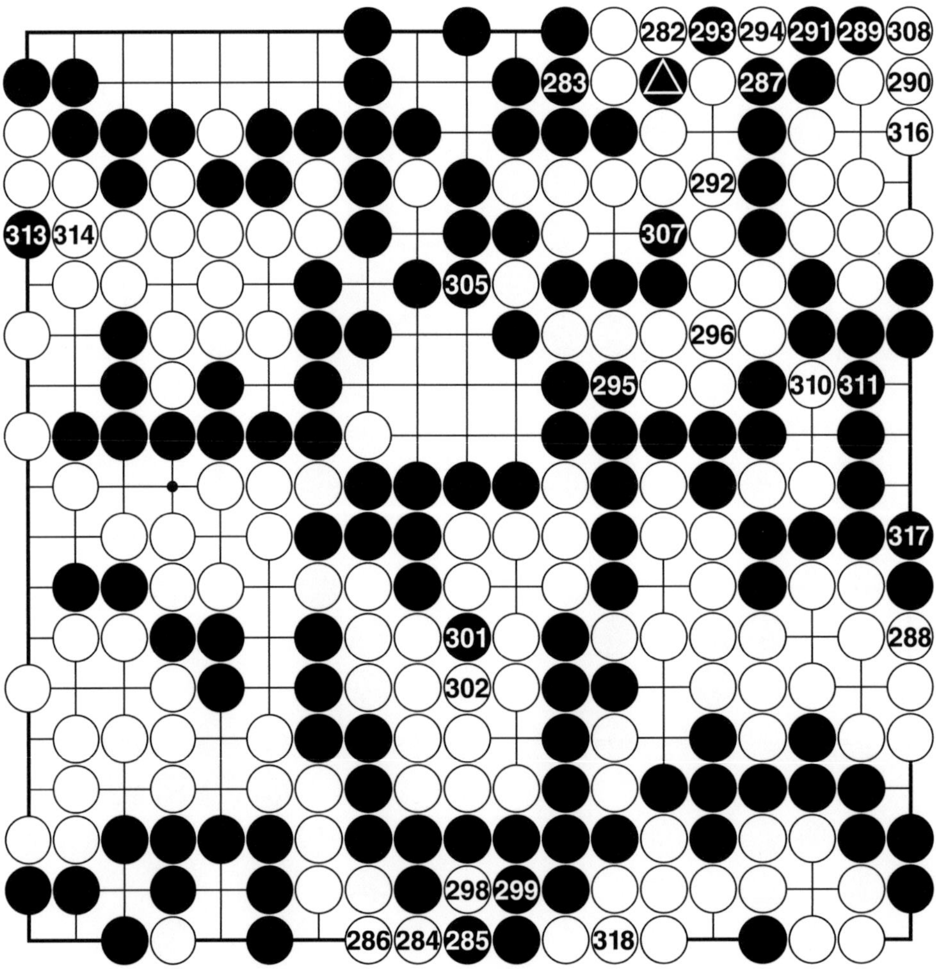

297 auf 293, 300 auf 294, 303 auf 293, 304 auf ▲, 306 auf 294, 309 auf 293, 312 auf 294, 315 auf 293, 320 auf 294

Züge 321 – 360

Schwarz kann das Ko nicht so leicht gewinnen, da er sich erst von außen annhähern muss. Doch ihm genügt es, dass Weiß innen decken muss.

360 Züge. Schwarz gewinnt mit 0,5 Punkten.

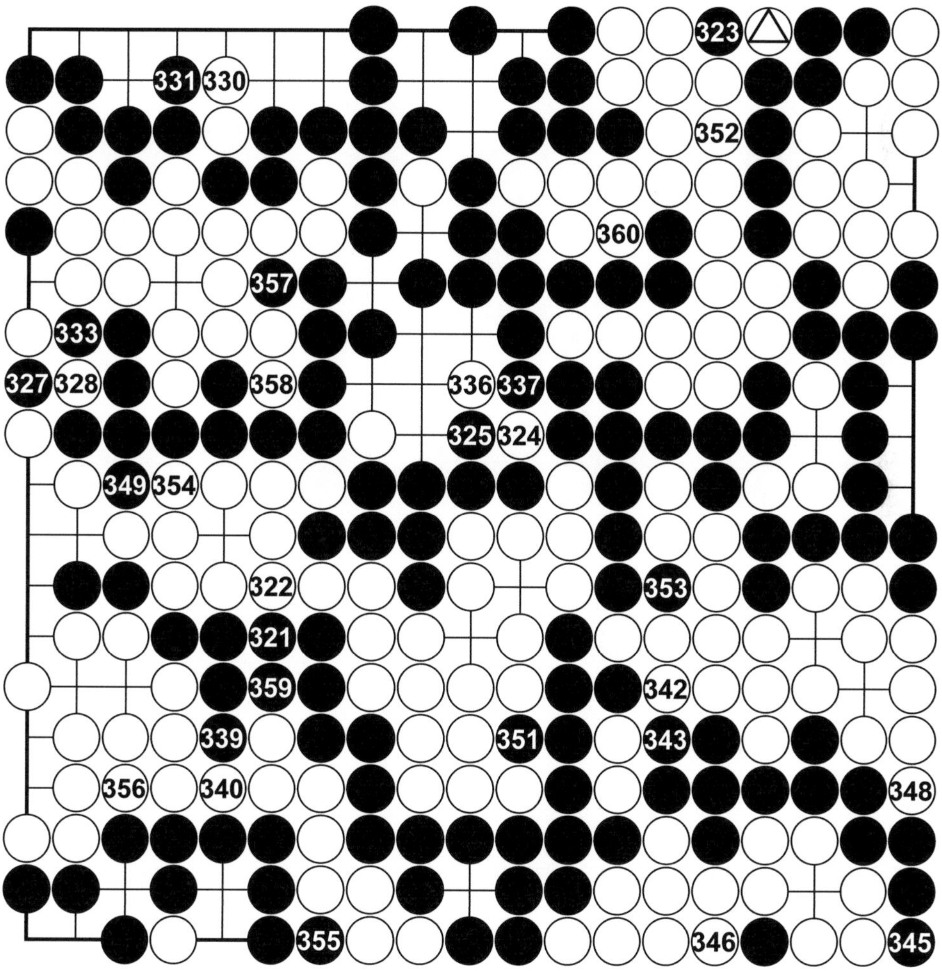

326 auf △, 329 auf 323, 332 auf △, 334 auf 327, 335 auf 323, 338 auf △, 341 auf 323, 344 auf △, 347 auf △, 350 auf △

○ Cho U 9p vs. ● Iyama Yuta 9p

43. Meijin, 1. Finalpartie

Züge 1 – 50

Schwarz 31 ist ein scharfer Zug. In diesem neuen Joseki wäre ein Zug auf 35 üblich. Mit 37 lässt Schwarz hier bewußt eine Schwäche, Weiß kann hier ein Ko beginnen.

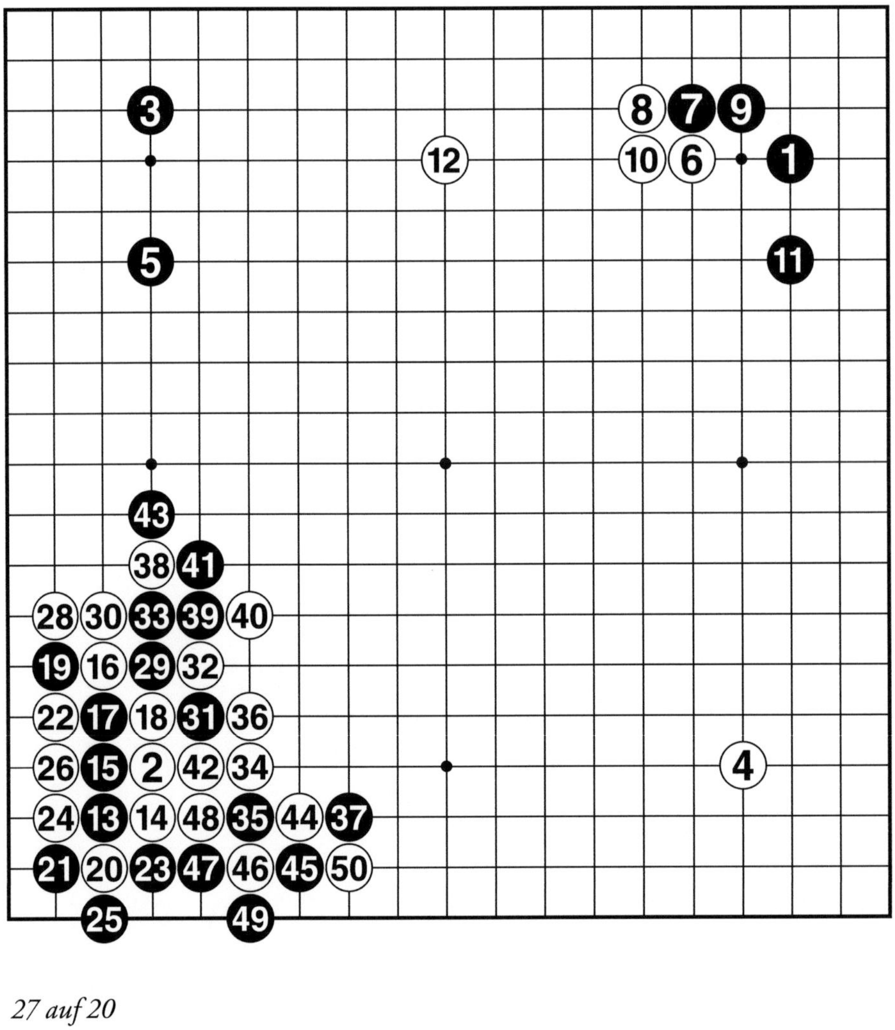

27 auf 20

Komi:	**6,5**	**Datum:**	**28. August 2018**
Zeit:	**8 Stunden**	**Ort:**	**Tokio, Japan**

Züge 51 – 88

Weiß kann das Ko mit 56 schlagen, doch in der Ecke gibt es weiteres. Da er nicht genügend Ko-Drohungen hat, bereitet Weiß mit 60 bis 64 eine solche vor. Es kommt zum Tausch und mit 88 wandert der Fokus in des rechte untere Viertel.

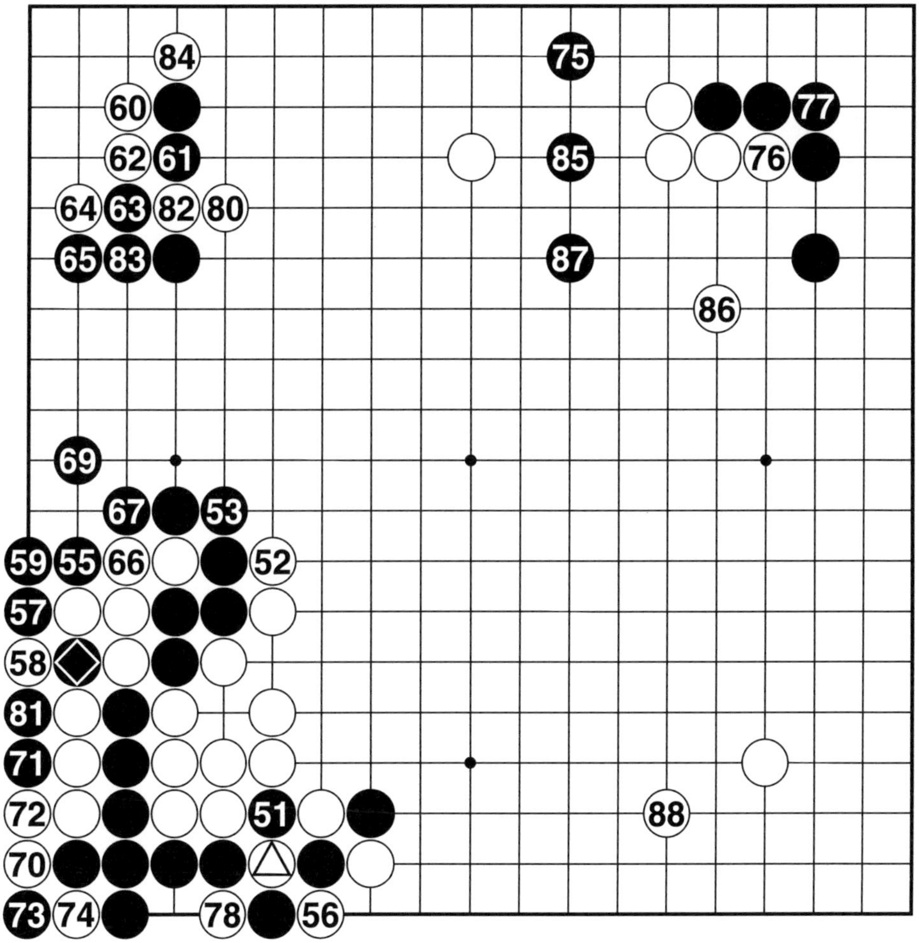

54 auf △, 68 auf ◆, 79 auf 73

Züge 89 – 140

Weiß 90 ist eine ungewöhnliche Antwort auf Schwarz 89. Schwarz bietet mit 95 bis 99 wieder ein Ko an. Schwarz 111 ist ebenfalls ungewöhnlich, der die Stellung hier komplizierter macht. Im weiteren Verlauf greift Schwarz die obere weiße Gruppe an. Weiß startet mit 126 und 128 das Ko.

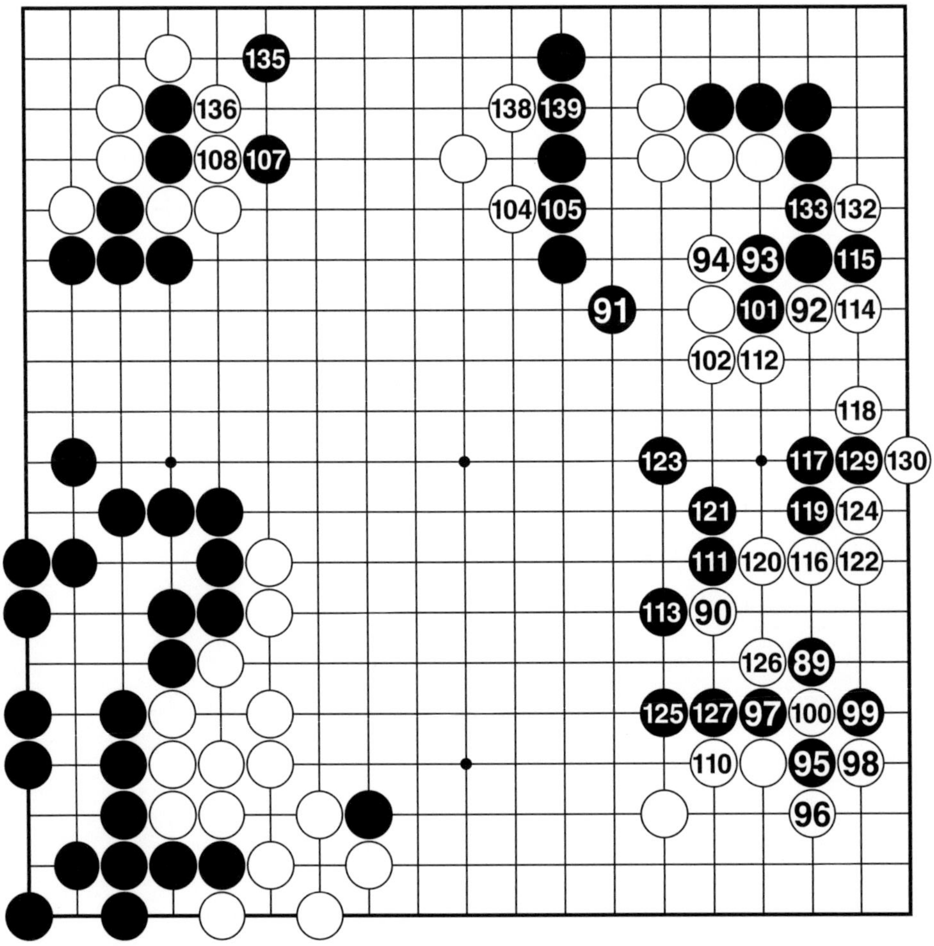

103 auf 95, 106 auf 100, 109 auf 95, 128 auf 100, 131 auf 95, 134 auf 100, 137 auf 95, 140 auf 100

Züge 141 – 180

Statt das Ko zu verbinden vergrößert Schwarz es mit 145. Weiß deckt mit 150, doch nach 151 bleibt noch Aji zurück. Zu Gunsten der oberen Gruppe opfert Weiß diese sieben Steine.

Nach 180 hängt viel davon ab, was am oberen Rand passiert.

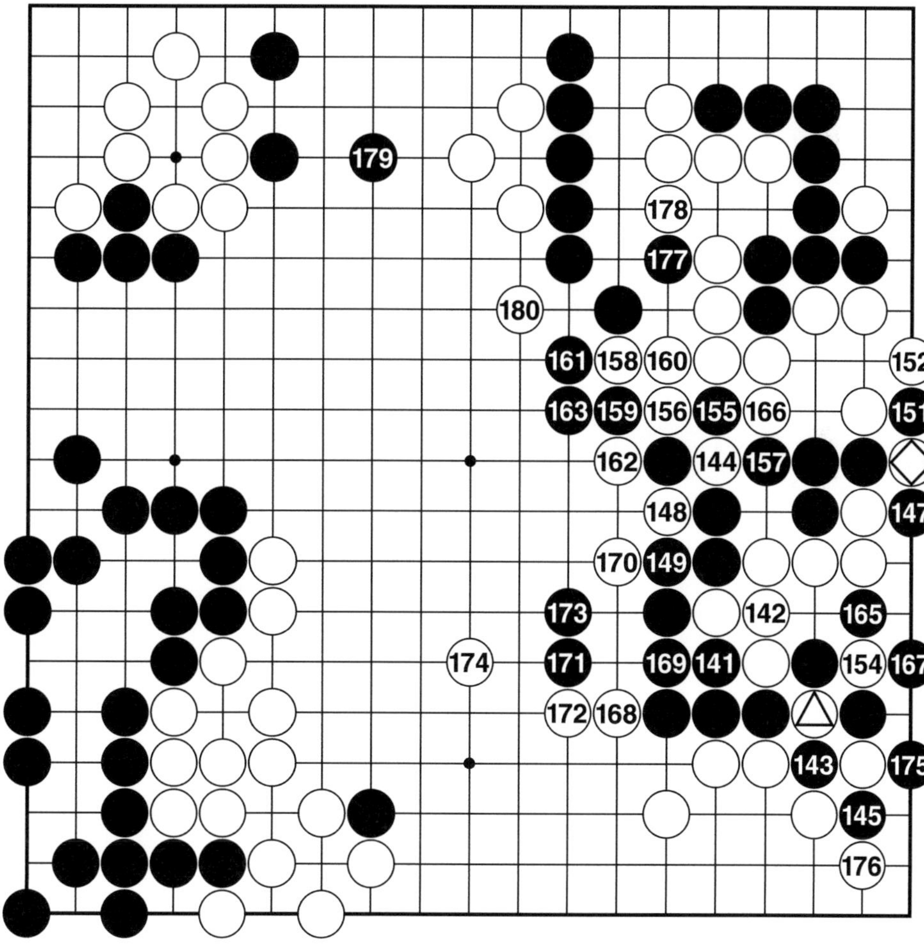

146 auf △, 150 auf 143, 153 auf ◇, 164 auf 144

Züge 181 – 220

Nach dem der Kampf auf der oberen Brettseite abgeschlossen, geht die Partie ins Endpsiel über. Weiß hat unten ein großes Gebiet und Schwarz wird versuchen, dieses zu reduzieren..

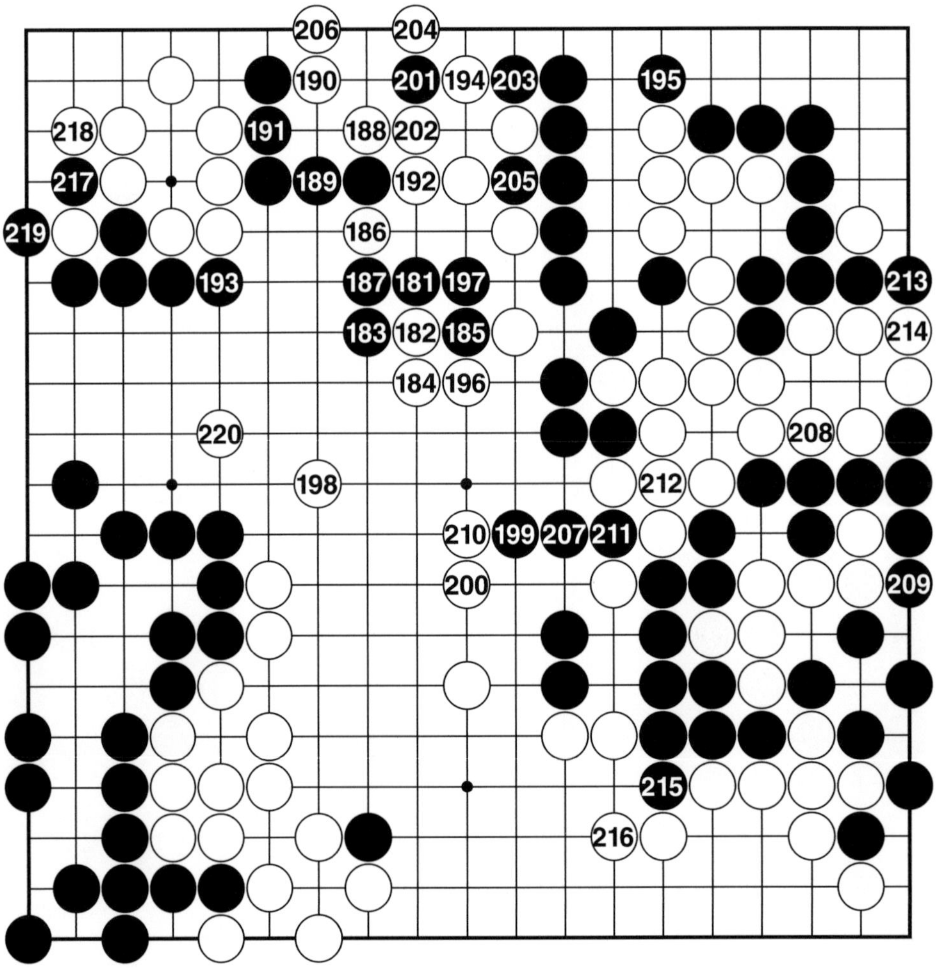

Züge 221 – 239

Die schwarze Führung ist nun offensichtlich.

239 Züge. Schwarz gewinnt durch Aufgabe.

Iyama gewinnt diese Auftaktpartie, jedoch verliert er den Titel mit der 7. Partie.

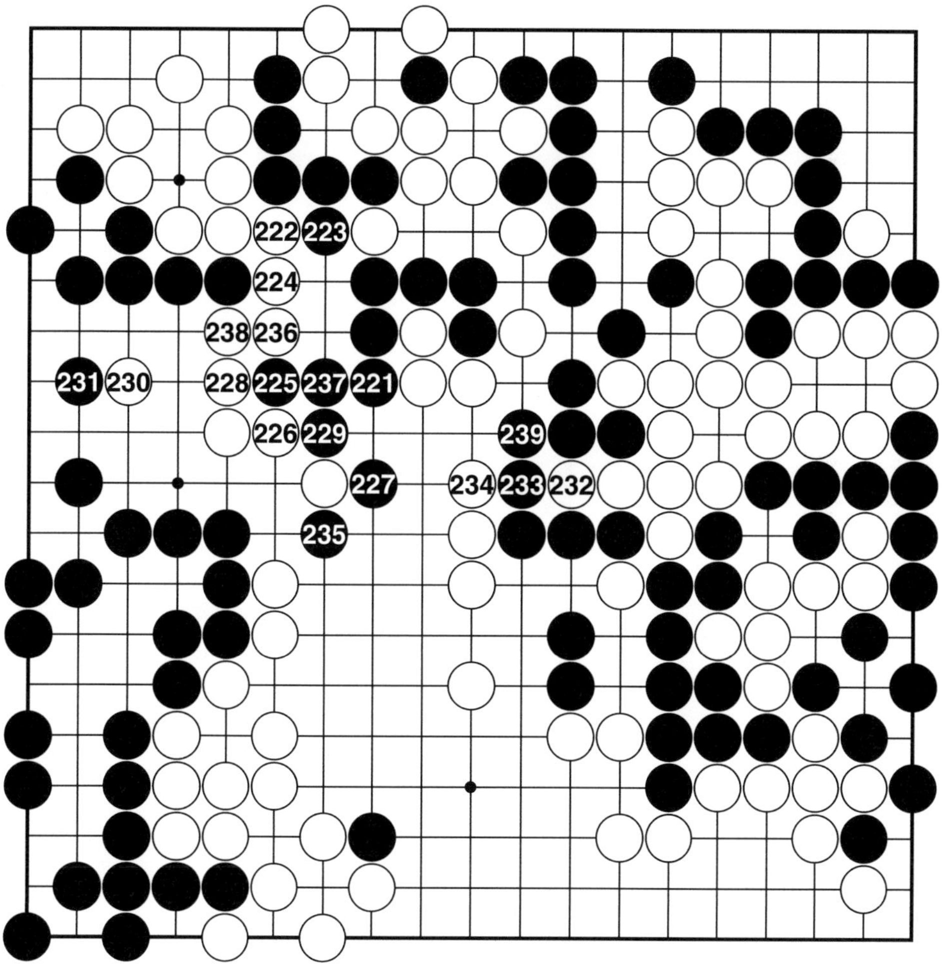

○ You Byungyong 5p vs. ● Lee Hyeonjun 2p

Koreanische B-Liga, Runde 10

Züge 1 – 50

Noch einmal die Koreanische Liga, hier jedoch die B-Liga. Am oberen Rand werden zwei Joseki gespielt, die beiden Seiten Außeneinfluss geben. So entfaltet sich plötzlich ein Kampf um die Hoheit am oberen Rand.

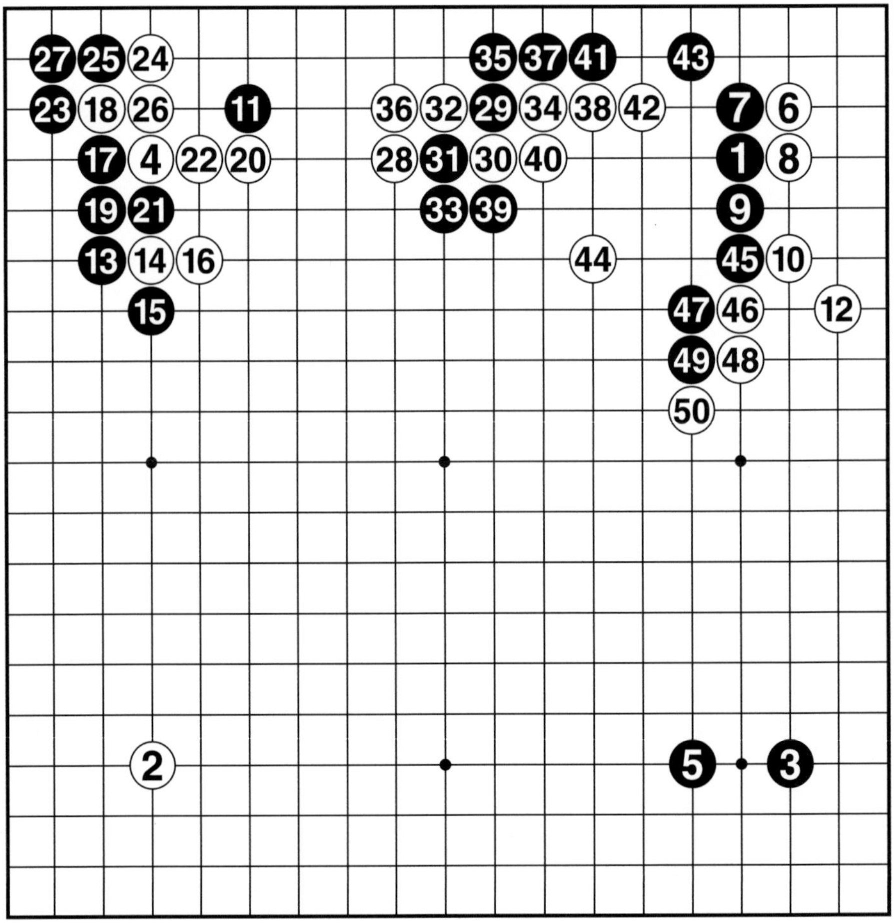

Komi:	**6,5**	**Datum:**	**1. September 2018**
Zeit:	**1 Stunde**	**Ort:**	**Korea**

Züge 51 – 96

Schwarz setzt seine drei Steine mit 55 in Bewegung. Weiß deckt außen auf 64 und lässt Schwarz sieben Steine fangen. Sehr aggressiv wirkt die Zugfolge von Schwarz 83 bis 91. Möchte er fangen oder seine Ecke für Stärke opfern?

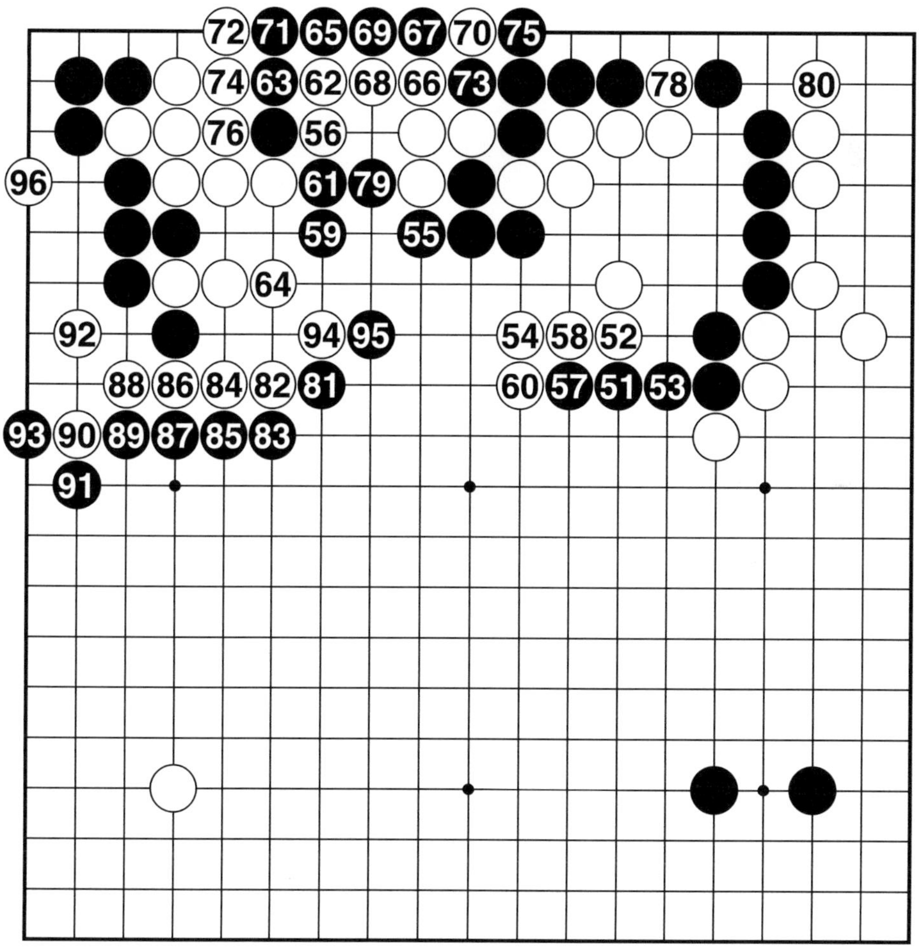

77 auf 70

Züge 97 – 140

Weiß deckt auf 100, er kann nicht auf 101 verbinden, da er im verbleibenden Semeai kein Auge hat. Schwarz lebt daher mit 101 und 103 in der Ecke. Weiß möchte mit 106 und 107 zwei Augen machen, doch Schwarz besetzt 107 selbst. Weiß schneidet, kann aber keine der Gruppen außen fangen.

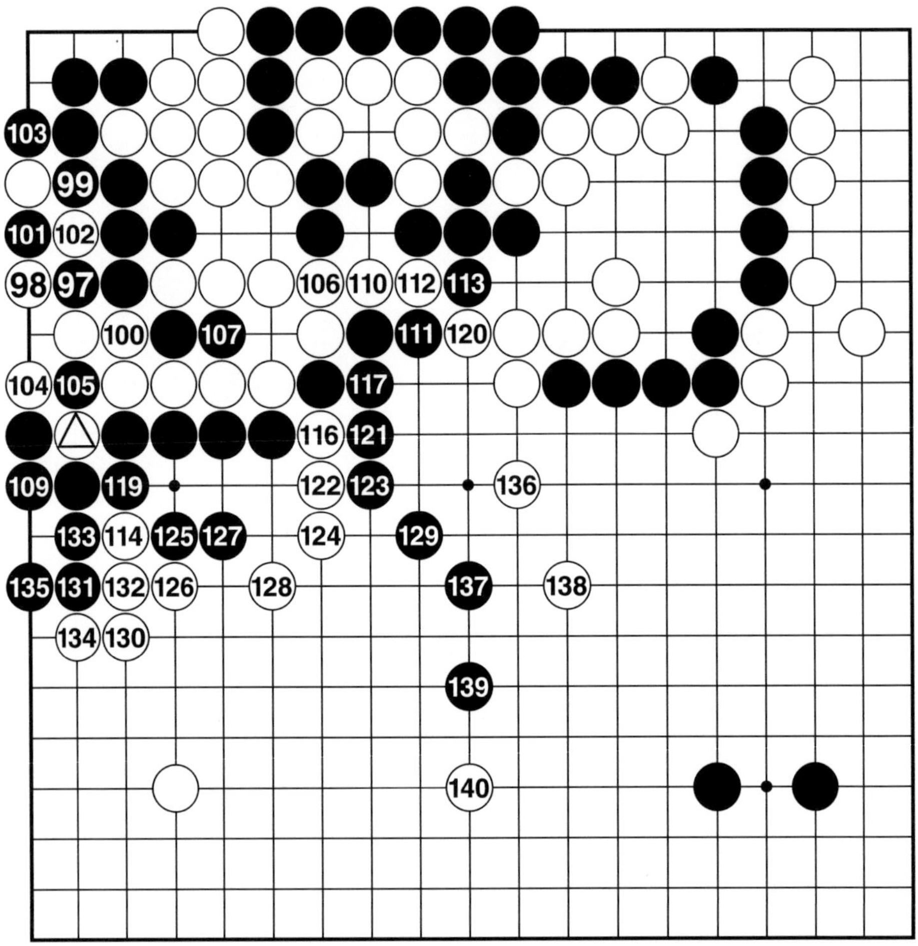

108 auf △, 115 auf 105, 118 auf △

Züge 141 – 179

Weiß setzt rechts fort und wartet auf eine Gelegenheit, die schwarzen Steine im Zentrum abzuschneiden, doch Schwarz ist auf der Hut. Nach 179 hat er das gesamte obere Brett gefangen.

179 Züge. Schwarz gewinnt durch Aufgabe.

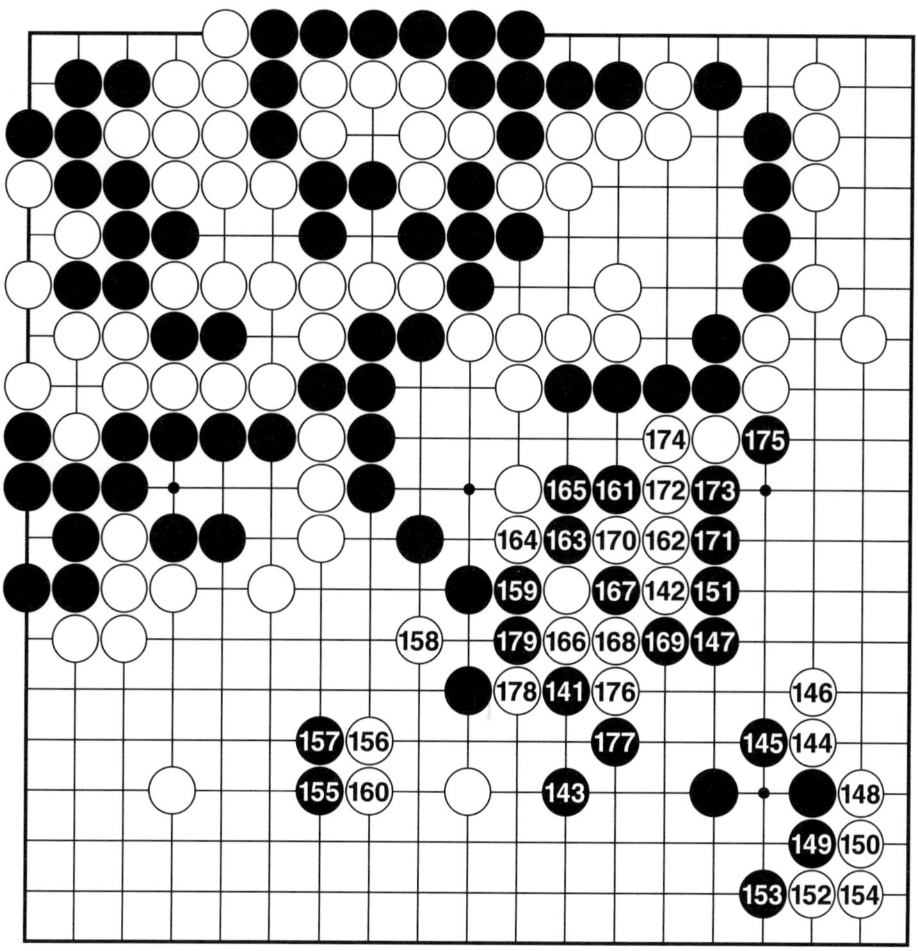

○ Motoki Katsuya 8p vs. ● Ichiriki Ryo 8p

66. Oza, Herausforderentscheidung

Züge 1 – 51

Ichiriki ist ein starker aufstrebender Spieler, der bereits mehrere kleinere Titel gewonnen hat. Anfang des Jahres durfte er im Kisei-Titelkampf gegen Iyama spielen. Motoki war 2017 der Herausforder von Iyama im Honinbo-Titelkampf.

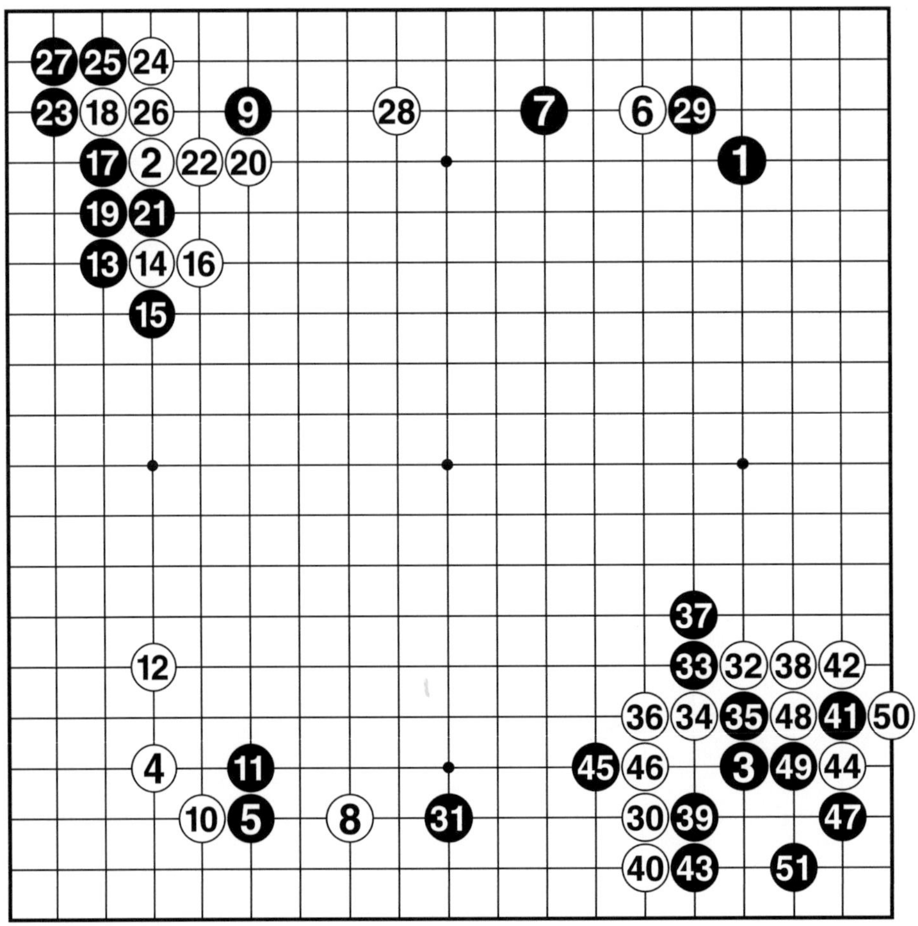

Komi:	**6,5**	**Datum:**	**13. September 2018**
Zeit:	**3 Stunden**	**Ort:**	**Tokio, Japan**

Züge 52 – 95

Schwarz setzt seine zwei Steine am rechten Rand in Bewegung. Weiß 66 ist ein scharfer Konter und so entsteht ein komplizierter Kampf. Nach 95 sind die fünf schwarzen noch nicht endgültig gefangen.

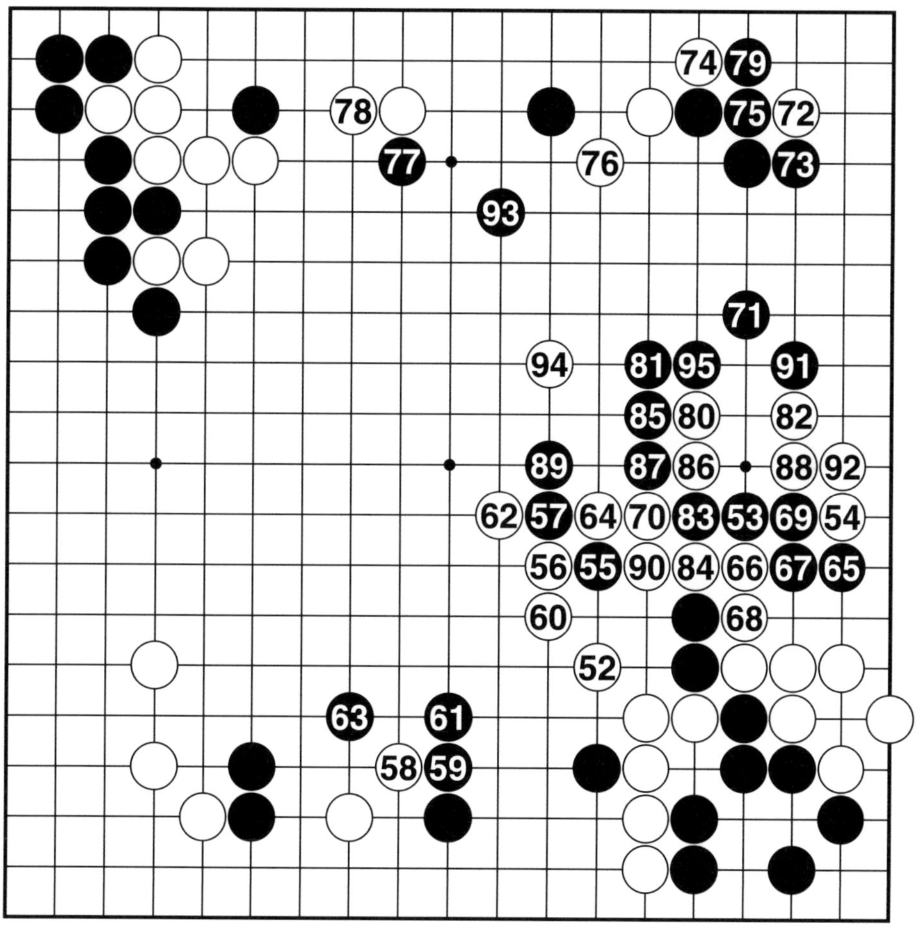

Züge 96 – 133

Schwarz stärkt seine Gruppen am oberen und unteren Brettrand und kommt dann mit 105 zum rechten Rand zurück, um das das Aji zu aktivieren: Ein Annäherungs-Ko für Weiß. Weiß ignoriert 131, um sich das erste mal anzunähern.

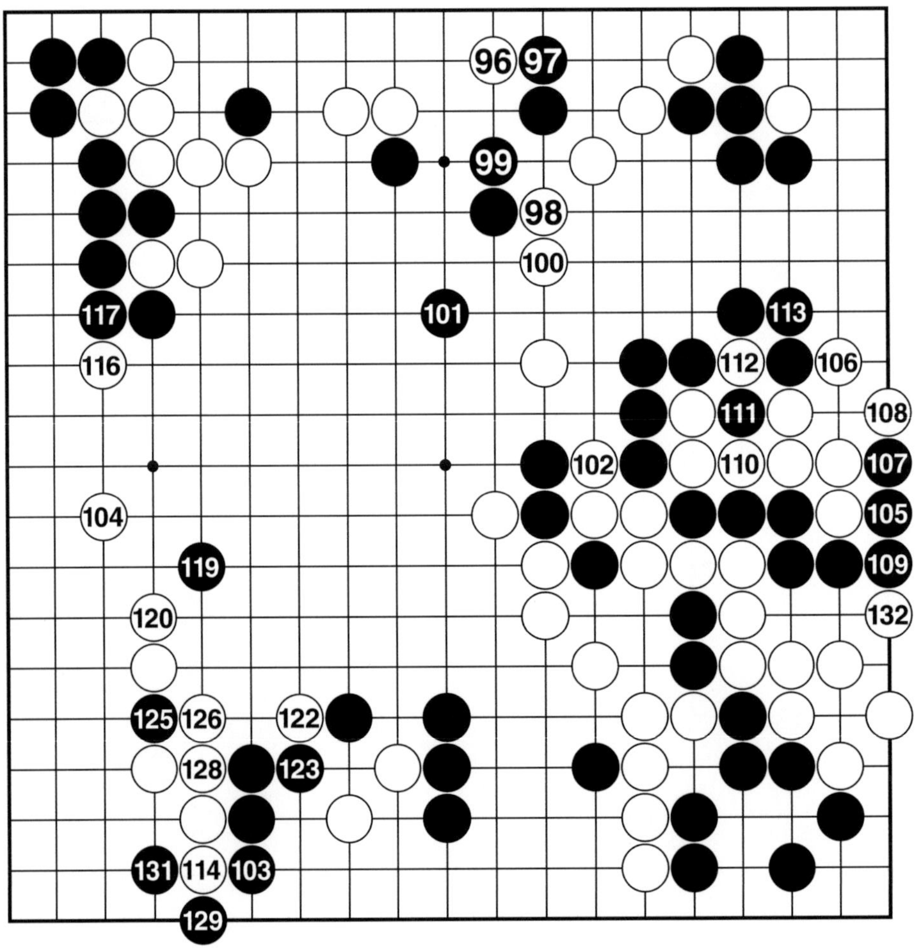

115 auf 111, 118 auf 112, Ko weiter mit: 121, 124, 127, 130, 133

Züge 134 – 169

Das Ko wird fortgesetzt. Weiß 64 ist keine wirkungsvolle Drohung, so beendet Schwarz das Ko mit 165. Der Schaden am unteren Rand ist gering. Viel hängt davon ab, ob Weiß die schwarze Gruppe oben angreifen und Punkte am linken Rand sichern kann.

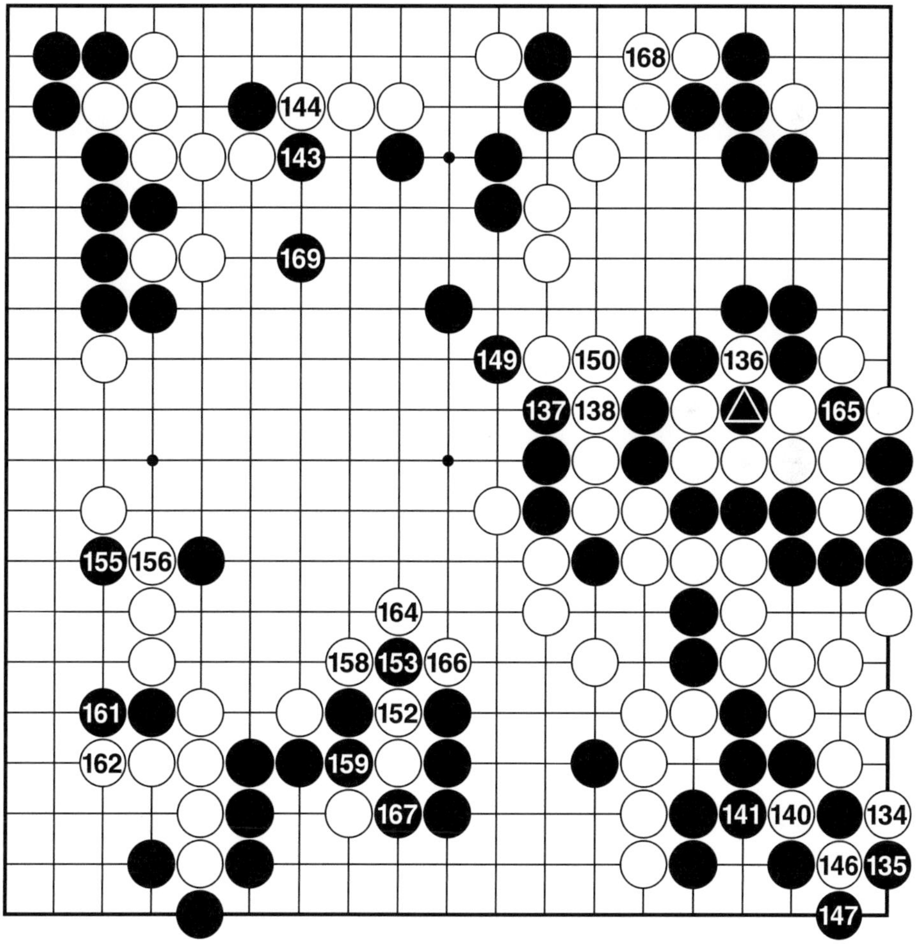

139 auf ▲, 142 auf 136, Ko weiter mit: 145, 148, 151, 154, 157, 160, 163

Züge 170 – 206

Schwarz bindet seine Gruppe an und Weiß sichert am linken Rand ein großes Gebiet.

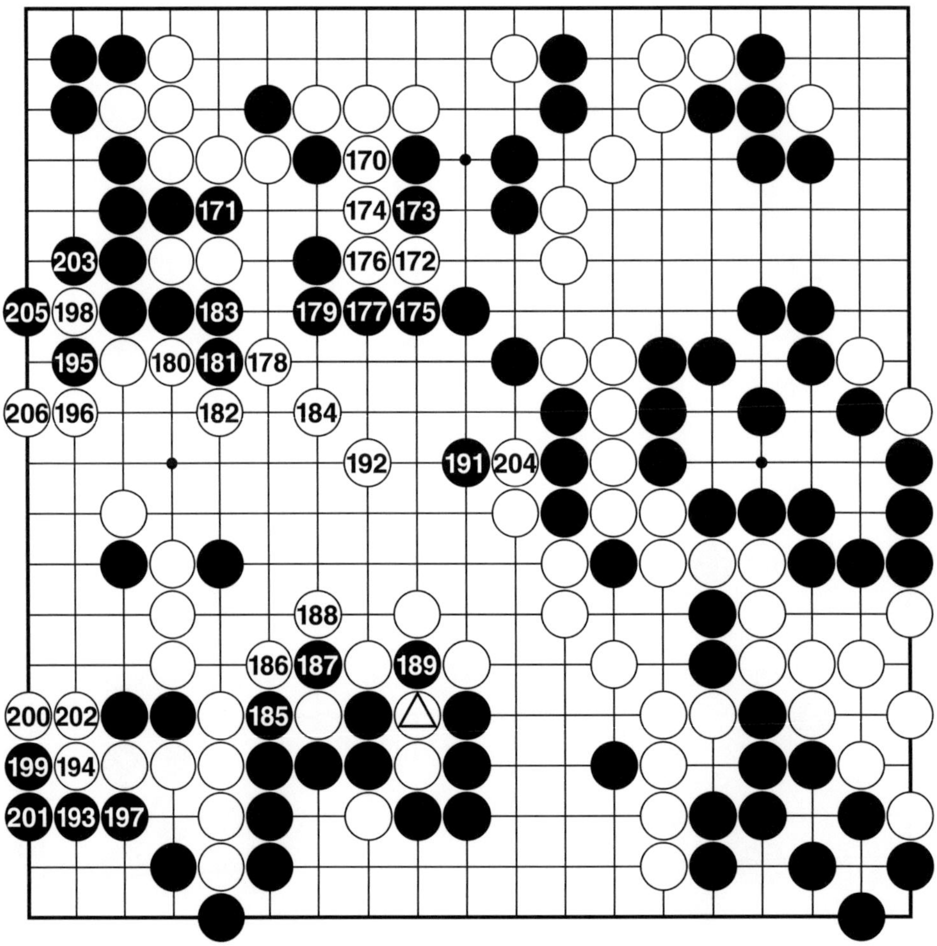

190 auf △

Züge 207 – 239

Im Endspiel wird deutlich, dass es für Weiß nicht mehr reicht.

239 Züge. Schwarz gewinnt durch Aufgabe.

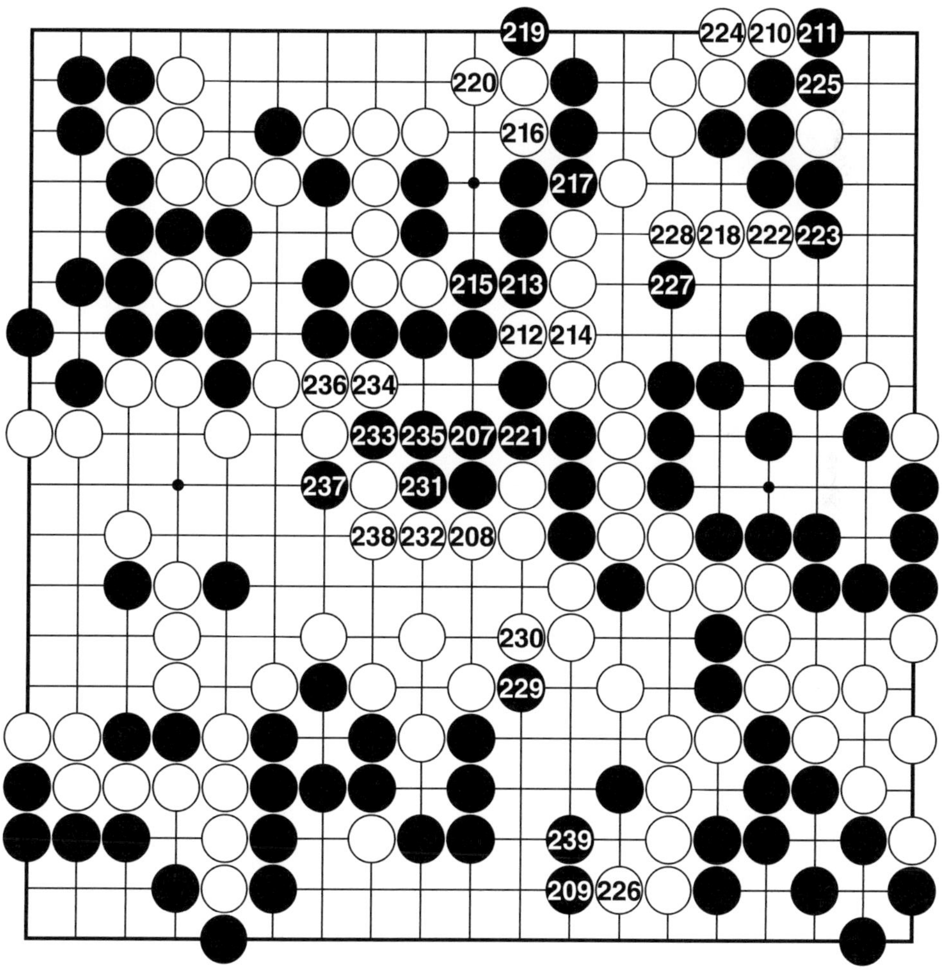

◯ Wang Chenxing 5p vs. ● Gao Xing 4p

Chinesische A-Liga der Frauen, Runde 13

Züge 1 – 44

Auch in China gibt es eine Frauen-Liga. Wang Chenxing hat mehrfach die Frauen-Einzelmeisterschaft Chinas für sich entschieden. 2017 hat Gao Xing diesen Titel errungen.

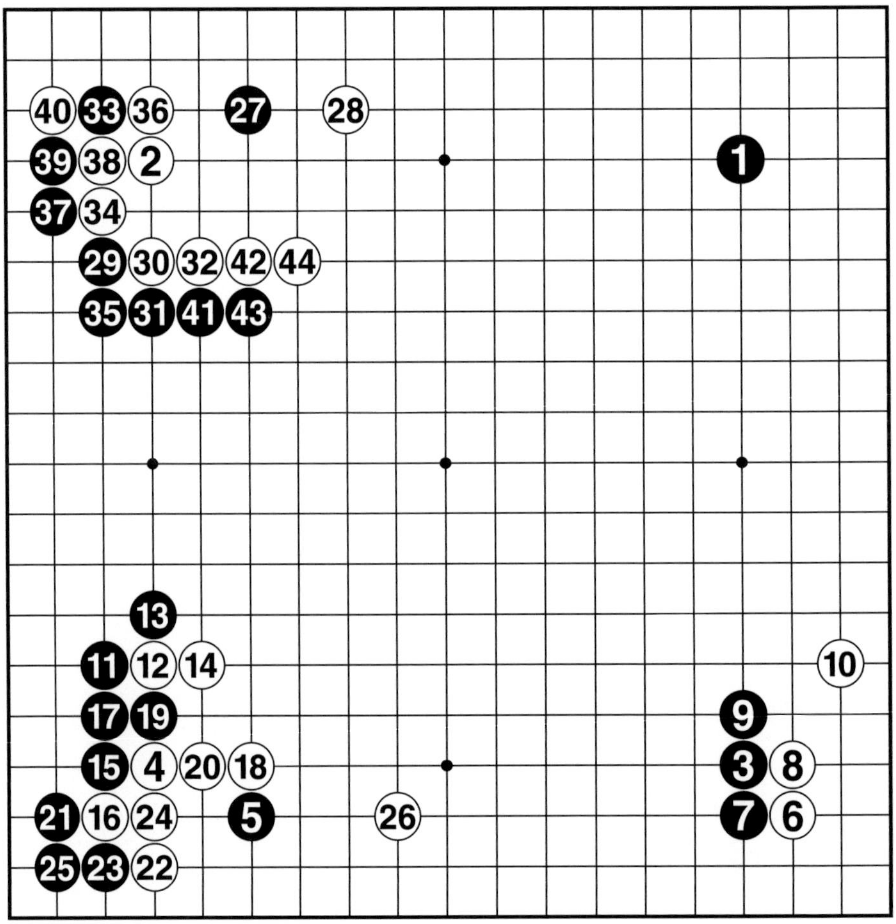

Komi: 7,5	Datum: 28. September 2018
Zeit: 2 Stunden	Ort: China

Züge 45 – 93

In dieser Partie errichtet Schwarz am linken Rand ein beeindruckendes Moyo. Nachdem Schwarz auch rechts unten Stärke nimmt, spielt Weiß mit 60 einen Doppelangriff gegen die obere Ecke.

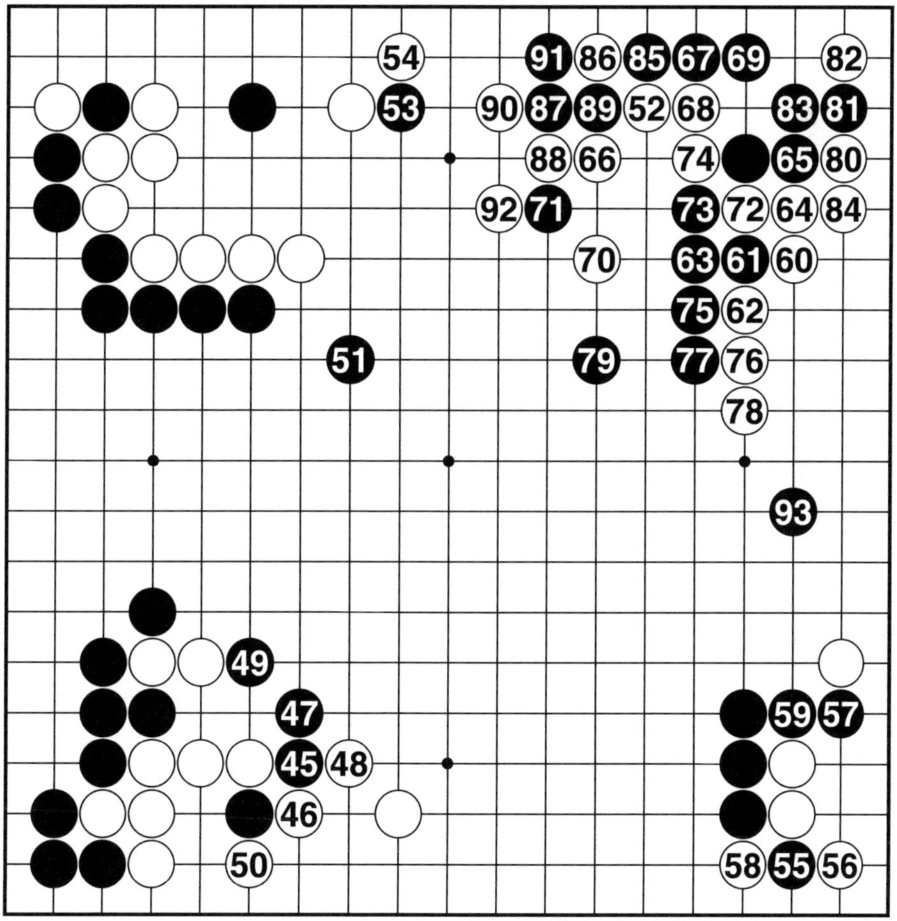

Züge 94 – 140

Weiß ist darauf bedacht, die zwei schwarzen Gruppen am rechten Rand zu bedrängen und getrennt zu halten, in der Hoffnung durch das Herauslaufen in den schwarzen Kasten links hineinlaufen zu können.

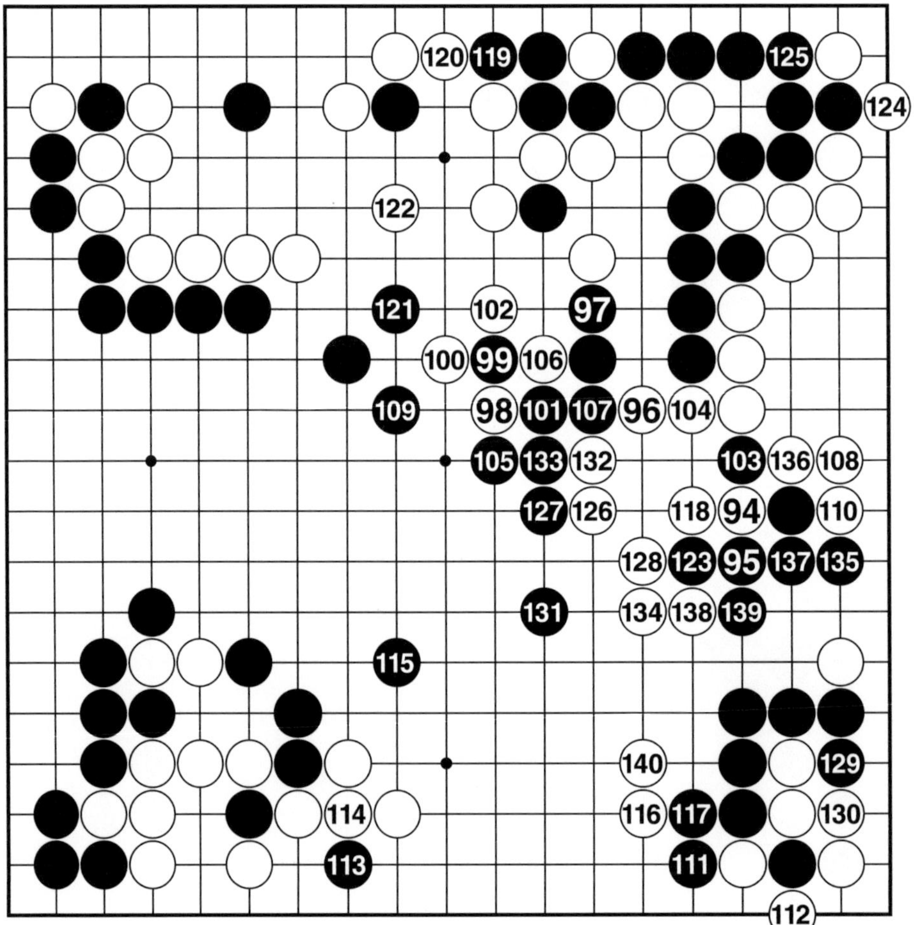

Züge 141 – 179

Schwarz kann das Moyo in festes Gebiet umwandeln. Aber auch Weiß hat Punkte machen können. Nun wird das Endspiel entscheidend.

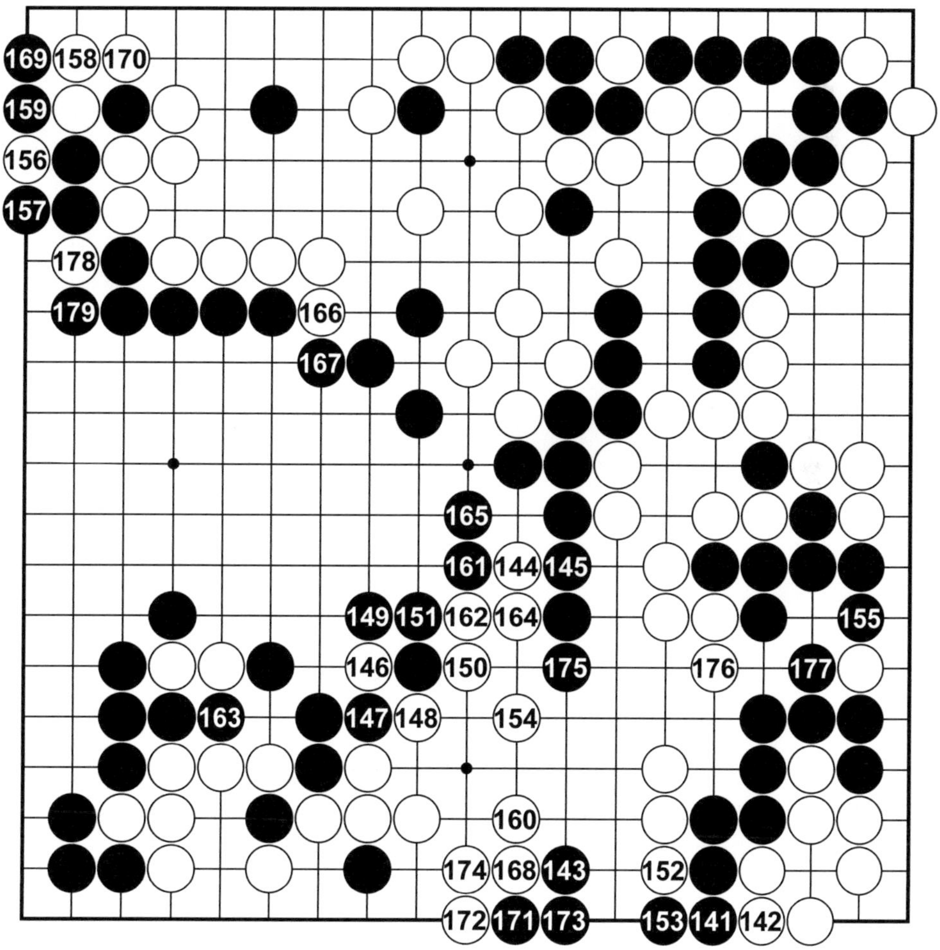

Züge 180 – 211

Beide Seiten drücken und schieben...

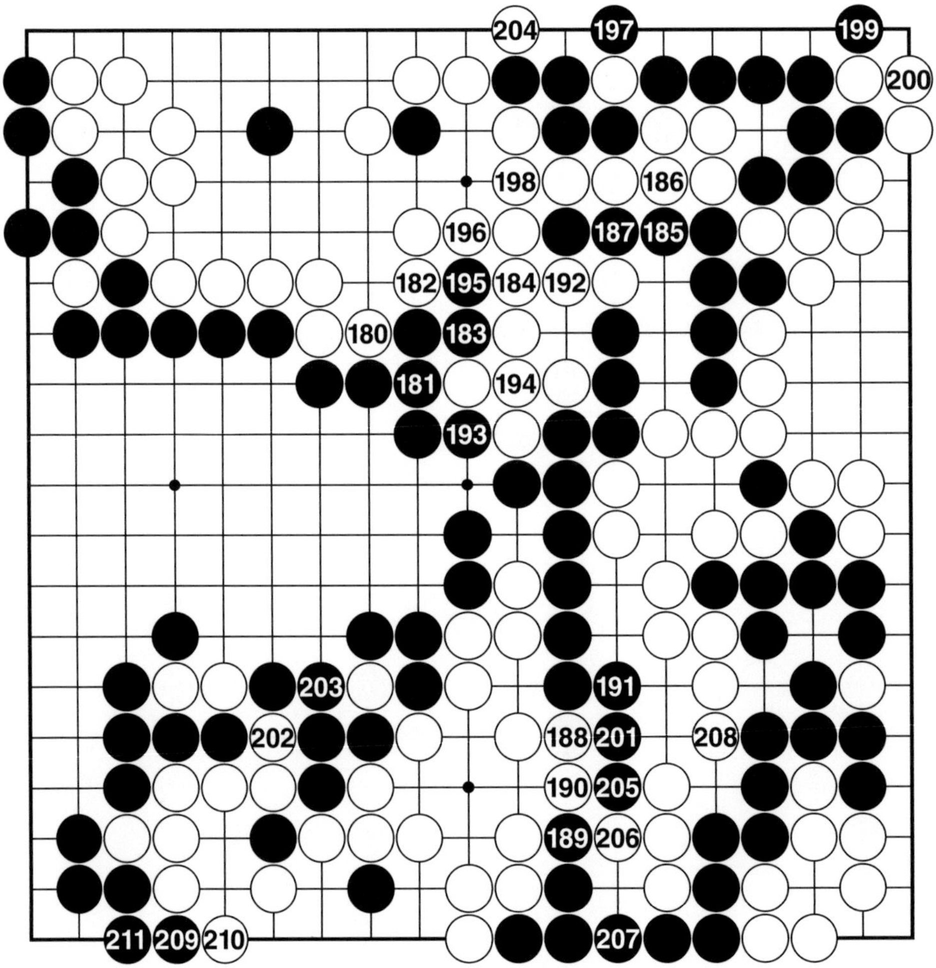

Züge 212 – 237

237 Züge. Weiß gewinnt mit 0,5 Punkten.

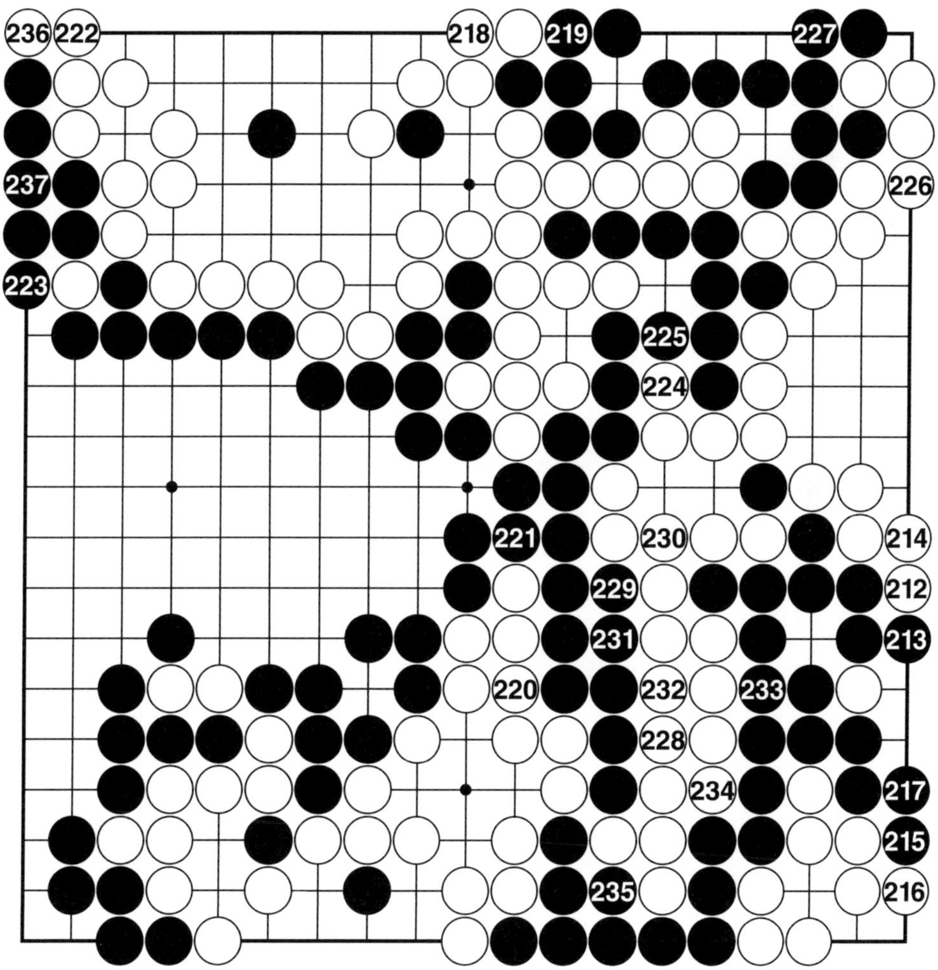

○ Lee Sedol 9p vs. ● Lee Changseok 4p

Koreanische Liga, Runde 13

Züge 1 – 49

Wieder eine Partie, in der es um ein großes Moyo geht. Es stellt sich natürlich auch hier die Frage, ob Invasion oder Reduktion das geeignete Mittel ist.

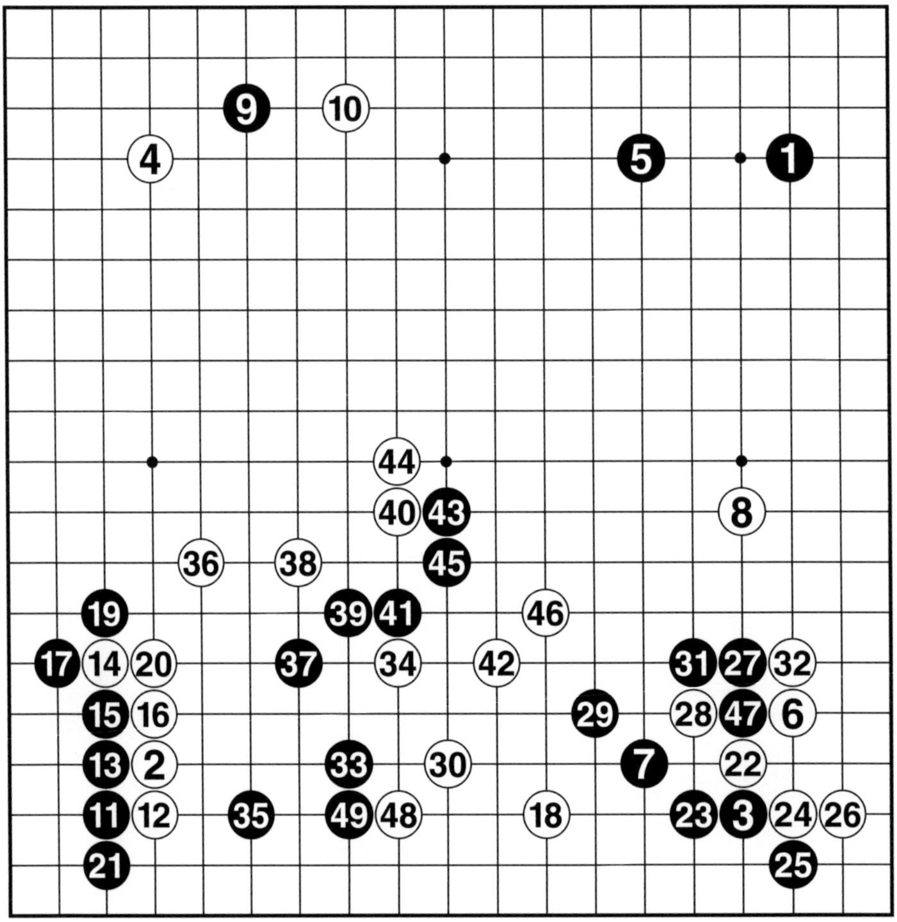

Komi:	**6,5**	**Datum:**	**29. September 2018**
Zeit:	**1 Stunde**	**Ort:**	**Seoul, Korea**

Züge 50 – 100

Weiß 50 ist eher ungewöhnlich. Meint Lee Sedol gegen den vermeintlich schwächeren Gegner auf Nummer sicher gehen zu können? Schwarz 53 bis 57 sind ein scharfer Angriff. Er gibt Weiß keine Chance ein Moyo zu errichten.

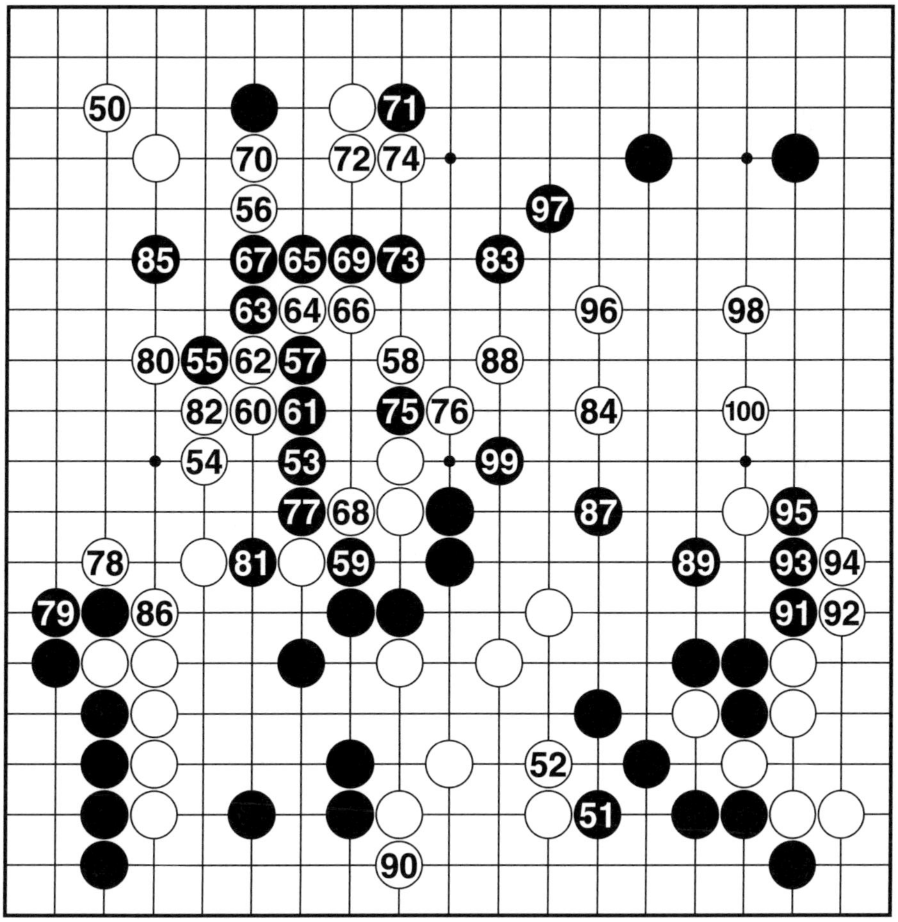

Züge 101 – 147

Man möchte mit Schwarz gern weiter in den linken Rand hineinspringen, doch Lee Changseok bewahrt Ruhe.

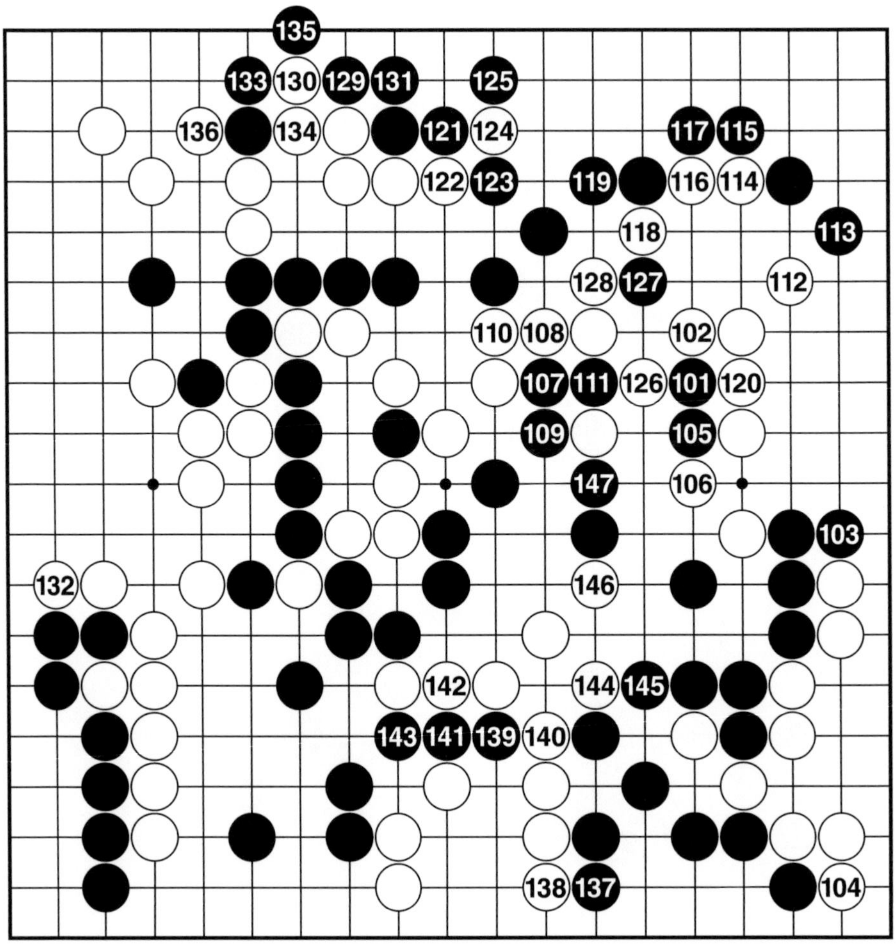

Züge 148 – 192

Weiß sichert den linken Rand schließlich mit 156. Das Endspiel beginnt. Wer hat die Nase vorn?

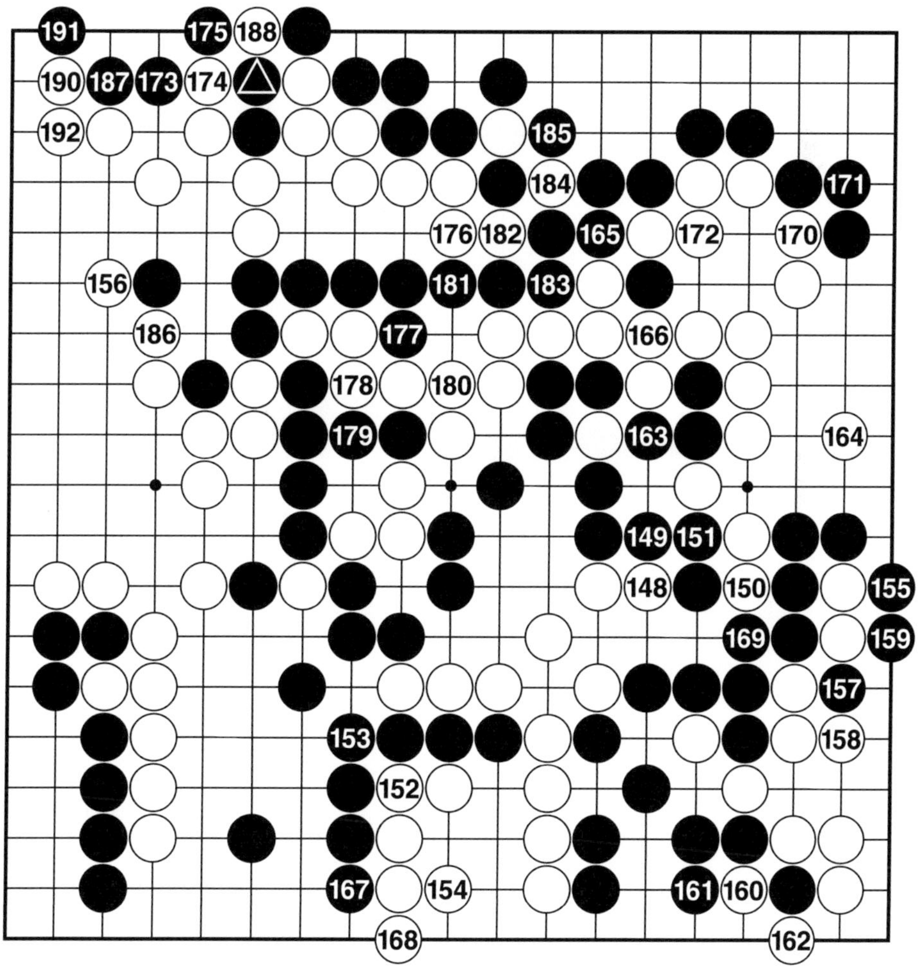

189 auf ▲

Züge 193 – 239

Es ist ein knappes Wettrennen.

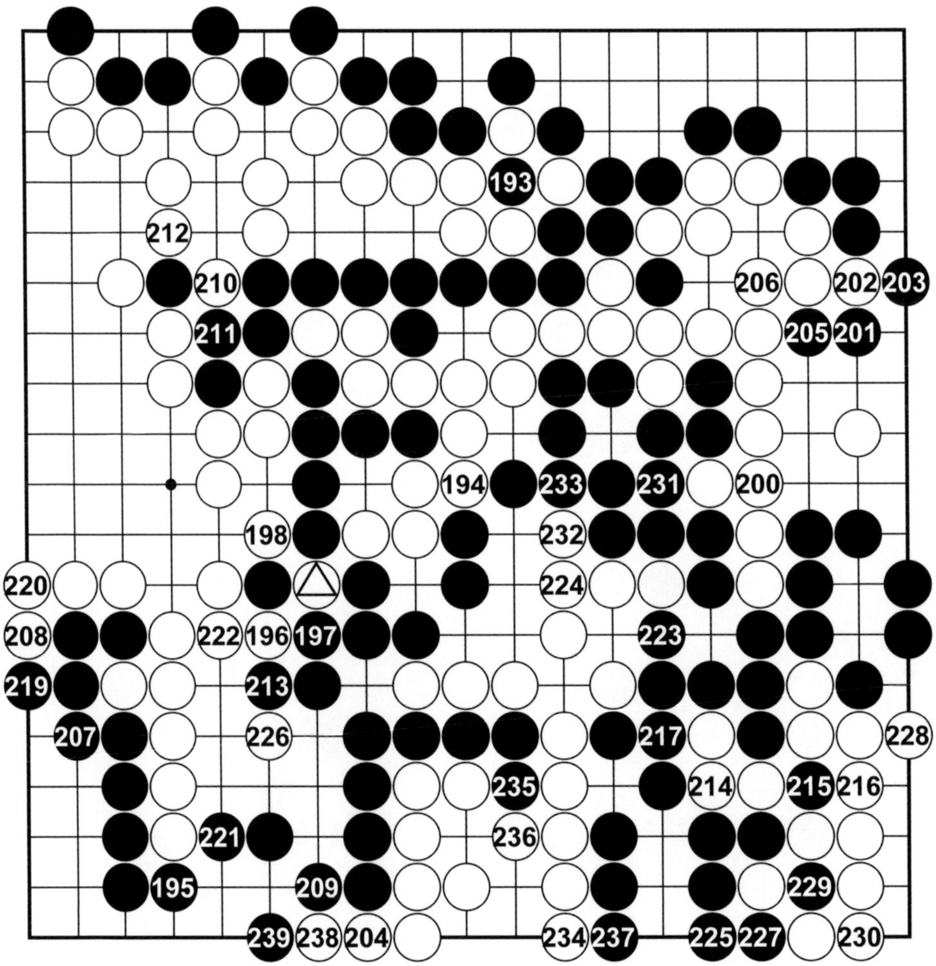

199 auf △, 218 auf 215

Züge 240 – 284

Ruhe bewahren hat sich für Lee Changseok ausgezahlt.

284 Züge. Schwarz gewinnt mit 0,5 Punkten.

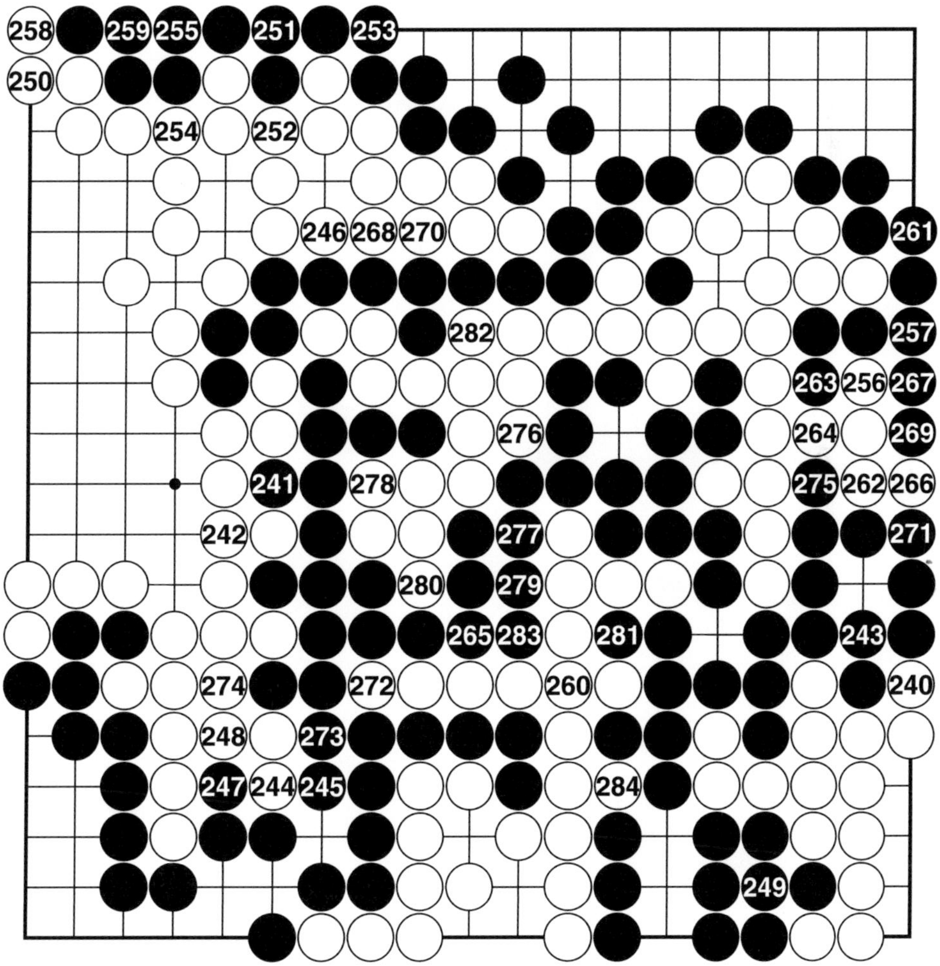

○ Onishi Kenya 3p vs. ● Hirose Yuichi 2p

43. Shinjin O, 2. Finalpartie

Züge 1 – 40

Seki gibt es nicht nur in Go-Problemen, sie treten tatsächlich auch in Partien auf. Die Partie beginnt mit einem komplizierten Kampf in der linken unteren Ecke. Gibt es einen Ausweg für die sechs schwarzen Steine?

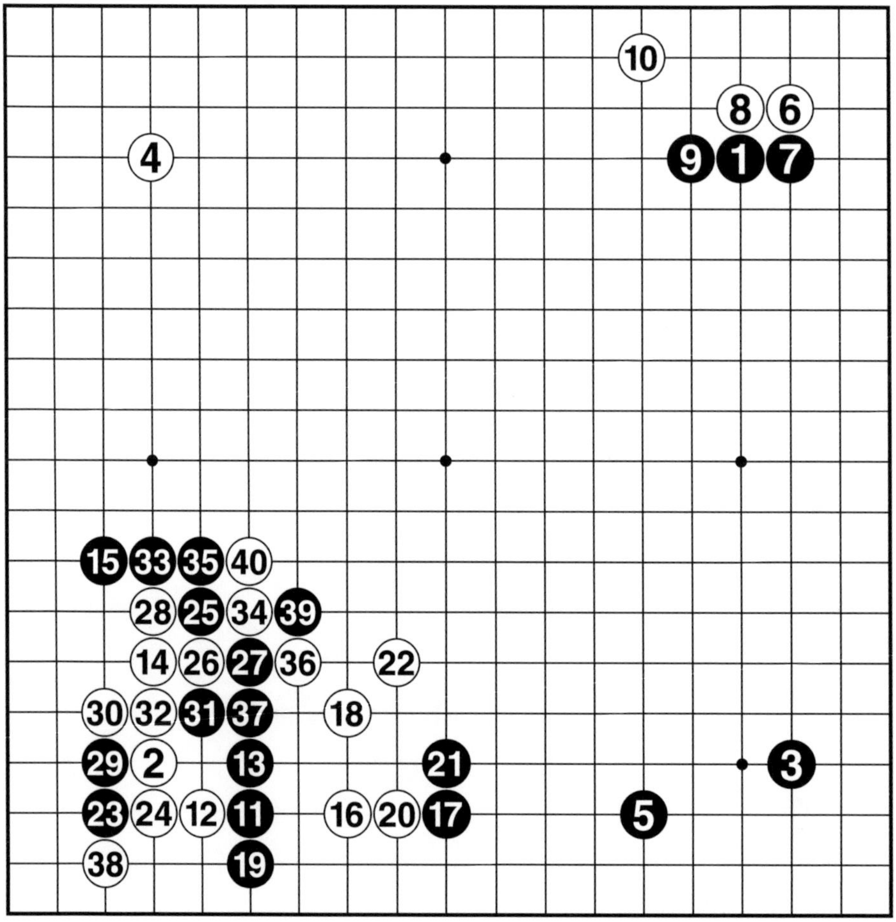

Komi:	**6,5**	**Datum:**	**1. Oktober 2018**
Zeit:	**3 Stunden**	**Ort:**	**Tokio, Japan**

Züge 41 – 80

Nach Schwarz 65 ist am unteren Rand ein Seki entstanden. Keiner der beiden Spieler kann die Steine des anderen fangen.

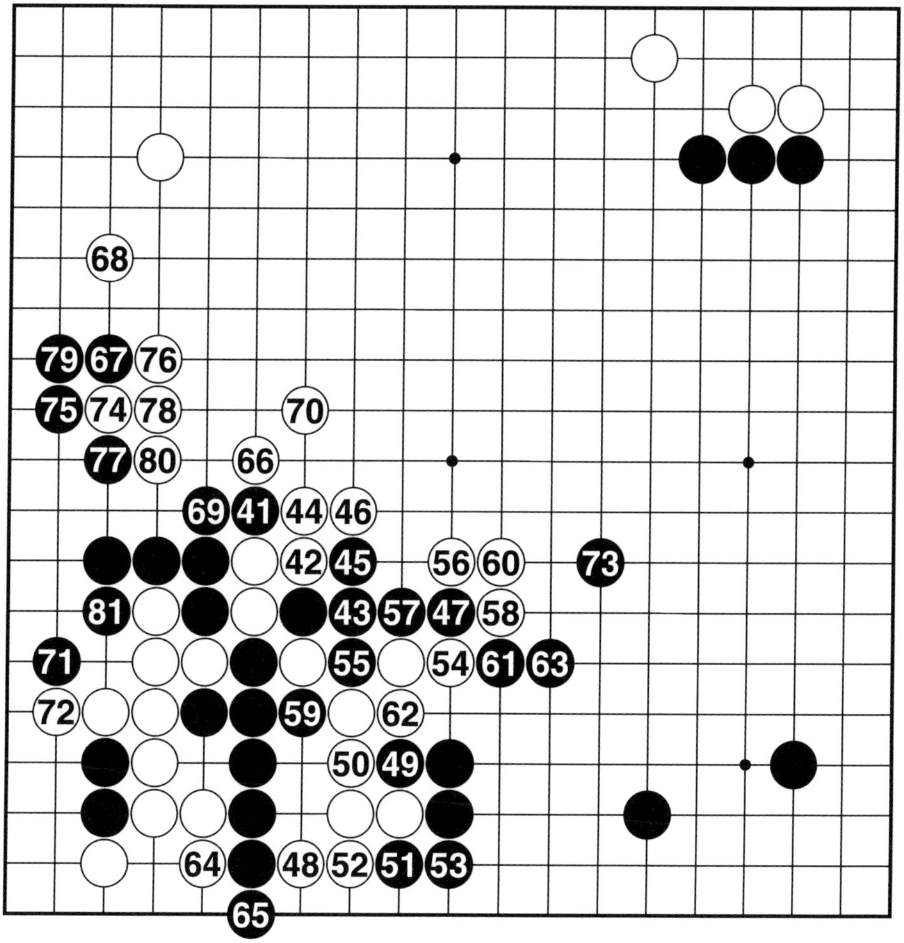

Züge 82 – 121

Weiß beansprucht mit 82 den oberen Rand und Schwarz invadiert mit 85. Die Reduktion der weißen Anlage bestimmt diese Phase der Partie.

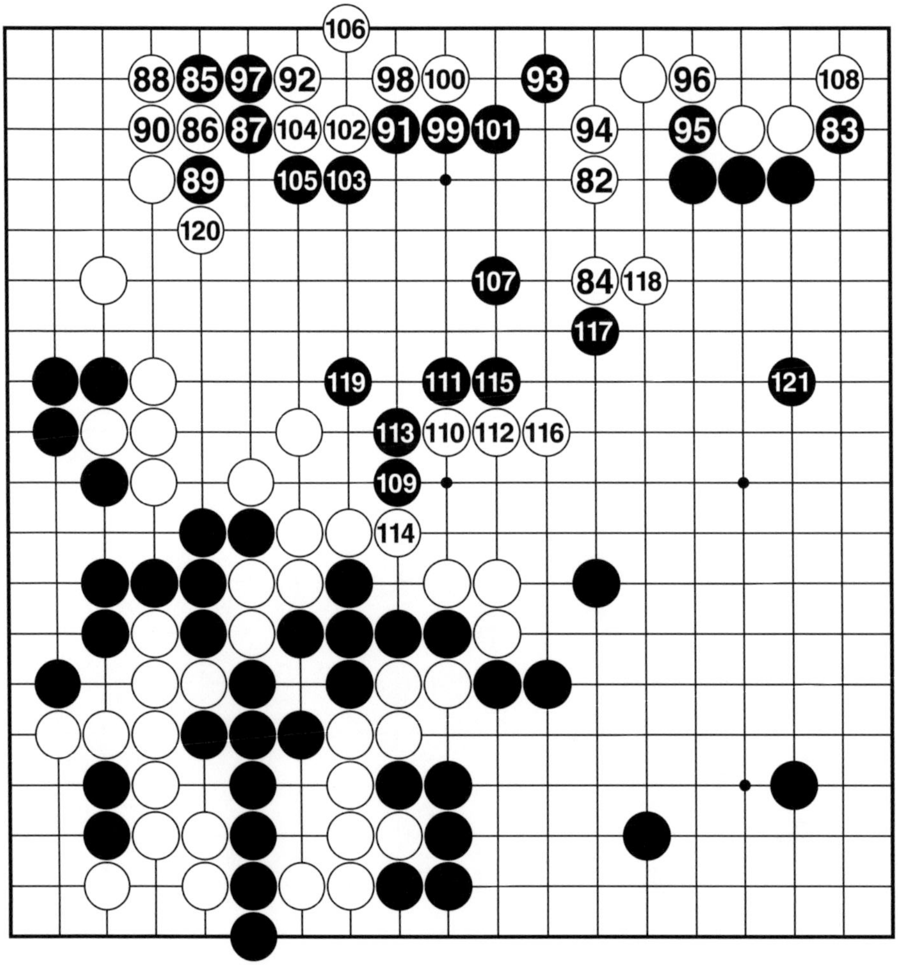

Züge 122 – 159

Weiß gelingt es, in die schwarze Anlage einzudringen und droht, fünf schwarze Steine zu fangen. Doch auch der schwarze Kasten unten ist noch immer groß. Weiß spielt die Testzüge 152 bis 158. Kann er in der Ecke noch leben?

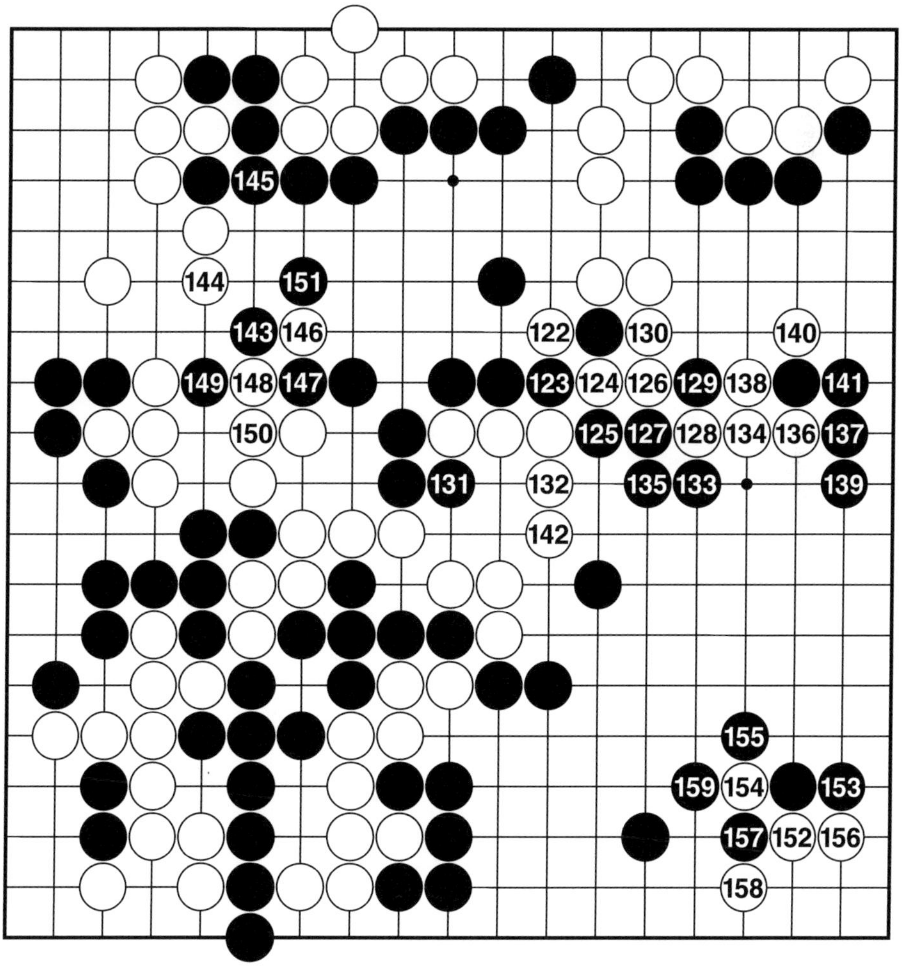

Züge 160 – 196

Weiß 166 sichert die Ecke rechts oben und Schwarz klärt mit 169 den Status der Ecke rechts unten. Das Endspiel beginnt und schließlich wird auch das Seki „ausgespielt".

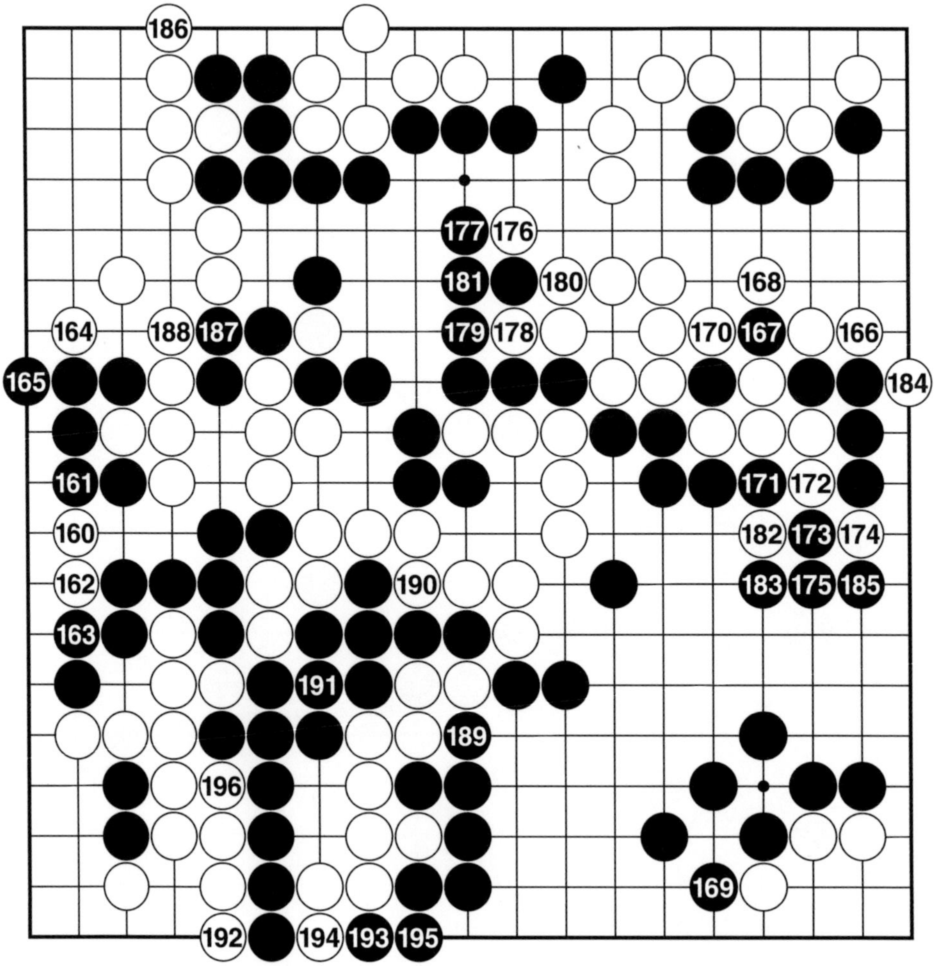

Züge 197 – 225

Für Onishi reicht es auch in dieser Partie nicht zum Sieg. Hirose sichert sich in diesem Finale den Titel.

225 Züge. Schwarz gewinnt mit 4,5 Punkten.

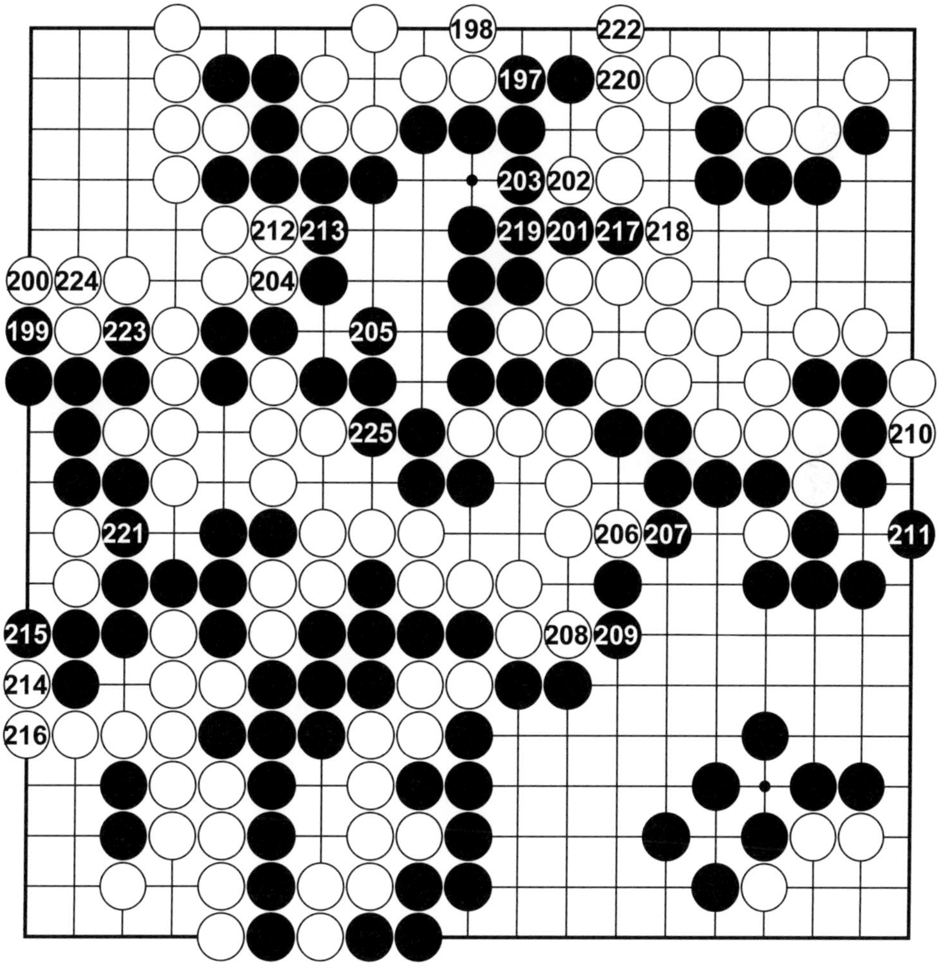

219 auf △

○ Gu Zihao 9p vs. ● Ke Jie 9p

23. Samsung Cup, Runde 1

Züge 1 – 50

Ke Jie und Gu Zihao sind zwei Top-Spieler Chinas. In dieser Partie wird wieder ausgiebig Ko gespielt. Nach der Eröffnung schlängeln sich mehrere Gruppen vom linken Rand ins Zentrum.

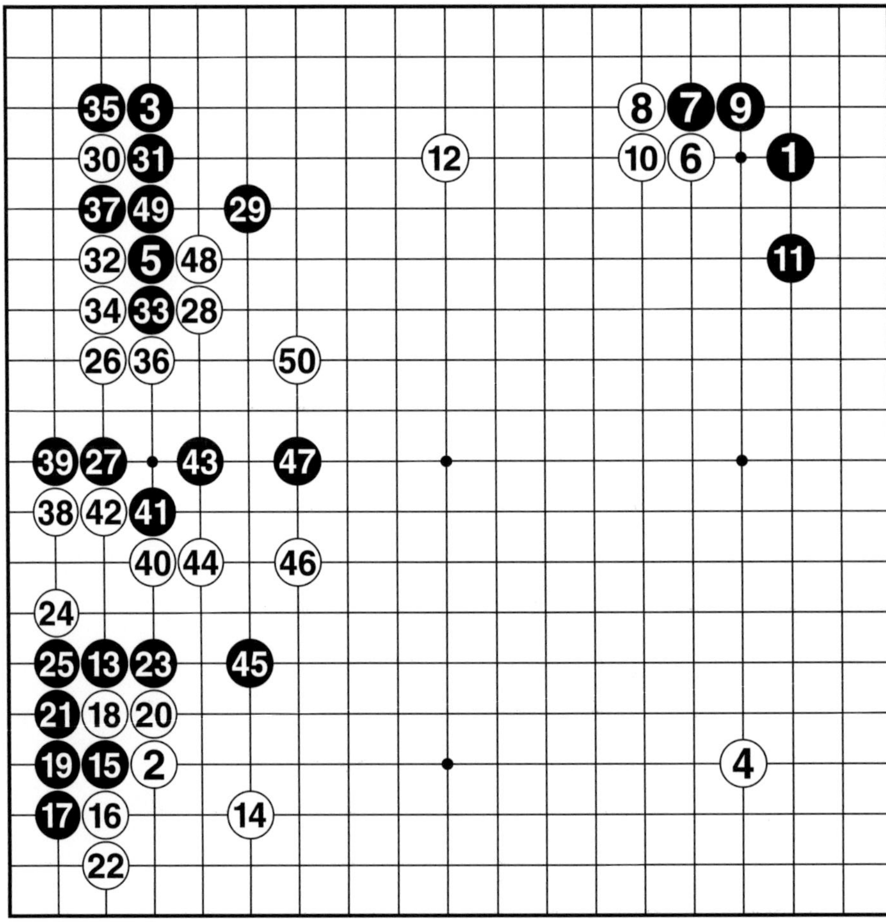

Komi: 6,5	Datum: 1. Oktober 2018
Zeit: 2 Stunden	Ort: Korea

Züge 51 – 101

Weiß lässt einen Teil seiner oberen Gruppe zurück. Auch nach Schwarz 77 haben die weißen Steine noch Aji. Weiß nimmt Vorhand, um die schwarze Gruppe unten anzugreifen. Unbeeindruckt invadiert Schwarz auf 83.

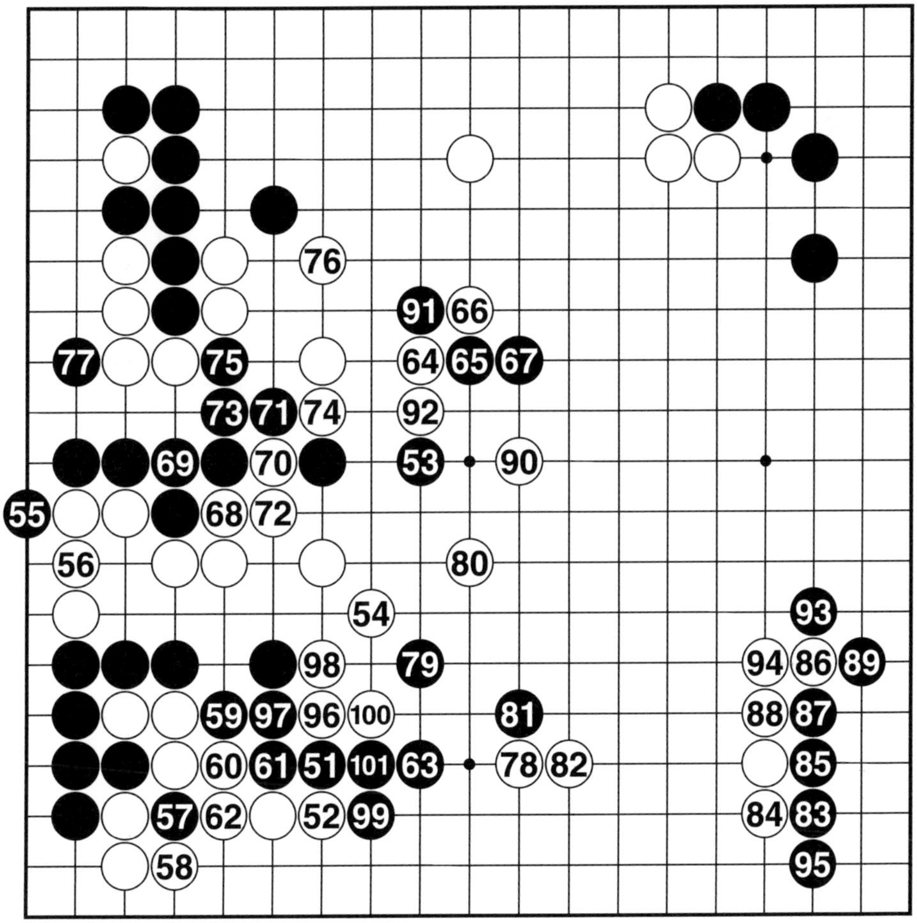

Züge 102 – 145

Weiß beansprucht das Zentrum und Schwarz tut alles, dieses nicht zu groß werden zu lassen.

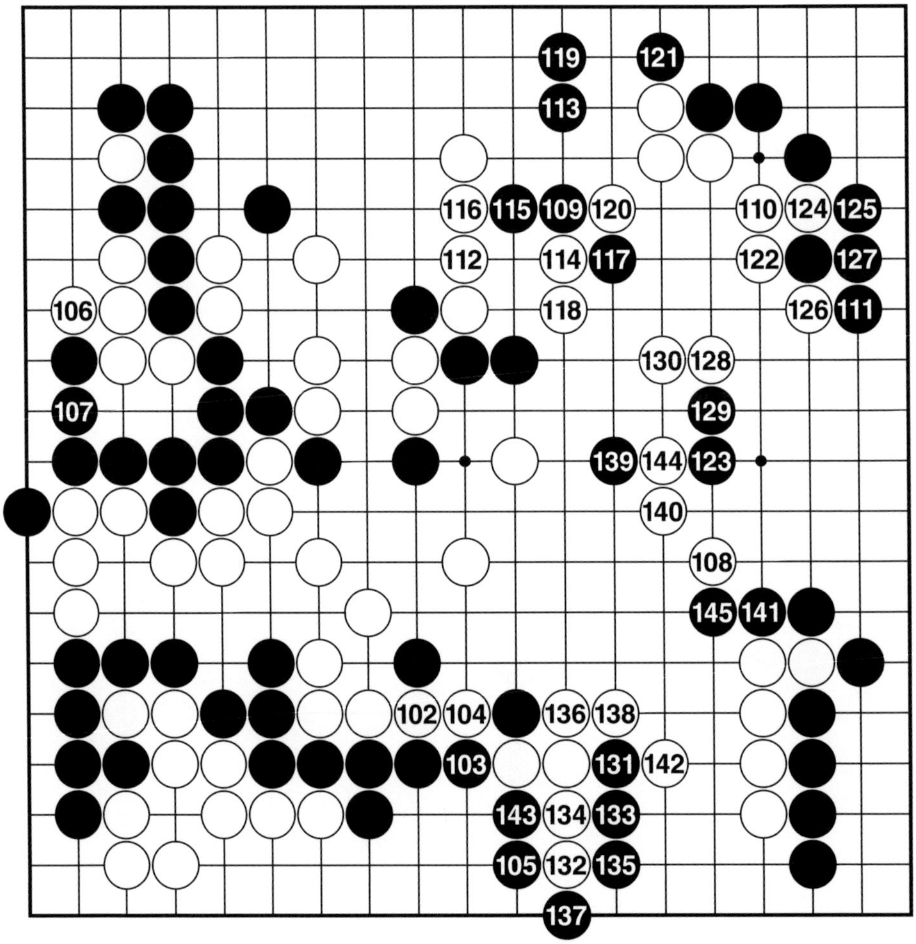

Züge 146 – 191

Schwarz 157 verhindert ein Seki am linken Rand.

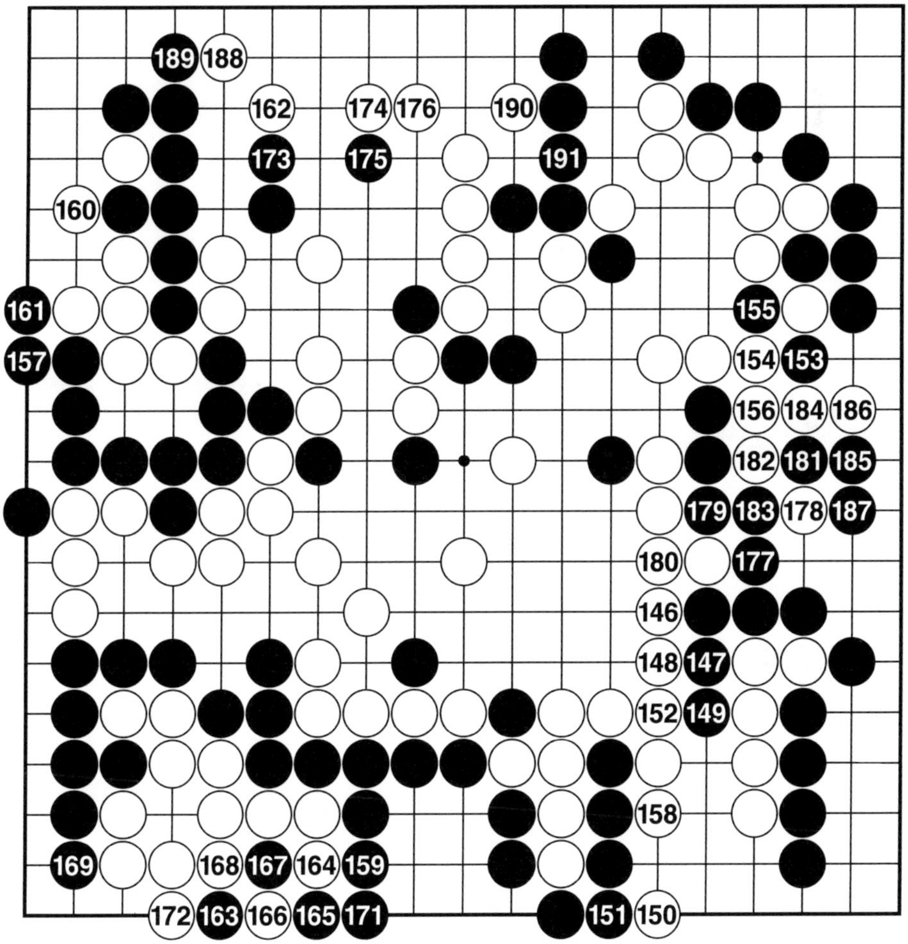

170 auf 166

Züge 192 – 230

Das Endspiel beginnt. Mit der Kombination 214 und 216 setzt Schwarz ein Ko auf, das die Partie entscheiden kann. Wieviele Drohungen gibt es?

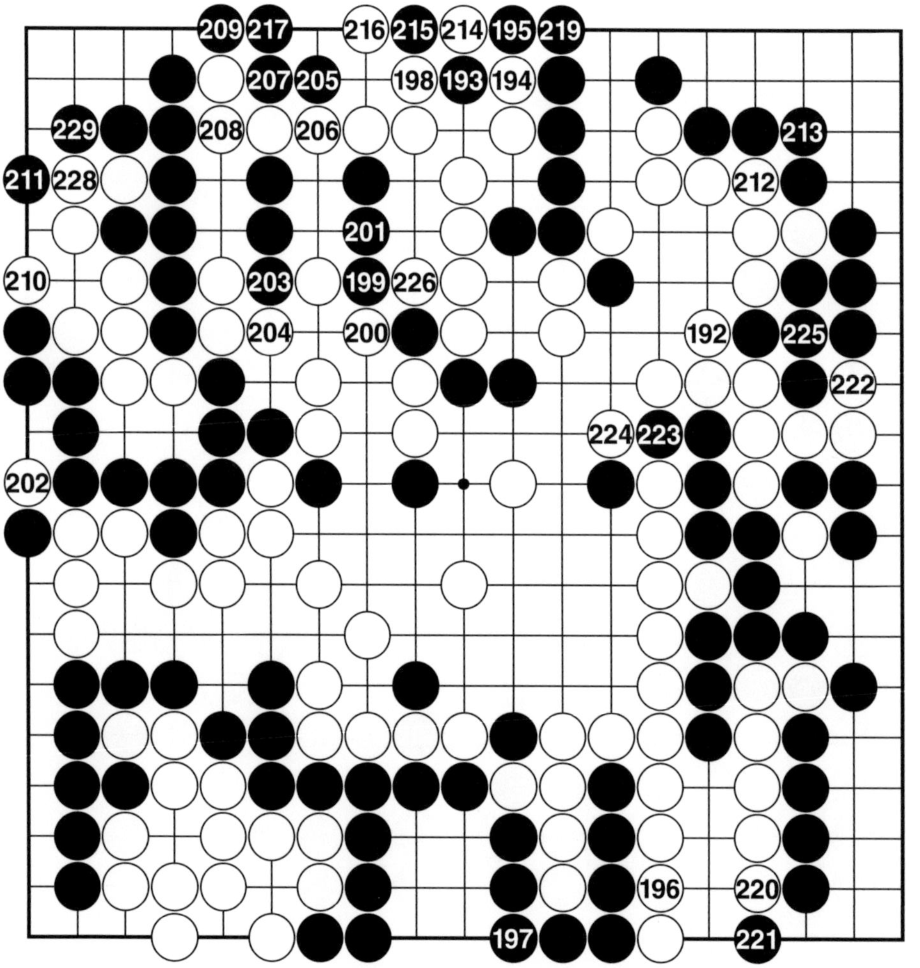

218 auf 214, 227 auf 215, 230 auf 214

Züge 231 – 268

Der Ko-Kampf am oberen Rand bestimmt weiterhin das Geschehen.

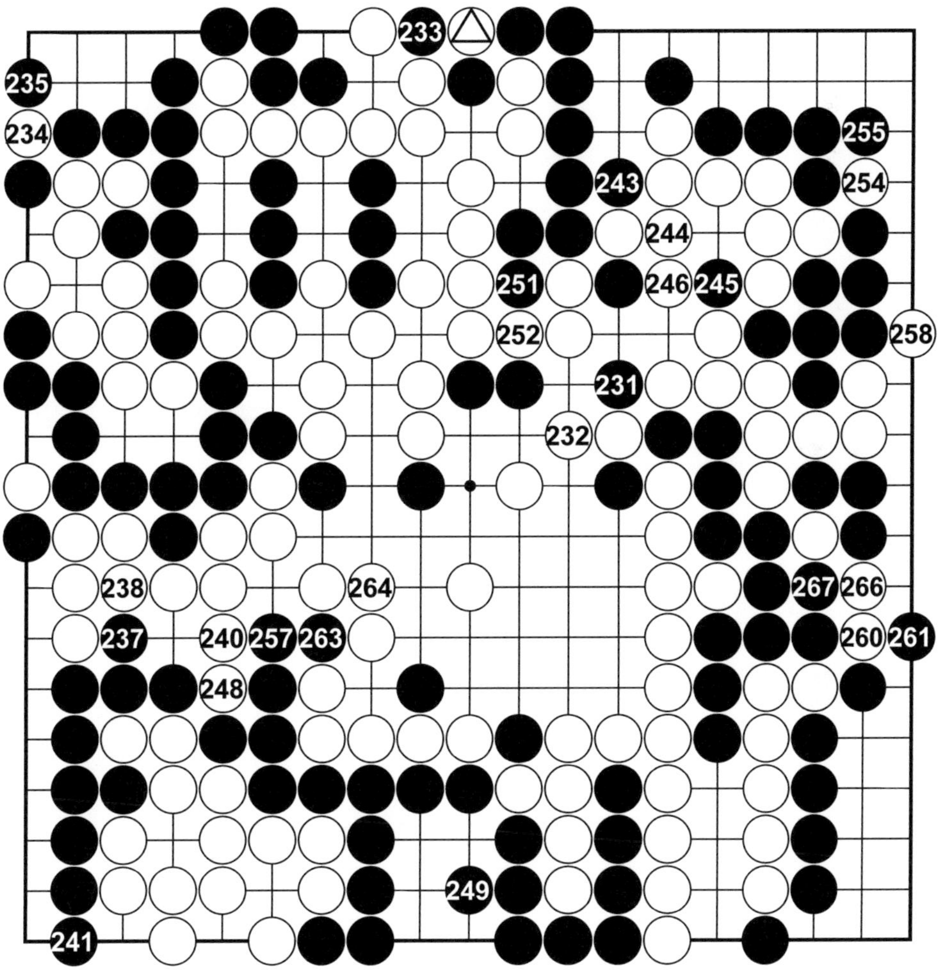

236 auf △, 239 auf 233; Ko weiter: 242, 247, 250, 253, 256, 259, 262, 265, 268

Züge 269 – 304

Es gibt eine kleine Ko-Pause bevor Weiß es schließlich mit 304 beendet.

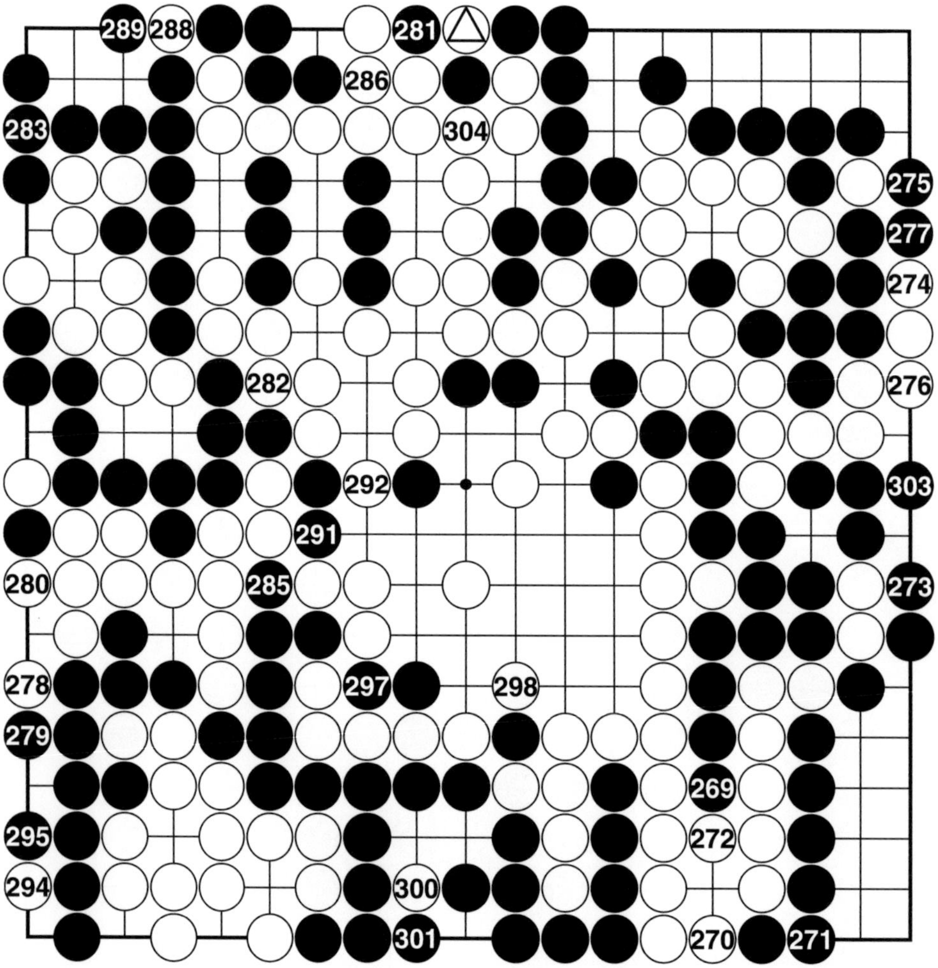

284 auf △, 287 auf 281; Ko weiter mit: 290, 293, 296, 299, 302,

Züge 305 – 336

Nun beginnt Schwarz das Ko, das noch am linken Rand auszuspielen ist. Weiß kann auch dieses mit 322 decken, doch am Ende reicht es nicht.

336 Züge. Schwarz gewinnt mit 0,5 Punkten.

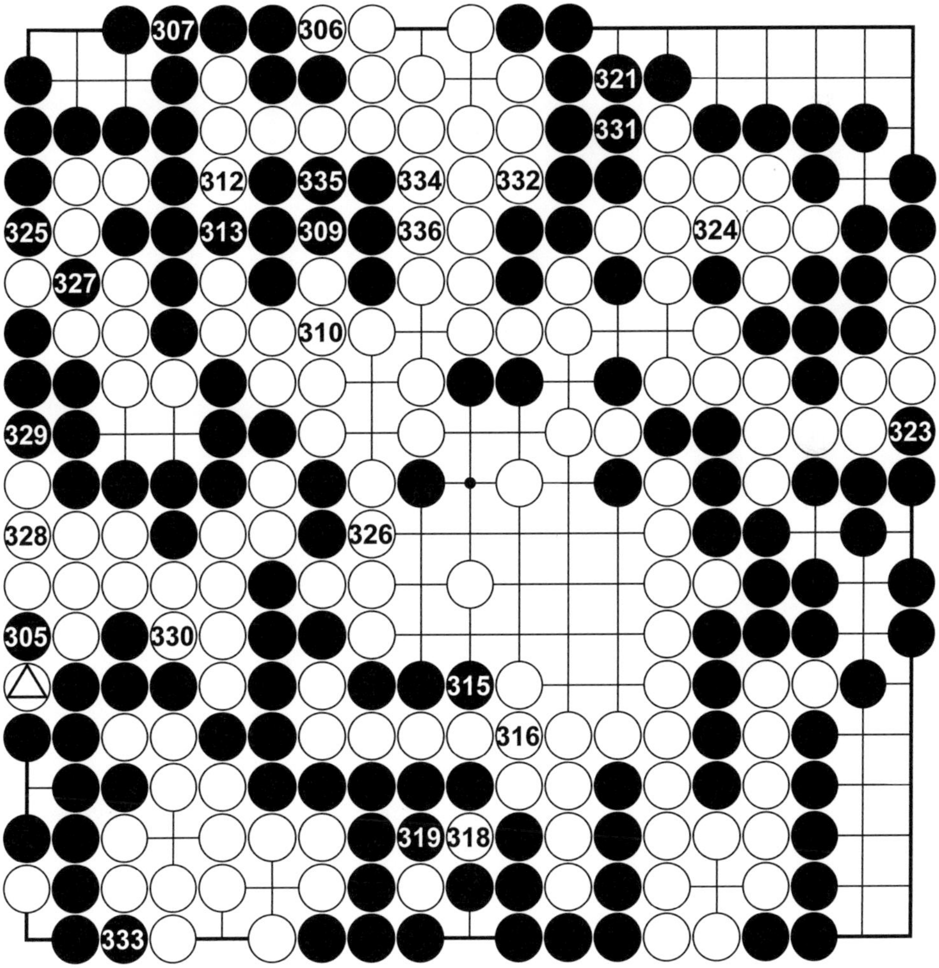

308 auf △, 311 auf 305, 314 auf △, 317 auf 305, 320 auf △, 322 auf 305

○ Shibano Toramaru 7p vs. ● Ichiriki Ryo 8p

25. Agon Kiriyama Cup, Finale

Züge 1 – 50

Im Finale des Agon Kiriyama Cup treffen die zwei Top-Spieler der nächsten Generation nach Iyama Yuta aufeinander. Ichiriki ist Anfang zwanzig und Shibano noch ein Teenager.

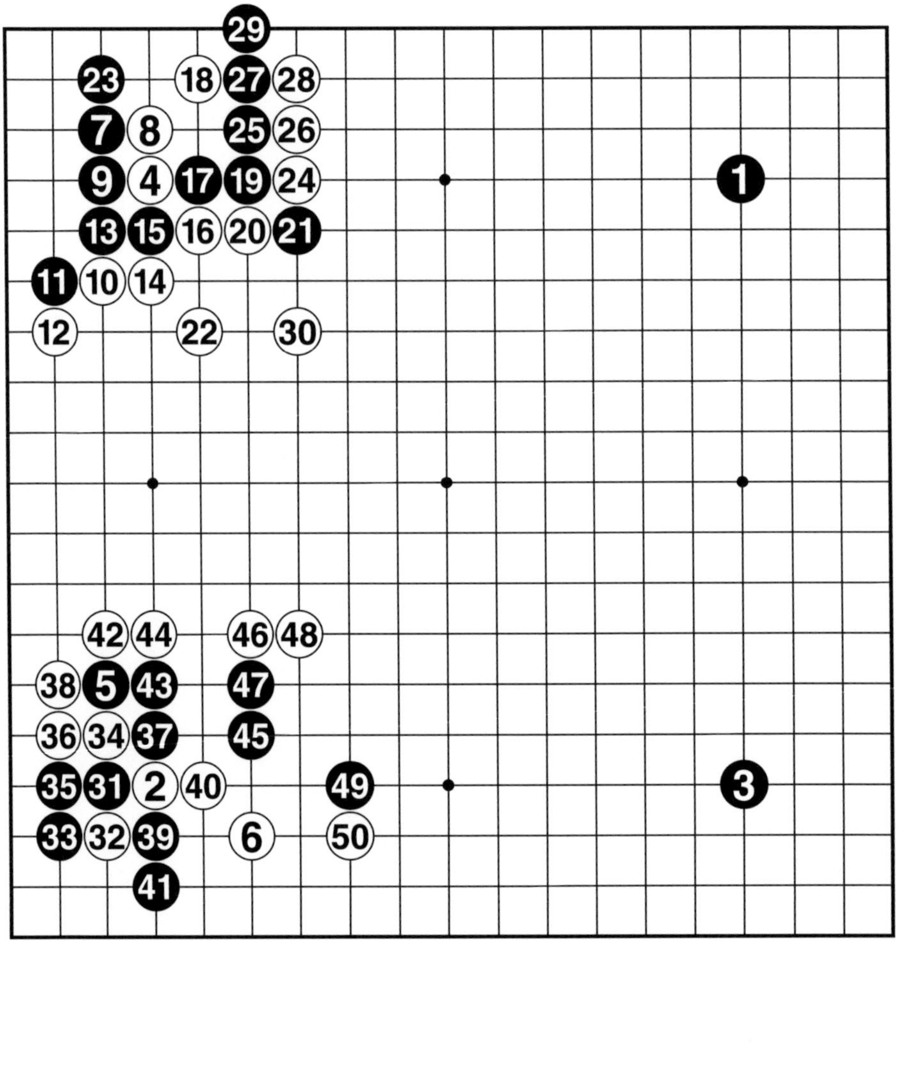

Komi: 6,5	**Datum: 6. Oktober 2018**
Zeit: 1,5 Stunden	**Ort: Shaka Bodai Tempel, Kyoto**

Züge 51 – 100

Links oben hat Weiß vier Steine für eine starke Stellung außen geopfert. Nach dem der untere Rand vorerst geklärt ist, setzt Schwarz seinen Schnittstein am oberen Rand in Bewegung.

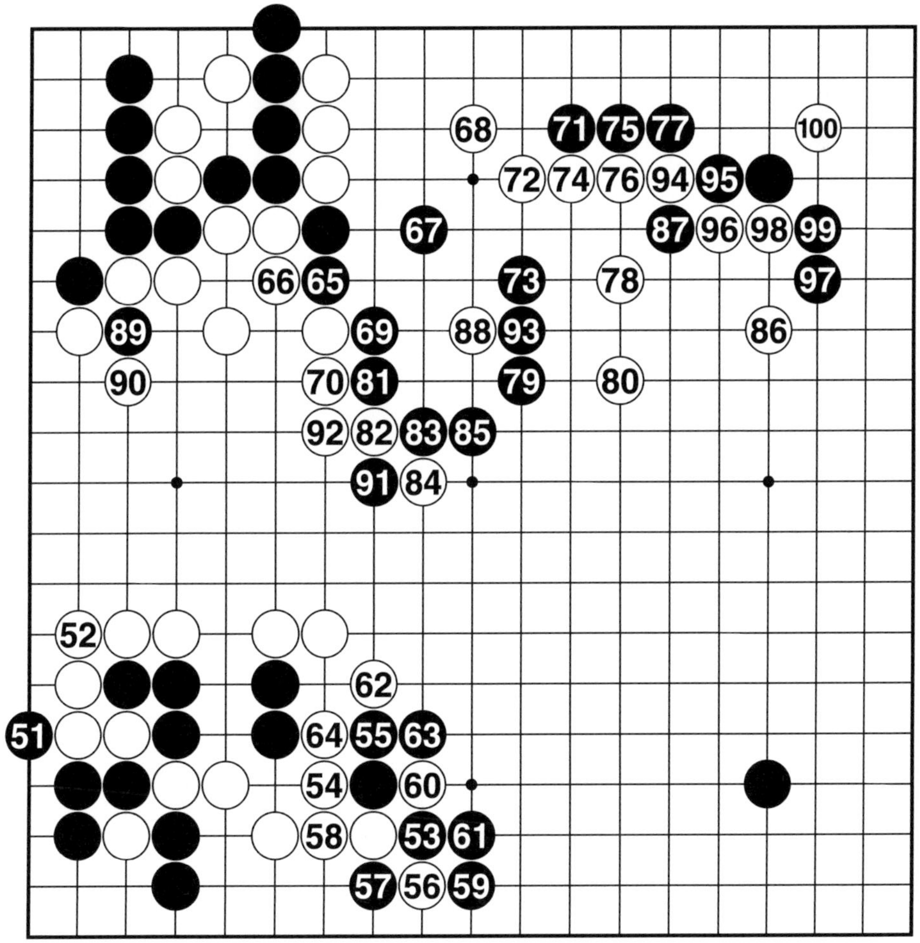

Züge 101 – 160

Am rechten Rand lässt nun Schwarz vier Steine stehen, um mit 155 den sechs Steinen unten zu Hilfe zu kommen.

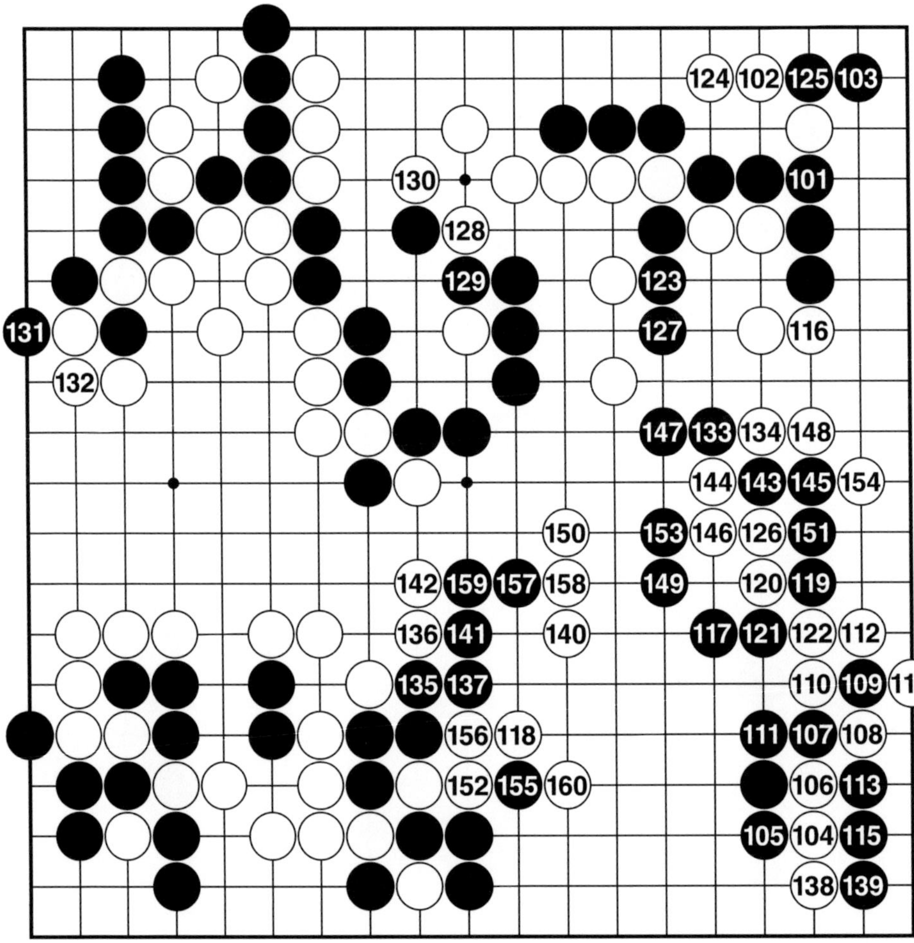

Züge 161 – 213

Schwarz beginnt mit 65 und 69 ein Ko, für das er die Ecke rechts unten opfert.

213 Züge. Schwarz gewinnt durch Aufgabe.

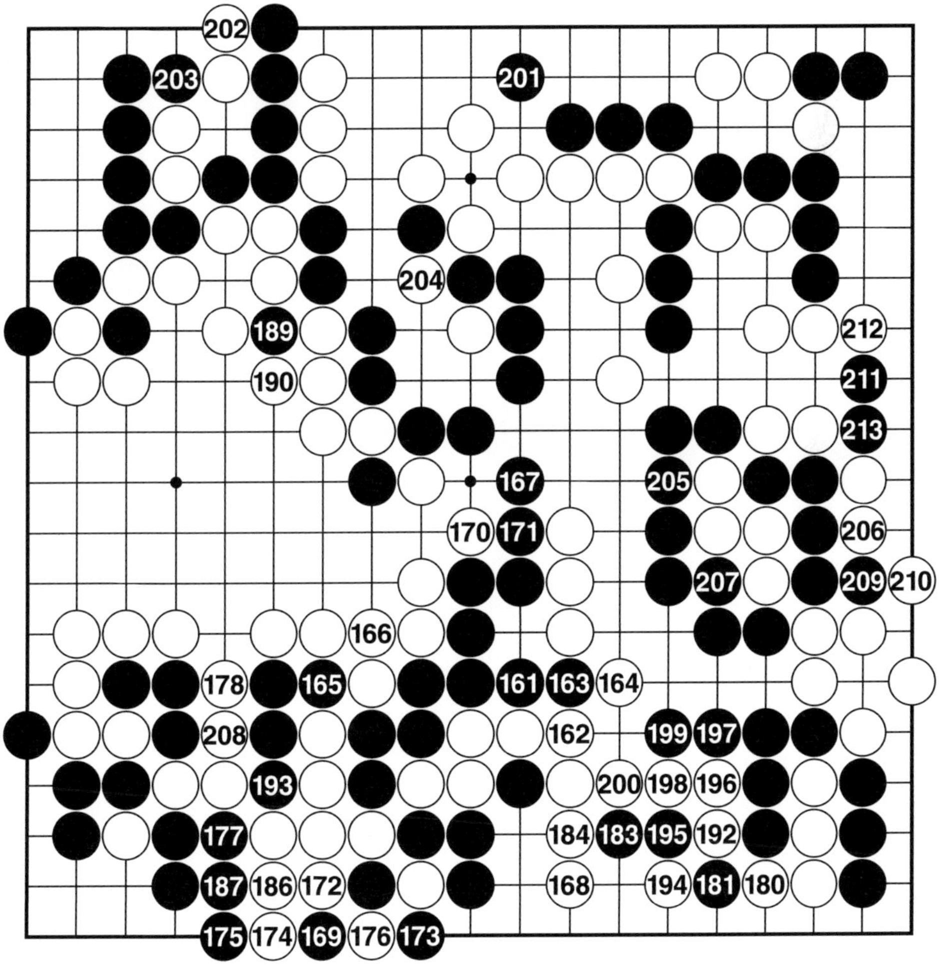

179 auf 169, 182 auf 176, 185 auf 169, 188 auf 176, 191 auf 169

◯ Kono Rin 9p vs. ● Onishi Ryuhei 3p

43. Kisei, Herausforderentscheidung

Züge 1 – 22

Zum Abschluss noch eine besondere Partie. Sie beginnt mit Spiegel-Go! Mit 22 lässt Kono vom Spiegeln ab.

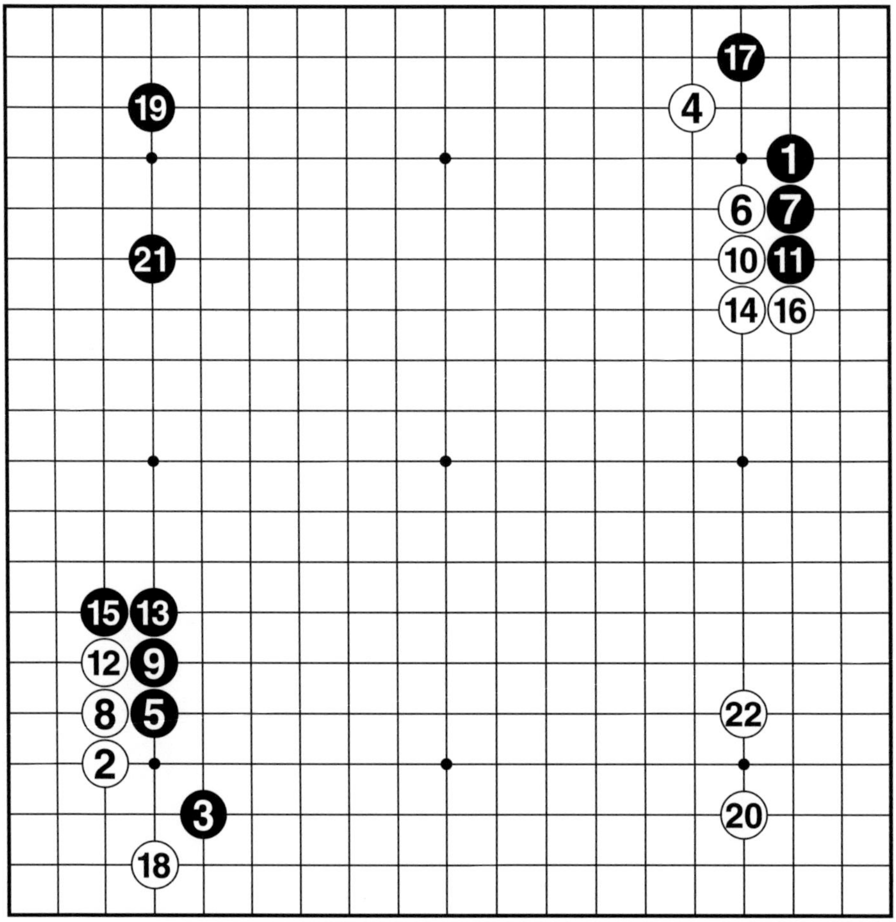

Komi:	**6,5**	**Datum:**	**25. Oktober 2018**
Zeit:	**5 Stunden**	**Ort:**	**Tokio**

Züge 23 – 69

Schwarz invadiert tief in die weiße Stellung und ein Kampf entfaltet sich auf der unteren Brettseite. Danach springt Weiß in die schwarze Einflusssphäre.

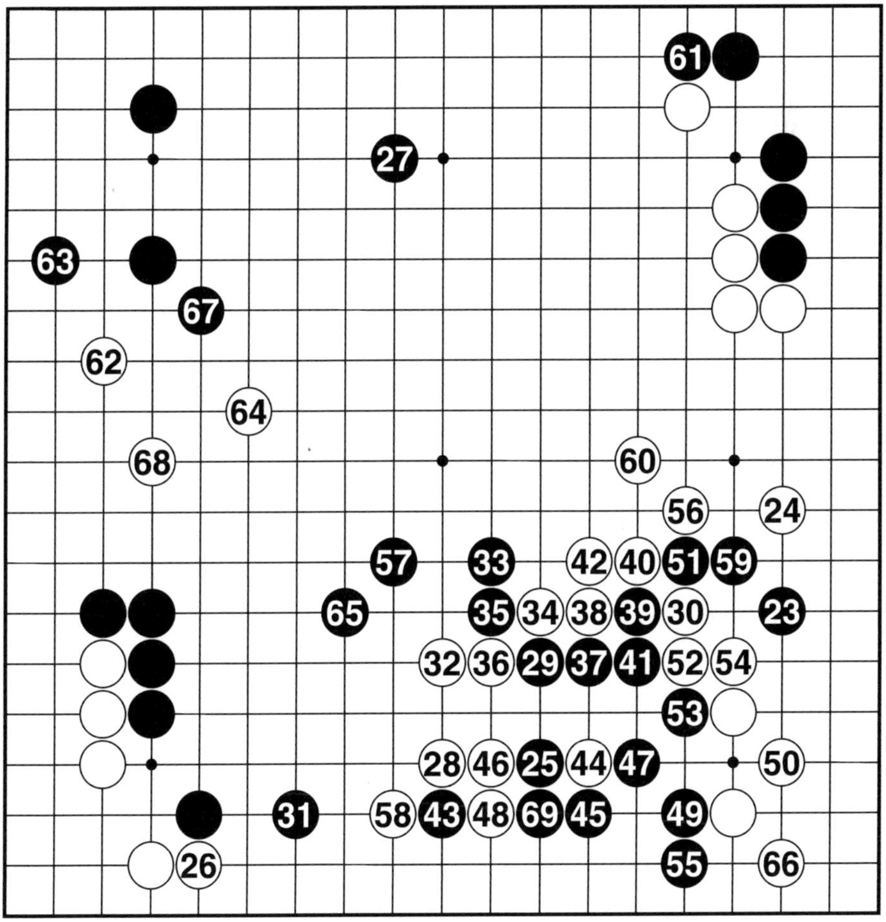

Züge 70 – 114

Weiß hat rechts unten einen großes Gebiet sichern können, doch die weißen Steine im linken oberen Viertel schwimmen ohne feste Basis im schwarzen Moyo…

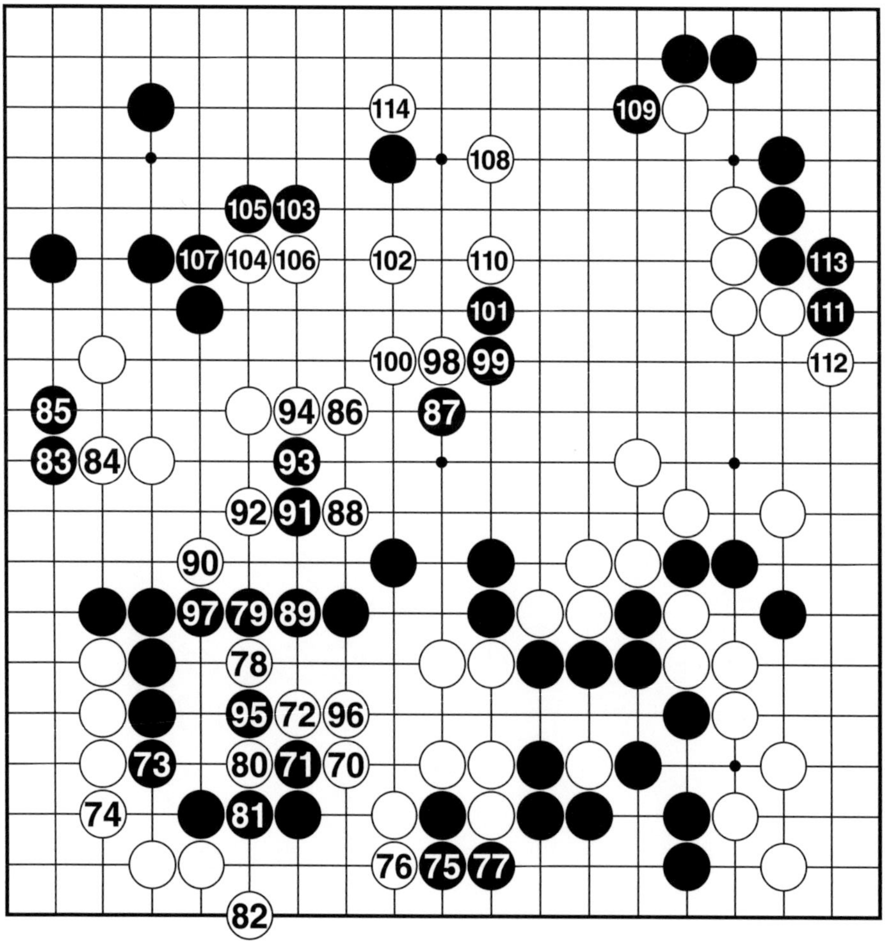

Züge 115 – 160

Schließlich lebt Weiß lebt am oberen Rand, doch auch Schwarz konnte sich eine große Ecke abstecken.

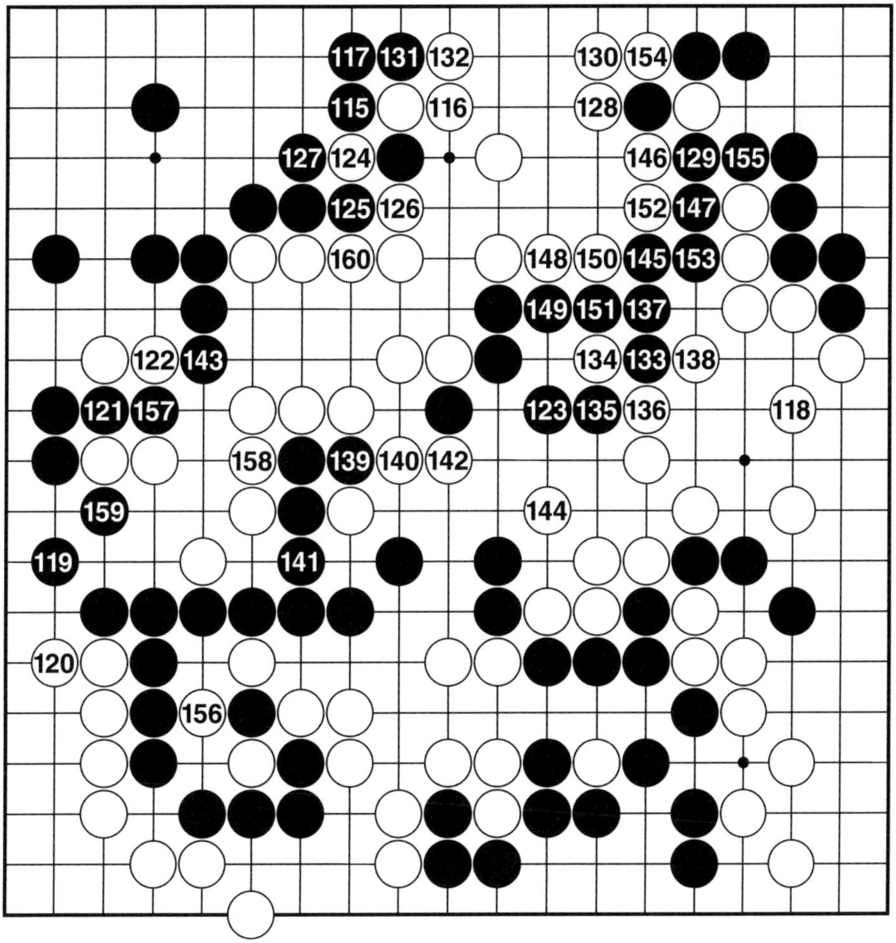

Züge 161 – 200

Es gibt keine gefährdeten Gruppen mehr, die Partie wird wieder in einem knappen Endspiel entschieden.

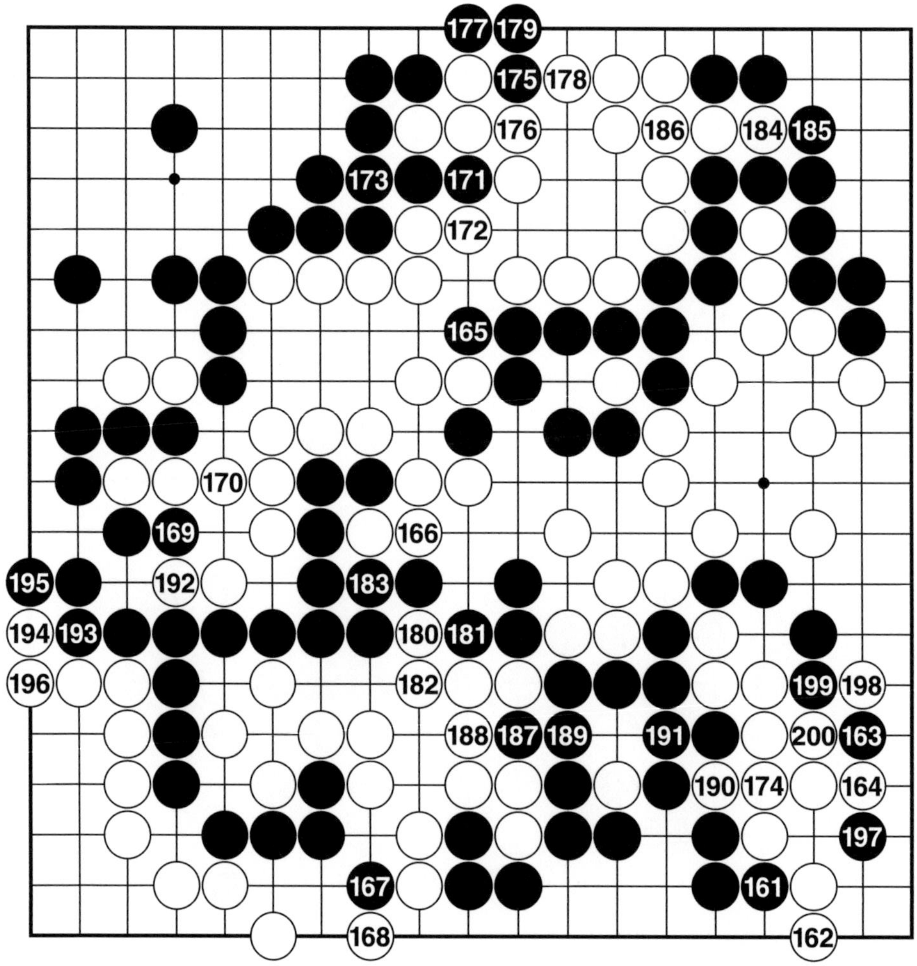

Züge 201 – 240

Onishi hat sich mit einer starken Partie gegen das Spiegeln gewehrt, doch am Ende reicht es nicht.

240 Züge. Weiß gewinnt mit 0,5 Punkten.

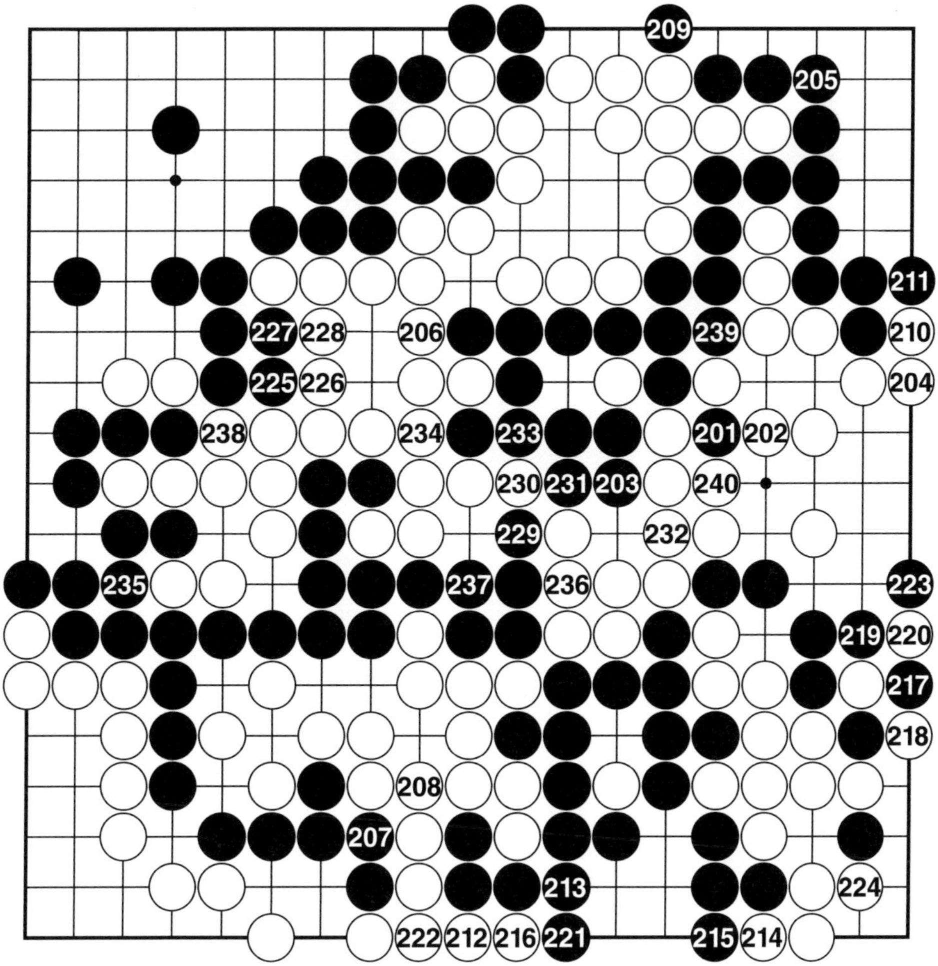